성서 히브리어의 기초

[수정판]

[수정판]

성서 히브리어의 기초

우택주 지음

침례신학대학교출판부

Preface

들어가면서

이 책은 디지털 시대에 성서 히브리어를 공부하여 구약성서의 원문석의를 훈련하는 신학생들을 위하여 집필한 것이다. 이제까지의 히브리어 문법책들은 컴퓨터와 소프트웨어의 보급이 미미했을 때 참고할 정보가 여러 권의 서책으로 유통되던 때에 집필되었다. 당시의 학생들은 대부분의 히브리 문법을 머리속에 저장하고 있어야 했다. 히브리어를 가르치는 선생님은 히브리어 단어와 문장을 분해하는데 필요한 문법지식을 물었고 학생들은 참고서적을 보지 않고도 대답해야 했다. 암기한 지식을 근거로 학생들은 히브리어 원문을 번역하고 석의를 수행해야 했다. 그것이 히브리어 문법을 배우는 궁극적 목표였다. 그래서 당시의 신학생들은 히브리어 문법책과 더불어 BDB나 KB3과 같은 히브리어 사전을 위시해서 게세니우스의 문법책, 주옹-무라오카 문법책, 그리고 구약성서의 모든 히브리어를 분해해놓은 오웬의 분해사전과 같은 서적들을 자신의 책장에 구비해 두어야 했다.

히브리어를 학습하는 목표가 원문석의라는 점은 예나지금이나 변함없다. 그러나 크게 달라진 것이 있다. 지금은 그렇게 많은 히브리어 문법관련 서책들을 갖추고 있을 필요가 없다는 사실이다. 질 좋은 소프트웨어 하나를 컴퓨터에 설치해 놓으면 되기 때문이다. 지금은 그 프로그램을 열어 히브리어 문장 속 해당 단어에 커서를 위치시키면 즉시 분해정보를 볼 수 있는 시대이다. 물론 이 때 해석자는 컴퓨터가 보여주는 히브리어 분해정보를 판단하여 자신만의 올바른 번역으로 바꾸거나 기존 번역의 문제점을 파악하는 실력을 갖추고 있어야 한다. 그렇지 못하다면 소프트웨어가 제공하는 유용한 정보가 원전석의에는 그다지 쓸모가 없다. 바로 이런 상황을 전제로 히브리어의 기본적인 지식을 습득하는 일을 도우려는 것이 이 책의 집필 목적이다.

이 책은 기존 히브리어 문법책들과 두 가지 점에서 다르다. 첫째, 학생들의 낮은 문법책 활용도와 부족한 수업 시간을 고려하여 분량을 22장 구조의 문법으로 축소시켰다. 기존 문법책들은 많게는 54과(Lambdin)부터 31과 76항(Kelley)이나 35과(Pratico–van Pelt)까지 구성되어 있다. 이런 교재들은 분량이 너무 많아서 1주일에 두 시간(100분)짜리 수업을 진행하는 학생들이 1년 안에 마스터하기가 상당히 어렵다. 그래서 우리는 분량을 22장으로 대폭 축소하였다. 히브리어 자음이 22개라는 사실과 1년 2학기 수업을 하는 학생들이 학기당 11회 학습하는 것을 가정하고 두 학기에 히브리어 문법의 기초를 전부 학습하기를 기획한 것이다.

둘째, 이 책은 성서 히브리어 문법 학습이 대화나 작문을 지향하지 않는다는 점을 염두에 두고 오로지 성서원문을 읽고 그것을 우리말로 직접 번역하는 실력을 함양하는 일에만 집중하였다. 현재 우리나라에 소개된 히브리어 문법책들은 대부분 영어를 사용하는 외국성서학자들이 집필했기 때문에 주로 영어번역성경을 활용하고 히브리어의 영어 음역을 요구한다. 이 때문에 우리 학생들은 히브리어 성서, 영어번역성경과 더불어 우리말 성경까지 세 권을 준비해야 하는 번거움을 감수해야 한다. 게다가 영어음역 연습은 구약성서를 전문적으로 연구하려는 학자 지망생들에게나 요긴할 뿐, 설교를 준비하기 위해 원문을 읽는 목회자(와 목회후보생)에게는 그다지 쓸모가 없는 것 같다. 그런 학생들에게는 차라리 성서원문을 우리말로 읽고 음역하는 훈련이 더 절실하다. 그래서 이 책은 히브리어의 우리말 독법과 번역을 훈련하는 데 초점을 두었다.

우리말 음역과 관련하여 독자에게 몇 가지 양해를 구한다. 이 책의 우리말 음역은 히브리어 표기의 우리말 표준이 아니다. 이 책은 필자 개인의 독법에 근거하여 표기하기 때문에 현재 우리나라의 다른 구약학자들이 사용하는 표기나 독법과 다를 수 있다. 대표적인 경우가 첫 자음 아래의 쉐바를 '에'로 표기하고 '으'로 표기하지 않는다는 점이다. 우리나라의 여러 학자들은 이 쉐바를 '슈바'로 읽거나 '으'로 표기하고 있는 경우가 많다. 하지만 이 책은 쉐바를 '에' 소리를 내는 모음들 즉, 체레, 세골, 하텝 세골과 구별하지 않고 동일하게 '에'로 표기한다. 모음의 길고짧음은 원문을 읽는 랍비교육에는 유용할 것이다. 하지만 우리의 히브리어 문법 학습은 목표가 조금 다르다. 우리의 교육현실에는 학생들에게 소리의 길고짧음을 구분하는 연습이 큰 의미가 없다고 판단했다. 그래서 모음의 장단을 구별해서 표기하지 않았다. 따라서 이 책의 우리말 표기는 필자만의 발성 습성에 기인한 것이므로 양해해주기를 바란다. (בְּרֵאשִׁית 베레쉬트[브레쉬트]; מְלָכִים 멜라킴[믈라킴])

또, 자음 헷의 경우 첫 소리에서는 'ㅎ'으로 표기했지만 나머지 경우, 즉 중간소리나 마지막 자음으로 사용되었을 경우에는 'ㄱㅎ'으로 표기했다. (예: חָכְמָה 호크마; שָׁלַח 샬락흐, רוּחַ 루악흐)

또, 모음자음(the mother of reading)으로 사용된 요드가 들어있는 단어를 이중모음처럼 발성하는 경우가 있는데 우리는 이런 발성과 표기법을 피했다. 히브리어 모음은 원칙적으로 '아에이오우'의 다섯 모음을 사용할 뿐이고 '아이, 오이, 에이, 우이' 등과 같은 이중모음이란 존재하지 않기 때문에 이 책은 단일모음으로만 표기했다. 이를 테면 '집'의 연계형 בֵּית은 '베이트'가 아니라 '베트'로 표기했다. 또 '성전'을 뜻하는 단어 הֵיכָל은 '헤이칼'이 아니라 '헤칼'이라고 음역했다. 실제로 이중모음처럼 읽혀지는 경우가 있다면 그것은 요드가 다른 모음과 결합할 때 나타나는 현상일 것이다.(גּוֹי 고이; מַיִם 마임) 요드의 존재를 인식하기 위해서 혹은 그로 인해 장음이 된다는 점을 확인시켜 주려는 목적 때문에 이중모음처럼 읽는 이러한 독법은 이스라엘에서 공부한 학자들이나 영어권의 일부 학자들의 발성에서 종종 만날 수 있다. 그러나 어떤 이유가 되었든 요드가 모음자음으로 사용된 경우를 '에이'처럼 소리를 내는 것은 히브리어의 본래적인 독법이 아니었다고 생각하고 우리는 이런 표기를 피했다.

이 책은 결코 새로운 문법책이 아니다. 필자의 문법지식은 다른 구약학자들의 것과 비교할 때 크게 다르지 않다. 더구나 필자는 언어학자도 문법학자도 아니다. 이 책은 필자가 그 동안 여러 경로를 통해 학습하고 가르쳐온 히브리어 문법을 컴퓨터 시대의 신학생을 위해 기존의 문법책 내용을 축소하고 간결하게 정리해 놓은 것이다. 특별히 이 책은 동사유형을 강동사와 약동사로 구분하고 약동사에는 어떤 동사가 I-눈, I-요드, II-후음, III-헤, III-알렙 동사 등등에 속하는지에 따라 동사변화를 해설하는 전통적 방식을 취하지 않았다. 이런 구분법이 요즈음 학생들의 히브리어 학습에 크게 도움이 되지 않는 것 같다고 판단했기 때문이다.

필자는 이 책을 구성할 때 Gary D. Pratico, Miles V. van Pelt의「베이직 비블리칼 히브리어」(변순복역; 대서출판사, 2009[원서, 2001])과 Thomas O. Lamdin의「성서 히브리어」(이기락역; 가톨릭출판사, 1995[원서, 1971])의 도움을 많이 받았다. 전자는 필자가 최근까지 십여년 동안 문법교재로 활용한 책이고 후자는 필자가 신학수업 초년생시절부터 지금까지 수시로 애용해온 책이다. 따라서 일부 문법설명이나 예문, 연습문제를 구성할 때 이 두 권의 역할이 컸고 그 내용 일부를 사용하는 일은 피하기 어려웠다. 또 Page H. Kelley의「성경히브리어」(류근상/허미순 역[1998]), Nava Bergman의 *The Cambridge Biblical Hebrew Workbook*(2005)에서도 도움을 받았다. 그러나 필요한 경우는 각주로 사용한 정보의 출처를 밝혔다.

처음 이 책을 기획했을 때와 탈고했을 때의 생각은 큰 차이가 있다. 신학생들의 현주소를 파악하는 일은 잘했으나 과연 이 책이 그들의 필요를 성공적으로 채워줄지에 관해서는 약간의 의구심이 든다. 좀 더 많은 연습문제를 제공했더라면 더욱 도움이 되지 않았을까 하는 아쉬움이 남는다. 이 정도의 미련은 남아 있지만 현실로 돌아와 냉정하게 살펴볼 때 신학생들은 이 정도 수준의 문법책을 잘 마스터한다면 원전석의 훈련에 긍정적 마인드와 자신감을 갖고 임할수 있지 않을까 하고 기대하고 있다. 이 책은 히브리어 문법에 관한 최신판이 전혀 아니다. 이 책을 학습하는 중에 질문이 생기거나 조금 더 전문적으로 학습하기를 원한다면 이 책의 끝에 소개한 각종 문법서들을 개인 취향에 따라 공부하기 바란다. 그것들은 필자도 여전히 도움을 받기 위해 펼쳐보는 책들이다.

지식에는 왕도가 없다. 특히 새로운 언어를 익히는 일에는 쉬운 지름길이 없다. 더구나 거룩한 성서를 기록한 언어인 히브리어를 익히는데 땀과 수고도 없이 좋은 열매를 기대하는 것은 옳지 못하다. 생소한 언어를 익히려면 큰 소리를 내서 읽어 보고, 또 써 보아야 한다. 그리고 눈과 귀에 친숙해질 때까지 반복적으로 연습해야 한다. 히브리어를 읽히는 일은 일종의 퍼즐게임이나 어린이들이 즐겨하는 레고 블록 조합놀이와 유사하다. 히브리어 문법의 기초를 익히는 일은 퍼즐조각들을 하나씩 떼어놓고 그 모양을 익히는 일이고 이것들이 조합된 히브리어 단어와 단어가 조합된 문장을 번역하는 일은 이 퍼즐조합을 하나씩 분해하는 일과 같기 때문이다. 따라서 히브리어가 처음에는 생소하지만 우리말처럼 자연스럽게 읽혀질 때까지 반복해서 학습한다면 쉽게 기초를 닦을 수 있다.

이 책을 교재로 사용하는 선생님들께 부탁드리고픈 말씀이 있다. 그것은 매 과의 기본문법을 학생들이 10회 정도(그 이상) 반복해서 큰 소리로 읽도록 해 주십사 하는 것이다. 입에 붙도록 함께 읽고나면 소리의 기억이 잔상으로 남아서 과외시간을 사용하지 않더라도 히브리어 학습이 효과적으로 이루어지기 때문이다. 매회 10–15문항 정도의 퀴즈를 통해 지난 회 학습내용을 복습하게 하는 일과 연습문제 풀이를 직접 손으로 써서(!) 과제로 제출하도록 하면 학습효과가 있다는 말씀도 드린다.

끝으로 이 책의 서두에 히브리 자음 연습을 파일로 변환하거나 히브리어 타이핑에 도움을 준 대학원의 김영준 군에게 감사의 말을 전한다. 또 까다로운 교정작업을 수행해 주신 참디자인 강인구 실장께도 감사를 드리며, 이 책의 출판을 허락한 본교 출판위원회와 이정훈 편집장, 그리고 김선배 총장님께 감사의 말씀을 드린다.

모쪼록 이 책을 통해 학생들이 고대 중동의 주변 언어에 비해 문법구조가 간단하고 어휘도 많지 않은 성서 히브리어를 부담없이 익히고, 구약성서 원전석의 작업에 자신감을 갖고 임할 수 있게 되기를 바라마지 않는다.

2018년 12월
우택주

Contents

목차

1장

자음

히브리어	단어명칭	발음	영어음역	우리말 표기/소리
א	알렙	묵음	ʾ	
ב	벳	b as boy	b	ㅂ
ג	김멀	g as God	g	ㄱ
ד	달렛	d as day	d	ㄷ
ה	헤	h as hall	h	ㅎ
ו	바브	w as was in German	w	ㅂ
ז	자인	z as Zion	z	ㅈ
ח	헤트	ch as Bach	ḥ	ㅎ
ט	테트	t as toy	ṭ	ㅌ
י	요드	y as yes	y	이
ך כ	카프	k as king	k	ㅋ
ל	라멧	l as lion	l	ㄹ
ם מ	멤	m as mother	m	ㅁ
ן נ	눈	n as now	n	ㄴ
ס	사멕	s as sin	s	ㅅ
ע	아인	묵음	ʿ	

פ ף	페	p as paper	p	ㅍ
צ ץ	차데	ts as boots	ṣ	ㅊ
ק	코프	k as king	q	ㅋ
ר	레쉬	r as run	r	ㄹ
שׂ	신	s as sin	ś	ㅅ
שׁ	쉰	sh as ship	š	쉬
ת	타브	t as toy	t	ㅌ

1. 위에 수록한 히브리어 자음은 23개이다. 쉰(שׁ)과 신(שׂ)을 다른 소리가 나는 동일자음으로 간주하면 22개이다. 일반적으로 히브리어 자음은 22개라고 말한다.
2. 바브(ו): 영어로 w(와우)로 표기하며 영어식으로 '와우'로 읽거나 독일어식으로 vav(바브)라고 읽는다. 우리는 '바브'라고 읽을 것이다.
3. 테트(ט)와 타브(ת): 영어 표기는 각각 ṭ와 t로 하지만 우리말 소리(ㅌ)는 같다.
4. 카프(כ)와 코프(ק): 영어표기는 각각 k와 q로 하지만 우리말 소리(ㅋ)는 같다.
5. 사멕(ס)과 신(שׂ): 영어표기는 각각 s와 ś로 하지만 우리말 소리(ㅅ)는 같다.
6. 라멧(ל)과 레쉬(ר): 단어 가운데 나오는 라멧은 'ㄹ'을 두 번 소리 내고, 레쉬는 항상 한 번만 소리 낸다.
7. 쓰기: 오른쪽에서 왼쪽으로 쓴다. (〈--●)
8. 자음 중 다섯 개의 자음(כ מ נ פ צ)은 단어의 마지막 위치에 올 때 '어미형'이라고 부르고 이 자음들의 구부러진 끝부분을 아래로 내리 뻗거나(ך ן ף ץ) 닫는(ם) 형태로 쓴다: ם ך ן ף ץ

   이 가운데 카프의 어미형(ךְ)은 눈의 어미형(ן)과 구별하기 위해 쉐바(ְ◌) 모음을 찍는다. 그러나 이 쉐바는 소리가 나지 않는다.
9. 묵음: 알렙(א)과 아인(ע)은 후음(목구멍 소리)으로서 소리가 나지 않는다.

10. בְּגַדְכְּפַּת(베가드케파트)의 여섯 자음과 경강점(다게쉬 리네): 이 여섯 개의 자음이 단어의 처음에 등장하거나 단어 안에서 음절을 새로 시작하는 경우에는 반드시 경강점을 찍는다. 경강점이란 해당 자음의 발음을 조금 강하게 내라는 표시의 점이다. 그러나 점이 있는 경우와 없는 경우를 실제로 구별하여 발음하기는 어렵다.

בּ b ב bh גּ g ג gh דּ d ד dh

כּ k כ kh פּ p פ ph תּ t ת th

☞편의상 우리는 경강점이 있는 자음과 없는 자음을 철자로나 소리로 구분하지 않을 것이다.

☞중요한 것은 이 6개 자음에 찍혀 있는 경강점은 오직 음절을 시작할 때(즉, 선행하는 모음이 없는 경우) 찍는다는 사실을 기억해야 한다.

11. 모음문자(ה ו י): 이 세 자음은 모음을 표시하는 문자로 사용하기도 한다.[1]

12. 후음(목구멍 소리: א ה ח ע)과 레쉬(ר)는 소리내기 어렵다.

이 자음들은 중복점(다게쉬 포르테: 자음을 중복해서 발음하라는 표시)을 찍지 않는다. 모음을 붙일 경우에는 '아' 소리를 선호한다.

13. 모양을 혼동하기 쉬운 자음들

ב כ ו ן ד ר ס ם ע צ שׁ שׂ

ח ת ו נ ן ד ו ז ד ר ו י

14. 같은 소리가 나는 자음들

ב (베트)와 ו (바브). כ (카프)와 ק (코프).

ס (사멕)과 שׂ (신). ת (타브)와 ט (테트).

1 Paul Jouon−T. Muraoka, 「성서히브리어 문법」, 김정우 역 (서울: 기혼, 2012), 46−51. '모음문자'는 라틴어로 matres lectionis, 영어로 mother of reading이라고 표기한다.

15. 자음과 순서를 암기 위한 알파벳 노래. (열번 이상 반복해서 부를 것)

연습문제

1. 아래의 히브리어 자음을 직접 쓰면서 그 순서를 암기하라.

א

ב

ג

ד

ה

ו

ז

ח

ט

י

כ

ך

ל

מ

ם

נ

ן

ס

ע

פ

ף

2. 히브리어 자음 가운데 후음을 말해보라.

3. 다음 자음들을 구별하라. 각각의 명칭을 말해 보라.

1) ב כ

5) ר ד

2) נ ג

6) ז ו

3) ס ם

7) ן ו

4) צ ע

8) ת ח

4. 다음 히브리 문장에 나타난 **자음들**의 명칭을 차례로 말해보라.

(1) בראשית ברא אלהים את השמים ואת הארץ

(2) והארץ היתה תהו ובהו וחשך על פני תהום

(3) ורוח אלהים מרחפת על פני המים

(4) ויאמר אלהים יהי אור ויהי אור

5. (4)번 문제 각 항의 히브리어 자음을 영어로 음역해보라.

2장

모음

소리종류	장모음	단모음	단축모음	순장모음(복합)
〈아〉 **A**	◌ָ 카메츠 ā	◌ַ 파닥 a	◌ֲ 하텝 파닥 ă	◌ָה 카메츠 헤 āh
〈에〉 **E**	◌ֵ 체레 ē	◌ֶ 세골 e	◌ֱ 하텝 세골 ĕ	◌ֵה 체레 헤 ēh=ê ◌ֶה 세골 헤 eh=ê ◌ֶי 세골 요드 ê ◌ֵי 체레 요드 ê
〈이〉 **I**		◌ִ 히렉 i		◌ִי 히렉 요드 î

〈오〉 **O**	◌ֹ 홀렘 ō	◌ָ 카메츠 하툽 o	◌ֳ 하텝 카메츠 ŏ	וֹ 홀렘 바브 ô ֹה 홀렘 헤 ōh= ô
〈우〉 **U**		◌ֻ 킵부츠 u		וּ 슈렉 û

1. 히브리어 모음 부호는 주후 800년경 갈릴리 호수의 일부인 티베리아 바닷가에 모여 살던 랍비들이 고안해낸 것으로서 티베리아 모음체계라고 부른다.[2]

2. 히브리어 모음은 다섯 가지 소리만 있다: 아–에–이–오–우.

3. 모음은 길이에 따라 순장모음, 장모음, 단모음, 단축모음, 반(半)모음 등의 네 가지로 구분된다.

   ☞ 우리는 실제로 단어를 읽을 때, 이 길이를 무시할 것이다.

4. 순장모음은 â ê î ô û , 장모음은 ā ē ō, 단모음은 a e i o u, 단축모음은 ă ĕ ŏ, 반모음은 ə로 표기한다.

   ☞ 영어로 음역하는 작업은 전문적으로 성서학자가 되려는 사람에게는 매우 중요하므로 숙달해야 한다. 우리말 음역은 모음의 길이를 고려하지 않을 것이다.

---

2 참조. Israel Yeivin, *Intoriduction to the Tiberian Masorah* (Atlanta: Scholars Press, 1980); Page H. Kelley, Daniel S. Mynatt, Timothy G. Crawford, 「히브리어 성서(BHS)의 마소라 해설」, 강성열 역 (서울: 비블리칼 아카데미아, 2005).

5. 위의 도표에 표기하지 않았지만, 네번째 종류의 모음인 쉐바(ְ)라고 하는 반모음(half vowel)이 있다. 쉐바는 경우에 따라 발음하기도 하고 발음하지 않기도 한다. 음절을 끝마칠 때 즉 받침소리 기능을 하는 쉐바는 발음을 하지 않으며 무음 쉐바(silent shewa)라고 부른다. 그 외의 경우에 등장하는 쉐바는 '에'로 발음내며 유성 쉐바(vocal shewa)라고 부른다.

6. 쉐바 법칙은 다음과 같다. 우리는 유성쉐바를 '에'로 표기하고 발성할 것이다.

유성 쉐바(vocal shewa)	무음 쉐바(silent shewa)
첫 자음 아래 בְּרָכָה bərākāh **베**라카	마지막 자음 아래 מֶלֶךְ melek 멜레**크** כָּתַבְתְּ kātabt 카타**브트**(카탑트)
장모음 뒤에 나올 때 כֹּתְבִים kōtəbîm 코-**테**빔	단모음 뒤에 나올 때 מַלְכָּה malkāh **말**카
두 개의 쉐바가 나올 때 두 번째 쉐바 מִשְׁפְּטֵי mišpəṭê 미쉬**페**테	두개의 쉐바가 나올 때 첫 번째 쉐바 מִשְׁפְּטֵי mišpəṭê 미**쉬**페테
중복점 아래의 쉐바 הַמְּלָכִים hamməlākîm 함-**멜**라킴	

연습문제

1. 다음 소리의 모음부호 명칭을 말하라. 영어로 음역하고 우리말 소리를 말하라.

(1) אָ

(2) רֵ

(3) לֹ

(4) הִ

(5) עַ

(6) מֶ

(7) רוּ

(8) שֶׁ

(9) יְ

(10) הֲ

(11) אוֹ

(12) בֱּ

(13) נֳ

(14) שִׁי

(15) כָּה

2. 다음 히브리어 단어의 자음과 모음의 명칭을 순서대로 말해보라

(1) אַבְרָהָם

(2) יְהוּדָה

(3) יְרוּשָׁלַיִם

(4) בְּרֵאשִׁית

(5) אֱלֹהִים

(6) הַשָּׁמַיִם

(7) אֶרֶץ

(8) יִשְׁלְחוּ

(9) זָכַרְנוּ

(10) מִזְבֵּחַ

3장

음절구분과 발음

1. 히브리어의 음절은 자음+모음이거나 자음+모음+자음의 두 가지 중 하나로 구성되어 있다.

자음+모음 = 열린 음절 혹은 개음절

자음+모음+자음 = 닫힌 음절 혹은 폐음절

예를 들어, 우리말 '학교'는 '학'이란 음절과 '교'란 음절이 결합한 소리이다. 첫 음절 '학'은 'ㅎ+ㅏ+ㄱ'으로 구성되어 있는 폐음절이고 둘째 음절 '교'는 'ㄱ+ㅛ' 로 구성되어 있는 개음절이다. 이 때, 첫째 음절 '학'의 'ㄱ'은 받침소리이다. 히브리어도 마찬가지로 받침소리, 즉 음절을 닫는 자음에는 무음 쉐바를 붙여 표기한다.

히브리어 단어 מַלְכָּה(말카)는 מַל(말)과 כָּה(카)로 구성되어 있다. 이 단어의 첫째 음절 מַל(말)은 자음(멤)+모음(파닥)+자음(라멧)으로 구성되어 있어서 폐음절이다. 받침소리에 해당하는 라멧(ל)에는 무성쉐바(◌ְ)를 붙인다. 둘째 음절 כָּה(카)는 자음(카프)+모음(카메츠)+모음자음(헤)으로 구성되어 있는 개음절이다. 여기서 첫 자음 카프(כּ)는 음절을 새로 시작하고 베가트케파트의 여섯 자음 중 하나이므로 경강점을 찍어서 음절이 시작되었음을 표시한다. 마지막 자음 ה는 모음자음으로 간주하며 카메츠(◌ָ)와 합하여 장모음 â (−아)소리가 난다. 이 단어는 영어 malkāh로 표기하고, '말카'

로 읽는다. 뜻은 '여왕'이다.

2. 히브리 음절을 나누는 원칙과 발음

1) 음절은 반드시 자음으로 시작한다. 모음으로 시작하는 단어는 없다.

2) 자음은 반드시 하나의 모음만을 가진다.

3) 모음은 홀로 존재하지 않는다. 모음은 연이어 나타나지 않는다.

4) 모음의 위치는 자음 바로 아래, 혹은 자음의 왼쪽 위, 혹은 자음의 왼편에 있다.

5) 음절은 자음+ 모음이거나 자음 + 모음 + 자음으로만 존재한다.

6) 단어의 마지막 음절에서는 자음 두 개가 연이어 나올 수도 있다.

예〉 כָּתַבְתְּ 카답트

7) 하나의 음절은 하나의 모음만 소유한다.

음절 수효에 따라 모음이 하나이면 단음절 단어, 모음이 2개이면 2음절 단어, 3개이면 3음절 단어라고 부른다. 그러나 반모음 쉐바가 있는 음절은 독립된 음절로 세지 않는다.

צֹאן 촌	가축(양떼)	⇨	단음절 단어
מֶ֫לֶךְ 멜레크	왕	⇨	2음절 단어
מִצְרַיִם 미츠라임	이집트	⇨	3음절 단어

3. 경강점(다게쉬 리네)과 중복점(다게쉬 포르테)

1) 경강점(다게쉬 리네): 베가드케파트(בגדכפת)의 여섯 자음이 음절을 시작하는 자음

으로 사용되었을 때만(!) 그 자음을 약간 강하게 소리를 내라는 표시의 점이다. 그러므로 이 여섯 개의 자음이 받침소리로 사용되었다면 즉 선행모음이 있는 경우에는 경강점을 찍지 않는다. 따라서 경강점이 찍혀있는 경우는 그 자음이 곧 새로운 음절을 시작하는 자음이라는 표시이다.

2) 중복점(다게쉬 포르테): 해당 자음을 두 번 발음하라고 표시하는 점이다. 후음(ה א ע ח)과 ר를 제외한 모든 자음에 찍을 수 있다. 중복점이 찍혀 있는 자음은 그 자음을 두 번 사용하므로 첫 번째 자음은 선행음절의 받침소리로, 두 번째 자음은 새로 시작하는 음절의 첫 소리로 읽어야 한다.

הַבְּרִית = בְּרִית + הַבְ 합-베리트(hab-berit)

('ㅂ'이 '하'의 받침이 되어 '합'으로 읽은 뒤 '베리트'의 첫 자음으로 소리난다)

הַמֶּלֶךְ = מֶלֶךְ + הַמְ 함-멜레크(ham-melek)

('ㅁ'이 '하'의 받침이 되어 '함'으로 읽은 뒤 '멜레크'의 첫 자음으로 소리난다)

וַיֹּאמֶר 바이-요메르(way-yomer)

(요드를 두 번 발음해야 하므로 처음 요드는 '바이'로, 두번째 요드는 '요메르'로 읽는다)

4. 선입 파닥(pataḥ furtive, '은밀한 파닥')

파닥 모음을 가진 마지막 음절의 헷(ח)이나 아인(ע)의 선행모음이 장모음일 경우, 자음 헷(ח)이나 아인(ע)보다 파닥 모음을 먼저 읽은 뒤에 그 자음을 읽는다. 그래서 '아' 혹은 '악흐' 소리가 난다.

רוּחַ rū-aḥ (루-악흐) (o), rū-ḥa (룩-하) (x)

שֹׁלֵחַ šōle-aḥ (숄레-악흐) (o), šōle-ḥa (숄렉-하) (x)

5. 히브리어 단어는 원칙적으로 이중모음(dypthong)이 없다

하지만 요드(י)와 바브(ו)와 같은 자음들의 소리가 모음과 결합하여 '아이, 오이, 아으' 처럼 이중모음처럼 들리는 소리를 만들기도 한다.

אָבִיו ʾābîv (아비브) גּוֹי gôy (고이)

עָלָיו ʿalâv (알라브) שָׁמַיִם šāmayim (샤마잉)

בַּיִת bayit (바이트)

알라브(עָלָיו)의 경우는 둘째 음절의 모음이 카메츠(ָ)–요드(י)–바브(ו)인데 여기서 가운데 요드는 카메츠와 바브를 연결하는 기능을 할 뿐, 발음을 하지 않는다. 따라서 '알라이브'로 읽으면 안된다.

6. 카메츠 하툽과 메텍

1) 카메츠 하툽은 짧은 '오' 소리를 내는 모음 명칭이다. 모양은 장모음 카메츠와 똑같다. 그래서 종종 '아'로 잘못 읽는 수가 있다. 카메츠 하툽의 '오' 소리는 음절이 닫혀 있고 강세가 없는 곳에 등장한다.

חָכְמָה ḥok-māh 호크마 (o) ḥā-kəmāh 하케마 (x)

2) 메텍은 종종 카메츠 모음 부호 왼편에 등장하는 짧은 수직선(ֽ)을 가리킨다. 이것

은 카메츠를 카메츠 하툽과 혼동하여 짧은 '오'로 읽지 말라는 표시이다.

בָּֽתִּים bāt-tîm 밧팀 (o), bot-tîm 봇팀 (x)

שָֽׁמְרָה šā-mərāh 샤메라 (o) šom-rāh 쇼므라 (x)

7. 단어의 강세는 대부분 마지막 음절에 온다

그렇지 않은 경우를 'ó' 표기를 할 것이다. 세골 명사는 항상 첫 음절에 강세가 있다.(4과 명사편 참조).

מַלְכָּה 말**카** (여왕)

מֶ֫לֶךְ **멜**렉 (왕)

8. 완전철자(full spelling)와 불완전철자(defective spelling)

히브리어의 자음과 모음을 생략하지 않고 전부 표기하는 경우를 완전철자라고 말하는 한편, 자음은 그대로 두고 모음 하나를 생략하여 표기하는 경우를 불완전철자이라고 부른다. 그러나 두 가지 철자의 읽기는 같다.

דָּוִד / דָּוִיד '다비드.'

오른쪽은 완전철자; 왼쪽은 모음자음인 요드가 생략된 불완전철자.

יְרוּשָׁלַםִ / יְרוּשָׁלַיִם '예루살라임.'

오른쪽은 완전철자; 왼쪽은 요드를 생략하고 히렉은 멤 아래 남겨둔 불완전철자.

연습문제

1. 다음 히브리 단어들을 소리내어 읽어보라. 우리말로 그 소리를 표기해보라.

(1) אַבְרָהָם

(2) יְהוּדָה

(3) יְרוּשָׁלַיִם

(4) בְּרֵאשִׁית

(5) אֱלֹהִים

(6) הַשָּׁמַיִם

(7) אֶרֶץ

(8) יִשְׁלְחוּ

(9) זָכַרְנוּ

(10) מִזְבֵּחַ

2. 다음 단어의 다게쉬가 경강점인지 중복점인지 구별하라.

(1) אִשָׁה

(2) אִתָּנוּ

(3) מִשְׁפָּט

(4) דָּבָר

(5) מַלְכָּה

3. 다음 문장을 소리 내어 읽어보라.

(1) בְּרֵאשִׁית בָּרָא אֱלֹהִים אֵת הַשָּׁמַיִם וְאֵת הָאָרֶץ

(2) וְהָאָרֶץ הָיְתָה תֹהוּ וָבֹהוּ וְחֹשֶׁךְ עַל פְּנֵי תְהוֹם

(3) וְרוּחַ אֱלֹהִים מְרַחֶפֶת עַל פְּנֵי הַמָּיִם

(4) וַיֹּאמֶר אֱלֹהִים יְהִי אוֹר וַיְהִי אוֹר

4장

명사

1. 히브리어 명사

히브리어 명사는 성(gender)에 따라 남성형(masculine=m)과 여성형(feminine=f)이 존재하며, 수(number)는 단수(singular=sg), 복수(plural=pl), 쌍수(dual=du)로 변화한다. 쌍수는 두 개 즉 짝으로 존재하는 단어의 수를 표현한다.

2. 명사 변화표

	남성명사	여성명사
단수	סוּס 수스 숫말	סוּסָה 수사 암말
복수	סוּסִים 수심 숫말들	סוּסוֹת 수소트 암말들
쌍수	סוּסַיִם 수사임 숫말 두필	סוּסָתַיִם 수사타임 암말두필

1) 남성 복수형 어미는 '–임(ִים־)'이다. 남성 쌍수형어미는 '– 아임(ַיִם־)'이다.
여성 복수형 어미는 '–오트(וֹת־)'이다. 여성 쌍수형 어미는 여성단수형의 '– 아(ָה־)' 어미를 '– 아트(ַת־)'로 바꾼 다음에 '– 아임(ַיִם־)'을 추가하기 때문에 결

과적으로 '-아타임(תַיִם◌ָ)' 어미를 붙이는 모양새로 나타난다.

2) 여성명사는 특징적으로 -아(◌ָה), -아트(◌ַת), -에트(◌ֶת), -우트(וּת) 등으로 끝나는 경우가 많다.

דַּעַת 지식(다아트), מַלְכָּה 여왕(말카),

בַּת 딸(바트), תִּפְאֶרֶת 영광(티프에렛).

그러나 예외적인 형태의 여성명사도 있다.

אֶבֶן 돌, עִיר 도시, אֶרֶץ 땅

3. 불규칙한 형태의 복수

위의 표와 달리, 불규칙한 형태의 복수를 갖는 경우도 있는데 이것들은 암기해야 한다.

אִישׁ	이쉬	남자	אֲנָשִׁים	아나쉼	남자들
אִשָּׁה	잇샤	여자	נָשִׁים	나쉼	여자들
עִיר	이르	도시	עָרִים	아림	도시들
אָב	아브	아버지	אָבוֹת	아보트	아버지들
בַּיִת	바이트	집	בָּתִּים	밧팀	집들
בֵּן	벤	아들	בָּנִים	바님	아들들
בַּת	바트	딸	בָּנוֹת	바노트	딸들
יוֹם	욤	날	יָמִים	야밈	날들
שֵׁם	솀	이름	שְׁמוֹת	쉐모트	이름들

4. 세골형 명사의 복수형[3]

1) 세골형 명사: 첫 번째 음절에 액센트가 있고 2음절로 된 모든 명사.

מֶ֫לֶךְ(왕), נֶ֫פֶשׁ(생명), חֶ֫רֶב(칼)

סֵ֫פֶר(책), זֶ֫רַע(씨), נַ֫עַר(젊은이)

2) 세골형 명사의 복수형은 공통적으로 첫모음은 쉐바로 짧아지고 둘째 모음은 카메츠로 길어지면서 남성과 여성의 복수형어미를 가진다.[4]

מֶ֫לֶךְ 멜레크	왕	מְלָכִים 멜라킴	왕들
נֶ֫פֶשׁ 네페쉬	영혼	נְפָשׁוֹת 네파쇼트	영혼들
חֶ֫רֶב 헤레브	칼	חֲרָבוֹת 하라봇	칼들
סֵ֫פֶר 세페르	책	סְפָרִים 세파림	책들
זֶ֫רַע 제라	씨앗	זְרָעִים 제라임	씨앗들
נַ֫עַר 나아르	소년	נְעָרִים 네아림	소년들
בֹּ֫קֶר 보케르	아침	בְּקָרִים 베카림	아침들

5. 1) 종음절의 전전음절의 모음이 쉐바로 짧아지는 단어도 있다. 음절이 길어지면서 앞뒤 음절의 강세의 균형을 맞추기 위해 서두가 짧아진다.

דָּבָר	다바르	⇨	דְּבָרִים	데바림	(말씀/말씀들)
לֵבָב	레바브	⇨	לְבָבוֹת	레바봇	(마음/마음들)

3 Gary Pratico, Miles V. van Pelt, 「베이직 비블리칼 히브리어」, 변순복 역 (서울: 대서, 2009), 54. 이하 4항과 5항.

4 Ibid., 55.

2) 첫 음절이 후음인 경우는 전전음절의 모음이 쉐바로 바뀌지 않고 단축모음(하텝파닥)의 '아' 소리로 바뀐다. 후음은 대체로 '아'소리를 선호한다.

עָנָן	아난	⇨	עֲנָנִים	아나님	(구름/구름들)
חָצֵר	하체르	⇨	חֲצֵרוֹת	하체롯	(마을/마을들)

3) 첫 음절이 장모음일 경우는 복수형이 되어 음절이 길어져도 그 모음이 짧아지지 않는다.

כּוֹכָב	코카브	⇨	כּוֹכָבִים	코카빔	(별/별들)

6. 어휘

명사

אָב	아브	남. 아버지/조상 (복수 אָבוֹת)
אָח	악흐	남. 형제 (복수 אַחִים)
אִישׁ	이쉬	남. 남자/남편 (복수 אֲנָשִׁים)
אִשָּׁה	잇샤	여. 여자/아내 (복수 נָשִׁים)
אֱלֹהִים	엘로힘	남. 하나님/신/신들
בֵּן	벤	남. 아들 (복수 בָּנִים)
בַּת	바트	여. 딸 (복수 בָּנוֹת)
הַר	하르	남. 산/산지 (복수 הָרִים)
כֹּהֵן	코헨	남. 제사장 (복수 כֹּהֲנִים)

נֶ֫פֶשׁ	네페쉬	여. 영혼/생명/목 (복수 נְפָשׁוֹת)
נָבִיא	나비	남. 선지자/예언자(복수 נְבִיאִים)
סֵ֫פֶר	세페르	남. 책/두루마리 (복수 סְפָרִים)
עִיר	이르	여. 도시/성 (복수 עָרִים)
עֶ֫בֶד	에벳	남. 종, 하인
קוֹל	콜	여. 목소리/소리 (복수 קוֹלוֹת)
רֹאשׁ	로쉬	남. 머리/우두머리/꼭대기/처음 (복수 רָאשִׁים)

연습문제

1. 다음 명사들의 성과 수를 말하라.

(1) דְּבָרִים

(2) מֶ֫לֶךְ

(3) מַלְכָּה

(4) מְלָכִים

(5) מְלָכוֹת

(6) עָרִים

(7) עֶ֫בֶד

(8) עֲבָדִים

(9) תּוֹרָה

(10) תּוֹרוֹת

2. 다음 히브리어 복수명사의 단수형과 단수명사의 복수형을 말하라.

(1) אֲנָשִׁים

(2) נָשִׁים

(3) בָּנִים

(4) עָרִים

(5) בָּנוֹת

(6) אָב

(7) יוֹם

(8) שֵׁם

(9) הַר

(10) בַּיִת

5장

정관사와 접속사

1. 정관사

1) 정관사는 명사를 한정하는 기능을 하는 품사를 가리킨다. 따라서 정관사가 없는 명사는 한정되지 않은 명사이다. 정관사는 명사 앞에 헤(ה)+파닥(◌ַ)+중복점(◌ּ)을 붙인다.

הַדָּבָר	핫-다바르	그 말씀
הַמֶּלֶךְ	함-멜렉크	그 왕

2) 정관사 헤(ה)의 단모음 파닥(◌ַ)은 이어지는 명사의 첫 자음이 후음일 경우, 중복점을 붙이지 못하기 때문에 장모음 카메츠(◌ָ)으로 대체한다.(이를 보상적 장음화라고 부른다)

אִישׁ	הָאִישׁ	하-이쉬	그 남자
רֹאשׁ	הָרֹאשׁ	하-로쉬	그 머리/꼭대기/처음
עִיר	הָעִיר	하-이르	그 도시

3) 명사의 첫 자음이 후음, 헤(ה)와 헷(ח)으로 시작할 경우에는 정관사의 중복점을 붙

이지 못할 뿐 아니라 이미 소리가 강하기 때문에 장음화하지 않고 단모음 파닥(◌ַ)을 유지한다.(이를 가상중복이라고 부른다)

הֵיכָל	הַהֵיכָל	하-헤칼	그 궁전
חוֹמָה	הַחוֹמָה	학-호마	그 벽
חֻקִּים	הַחֻקִּים	학-후킴	그 법도

4) 명사의 첫 자음이 악센트가 없는 חָ, הָ, עָ로 시작할 경우는 정관사의 중복점을 붙이지 않으며 정관사 헤(ה) 아래의 모음을 세골(◌ֶ)로 모음 부조화를 통해 정관사의 존재를 인식시킨다.

עָפָר	הֶעָפָר	헤-아파르	그 먼지
הָרִים	הֶהָרִים	헤-하림	그 산들
חָכָם	הֶחָכָם	헥-하캄	그 지혜로운 자/그 지혜

5) יְ 또는 מְ로 시작하는 명사는 정관사의 중복점을 붙이지 않는다.

יְלָדִים	הַיְלָדִים	하-일라딤	그 소년들
מְרַגְּלִים	הַמְרַגְּלִים	함-락겔림	그 정탐꾼들

6) 위에서 정관사를 붙이는 방식들은 자세히 알 필요가 없다. 그보다는 명사의 기본형을 숙지하는 것이 더욱 중요하다. 왜냐하면 숙지하고 있는 명사 앞에 헤(ה)가 붙어 있으면 그것이 대개 정관사이기 때문이다. 정관사의 모음변화는 자음으로만 기록된 본문을 읽을 때에 요긴하다.

2. 접속사

1) 접속사는 단어 앞에 바브+쉐바 모음(◌ְ)을 붙여서 표기한다. 우리는 이 접속사를 "브"

혹은 "버"가 아니라 "베"라고 통일해서 읽을 것이다.(영어음역은 wə로 한다.) 이 접속사는 독립하여 홀로 사용되지 않으며, 언제나 뒤따르는 단어에 붙여서 사용한다.

וְאִישׁ	베-이쉬	그리고 한 사람 (and a man)
וְהָאִישׁ	베-하-이쉬	그리고 그 사람 (and the man)

2) 접속사 바브(ו)에 붙는 모음은 이어지는 단어에 따라 우, 아, 에, 오 등으로 바뀐다.[5]

a. 자음 ב(벧), מ(멤), פ(페), 페(פּ)로 시작하는 경우 : 우(וּ)

(이 세 자음으로 만든 조어, 범프(bump) 규칙으로 암기하면 편리하다.)

וּבֵין	우벤	그리고 ~사이에
וּמֶלֶךְ	우멜렉	그리고 한 왕
וּפַרְעֹה	우파르오	그리고 바로

b. 첫 음절의 모음이 쉐바일 때 : 우(וּ)

וּנְעָרִים	우네아림	그리고 젊은이들
וּשְׁמוּאֵל	우쉐무엘	그리고 사무엘
וּסְפָרִים	우세파림	그리고 책들

예외〉 יְהוּדָה + וְ = וִיהוּדָה 비-후다 그리고 유다

c. 단축모음 아(ֲ), 에(ֱ), 오(ֳ)앞에서 각각 : 바(וַ), 베(וֶ), 보(וָ)(모음동화)

אֲנָשִׁים + וְ = וַאֲנָשִׁים	**바-**아나쉼.	그리고 사람들
אֱמֶת + וְ = וֶאֱמֶת	**베-**에메트.	그리고 진리
חֳלִי + וְ = וָחֳלִי	**복-**홀리.	그리고 질병

---

5 Ibid., 67–8.

d. 단음절 단어 앞에서 : 바(וָ)

צֹאן + וְ = וָצֹאן 바-촌. 그리고 양

e. 첫 음절에 강세가 있을 때 : 바(וָ)

לֶ֫חֶם + וְ = וָלֶ֫חֶם 바-레헴. 그리고 식량/음식

3. 어휘

명사

אוֹר	오르	빛(여)	יֶלֶד	옐레드	소년, 아이(남)
אֱלֹהִים	엘로힘	하나님(남/단), (다른) 신/신들(남/복), 재판관들(남/복)	מִזְבֵּחַ	미즈베악흐	제단(남)
אֱמֶת	에메트	진리(여)	מִצְוָה	미츠바	계명(여)
אֶרֶץ	에레츠	땅(여)	מִדְבָּר	미드바르	광야, 사막(남)
דָּבָר	다바르	말씀, 일, 사건(남)	מַיִם	마임	물(남성복수)
הֵיכָל	헤칼	성전 (남)	רֵאשִׁית	레쉬트	처음, 시작(여)
חֻקִּים	후킴	법도, 율례(남성 복수)	רֶגֶל	레겔	발(여)
חֹשֶׁךְ	호셰크	어둠(남)	עַם	암	백성(남)
חוֹמָה	호마	벽, 담(여)	עָפָר	아파르	먼지, 흙(남)
חֳלִי	홀리	병, 질병(남)	שָׁמַיִם	샤마임	하늘(남성복수)
			שֹׁפֵט	쇼페트	재판관, 사사(남)

אֲנָשִׁים + וַ = 바-아나쉼. 그리고 사람들

אֱמֶת = 베-에메트. 그리고 진리

חֳלִי = 복-홀리. 그리고 질병

연습문제

1. 다음 히브리어 표현을 우리말로 옮기라.

(1) הָאִישׁ וְהָאִשָּׁה

(2) הַאֲנָשִׁים וְהַנָּשִׁים

(3) הַמְּלָכִים וְהַמְּלָכוֹת

(4) הָאוֹר וְהַחֹשֶׁךְ

(5) הַיּוֹם וְהַלָּ֫יְלָה

(6) וּבֵן וּבַת

2. 다음 성구를 우리말로 정확하게 옮기라.

(1) הַשָּׁמַיִם וְהָאָרֶץ (창 2:1)

(2) וְהַכֹּהֲנִים וְהָעָם (출 19:24)

(3) וְהַתּוֹרָה וְהַמִּצְוָה (출 24:12)

(4) וְהַכֹּהֲנִים וְהַנְּבִיאִים (왕하 23:2)

(5) וְהַנָּבִיא וְהַכֹּהֵן וְהָעָם (렘 23:24)

(6) הַמֶּלֶךְ וְהַמַּלְכָּה (스 7:6)

6장

형용사와 전치사

1. 형용사

1) 형용사는 명사를 한정하여 수식하거나, 서술하거나, 명사로 사용된다.

2) 형용사는 수식하거나 한정하는 명사의 성과 수에 따라 변화한다. 기본형은 남성단수형이다.

	남성	여성
단수	טוֹב	טוֹבָה
복수	טוֹבִים	טוֹבוֹת

3) 형용사의 용법

(1) **한정적 용법**: 수식하는 **명사 뒤**에 위치하며 명사의 **성, 수, 관사**를 **일치**시킨다.

אִישׁ טוֹב	이쉬 토브	한 좋은 남자
הָאִישׁ הַטּוֹב	하-이쉬 핫-토브	그 좋은 남자
אֲנָשִׁים טוֹבִים	아나쉼 토빔	좋은 남자들

הָאֲנָשִׁים הַטּוֹבִים	하-아나쉼 핫-토빔	그 좋은 남자들
אִשָּׁה טוֹבָה	잇샤 토바	한 좋은 여자
הָאִשָּׁה הַטּוֹבָה	하-잇샤 핫-토바	그 좋은 여자
נָשִׁים טוֹבוֹת	나쉼 토봇	좋은 여자들
הַנָּשִׁים הַטּוֹבוֹת	한-나쉼 핫-토봇	그 좋은 여자들

(2) **서술적 용법**: 일반적으로 서술하는 **명사 앞**이나 **뒤**에 위치하며 명사의 **성**, **수**를 **일치**시킨다. 이 경우는 정관사를 갖지 않는다. 이 때 명사는 주어, 형용사는 술어가 된다.

טוֹב הָאִישׁ	토브 하-이쉬	그 남자는 착하다.
טוֹבָה הָאִשָּׁה	토바 하-잇샤	그 여자는 착하다.
הָאִישׁ טוֹב	하-이쉬 토브	그 남자는 착하다.
הָאִשָּׁה טוֹבָה	하-잇샤 토바	그 여자는 착하다.

위의 두 용법에서 2개 이상의 형용사가 연이어 나올 수 있다.

הָעִיר הַגְּדוֹלָה וְהַטּוֹבָה	하-이르 학-게돌라 베-핫-토바	그 크고 좋은 도시
הָעִיר גְּדוֹלָה וְטוֹבָה	하-이르 게돌라 베-토바	그 도시는 크고 좋다.

(3) **명사적 용법**: 명사 없이 **홀로** 사용하거나, **정관사**가 붙은 형태로 사용한다.

הֶחָכָם	헥-하캄	그 지혜로운 남자
הָרַע	하-라	그 악한 것, 악(재앙)

2. 전치사

단어와 단어의 관계를 설명하는 품사로서 단어 앞에 온다. 전치사 다음에 나오는 단어는 전치사의 목적어이다. 히브리어 전치사는 세 가지 유형이 사용된다: 비분리전치사, 마켑 전치사, 독립전치사.

1) **비분리전치사**: 뒤따르는 전치사의 목적어와 결합하여 하나의 단어처럼 읽는다. 이 유형으로 사용되는 전치사는 세 가지뿐이다.

בְּ	bə	베	~안에(in, with)
לְ	lə	레	~에게(to, for)
כְּ	kə	케	~처럼, 같이(like, as)

בְּמֶ֫לֶךְ	베-멜렉	왕 안에
לְמֶ֫לֶךְ	레-멜렉	왕에게, 왕을 위하여
כְּמֶ֫לֶךְ	케-멜렉	왕처럼

또, 전치사의 목적어인 명사가 정관사로 한정되어 있을 때, 이 세 개의 전치사는 정관사와 결합하여 원래의 쉐바를 탈락시키고 정관사가 가졌던 모음을 남긴다.

הַמֶּ֫לֶךְ	함-멜렉	그 왕
בַּמֶּ֫לֶךְ	밤-멜렉	그 왕 안에
לַמֶּ֫לֶךְ	람-멜렉	그 왕에게
כַּמֶּ֫לֶךְ	캄-멜렉	그 왕처럼

2) **마켑 전치사**: 마켑(־)이라는 짧은 연결선을 사용하여 전치사와 전치사 목적어를 한 단어처럼 읽게 만든다. 이 때 전치사는 전치사의 목적어에 해당하는 단어의 첫 음절처럼 발음된다.

עַל־הָאֶ֫בֶן	알–하–에벤	그 돌 위에
אֶל־הַבַּ֫יִת	엘–합–바이트	그 집으로
מִן־הַבַּ֫יִת	민–합–바이트	그 집으로부터
עַד־הַנָּהָר	아드–한–나하르	그 강까지

3) **독립 전치사**: 전치사의 목적어와 떨어져 사용된다.

לִפְנֵי יהוה	리프네 아도나이	야훼 앞에서
אֵ֫צֶל הָעֵץ	에첼 하–에츠	그 나무 가까이/옆에서
בֵּין הַמַּ֫יִם	벤 함–마임	그 물 사이에
אַחַר הַמַּבּוּל	악하르 함–맙불	그 홍수 후에

4) 전치사 מִן의 형태와 용법

(1) 전치사 מִן은 뒤따르는 목적어와 마켑으로 연결되거나 아예 목적어와 결합하여 사용되기도 한다. 이때 ן은 목적어의 첫 자음과 동화하여 사라지고 그 흔적으로 중복점을 남긴다. 또 그 첫 자음이 후음일 경우에는 보상적 장음화나 가상중복현상을 일으켜 מ에 모음변화를 발생시킨다.

מִן־מֶ֫לֶךְ	⇨	מִמֶּ֫לֶךְ	밈–멜렉	한 왕으로부터
אִישׁ + מִן	⇨	מֵאִישׁ	메–이쉬	한 사람으로부터(보상적 장음화)
הָאָרֶץ + מִן	⇨	מֵהָאָ֫רֶץ	메–하–아레츠	그 땅으로부터(보상적 장음화)
חוּץ + מִן	⇨	מִחוּץ	믹–후츠	외부로부터 (가상중복)

(2) 전치사 מִן은 비교급, 최상급 혹은 전체의 일부를 표현하기도 한다.

הָאִישׁ חָכָם מֵהַנַּ֫עַר　　하-이쉬 하캄 메-한-나아르

그 남자는 그 소년보다 더 현명하다.

יָפָה הָאִשָּׁה מֵהַנַּעֲרָה　　야파 하-잇샤 메-한-나아르

그 여자는 그 소녀보다 더 아름답다.

또한 "~에게 너무 ~하다"로 번역할 수도 있다.

קָשָׁה הָעֲבוֹדָה מֵהָאִישׁ　　카샤 하-아보다 메-하-이쉬

그 일은 그 남자에게 너무 어렵다.

또한 כֹּל(모든, 각각)과 결합하여 최상급을 표현한다.

עָרוּם מִכֹּל חַיַּת הַשָּׂדֶה　　아룸 믹-콜 하이야트 핫-사데

(그것은) 모든 들짐승 중에 가장 지혜롭다.

또는 전체의 일부를 표현한다.

מִפְּרִי　　밉-페리　　그 열매의 일부

מֵהָאֲנָשִׁים　　메-하-아나쉼　　그 남자들 중 몇 명이

3. 어휘

형용사

אַחֵר	악헤르	또 다른	מְעַט	메아트	조금
גָּדוֹל	가돌	큰, 위대한	קָדוֹשׁ	카도쉬	거룩한, 성스러운
זָקֵן	자켄	나이 많은, 늙은	קָטֹן	카톤	작은, 적은
חָדָשׁ	하다쉬	새로운	קָרוֹב	카로브	가까운, 다가서는
חָזָק	하자크	강한	קָשֶׁה	카쉐	어려운, 힘든
חָכָם	하캄	현명한, 지혜로운	רַב	라브	많은
יָפֶה	야페	아름다운	רַע	라	나쁜, 악한
יָשָׁר	야샤르	올바른, 의로운	עָרוּם	아룸	교활한, 간교한
צַדִּיק	찻디크	의로운, 공의로운	תָּמִים	타밈	완전한, 온전한

전치사

אַחַר /אַחֲרֵי	악하르 악하레	뒤에, 후에	לְמַעַן	레마안	~을 위하여, ~때문에, ~하기 위하여
אֶת־/אֵת	에트	함께 (목적격 표시 사로도 쓰임)	מִן־/מִן	민	~로부터; 보다 더(비교급)
אֶל/אֶל־	엘	~에게, ~향하여	מַעַל /מִמַּעַל	마알 밈마알	위에
בֵּין	벤	~사이에	עַד	아드	~까지, 에게, ~동안
בְּ	베	안에, 함께	עַל	알	~위에, ~관하여, ~때문에
בְּתוֹךְ	베토크	가운데, 중앙에	עַל־דְּבַר	알-데바르	~때문에
כְּ	케	~처럼, ~같이	עִם	임	함께
לִפְנֵי	리프네	~앞에서	תַּחַת	탁하트	밑에, 아래, 대신에
לְ	레	~에게, ~을(를) 위하여			

명사

אֶ֫בֶן	에벤	돌 (f) (복) אֲבָנִים
בָּשָׂר	바사르	육체, 고기(m)
גַּן	간	정원, 동산(m)
גֶּשֶׁם	게셈	비(m)
מַבּוּל	맙불	홍수(f)
מִצְוָה	미츠바	계명(f) (복) מִצְוֹת
מָקוֹם	마콤	장소, 곳(m)
נָהָר	나하르	강(m)
נַעֲרָה	나아라	소녀, 여자아이(f)
עֶ֫בֶד	에베드	종, 하인
עֲבוֹדָה	아보다	일, 예배(f)
עֵץ	에츠	나무(m)
פְּרִי	페리	열매(m)
שָׂדֶה	사데	들판(m) (복) שָׂדוֹת
שִׁיר	쉬르	노래

연습문제

1. 다음 히브리어 표현을 번역하라.

(1) צַדִּיקִים הַנְּבִיאִים

(2) גְּדוֹלָה הַתּוֹרָה

(3) טוֹב־וְיָשָׁר יְהוָה

(4) בְּרִית חֲדָשָׁה

(5) אֱלֹהִים אֲחֵרִים

(6) הָעֲבָדִים הָרָעִים

(7) יְשָׁרָה הַתּוֹרָה

(8) אִישׁ חָכָם מְאֹד

(9) שִׁיר חָדָשׁ

(10) הַסֵּ֫פֶר טוֹב

2. 다음 히브리어 전치사구를 번역하라.

(1) בְּתוֹךְ־הַגָּן

(2) בַּבַּיִת וּבַשָּׂדֶה

(3) מִן־הָאֲדָמָה

(4) אַחַר הַדְּבָרִים

(5) עַל־כָּל־בָּשָׂר

(6) עַל־הַמִּזְבֵּחַ

(7) עַד־הַיּוֹם

(8) מֵהַנָּבִיא

(9) בֵּין הַשָּׁמַיִם וּבֵין הָאָרֶץ

(10) אֶל הַמָּקוֹם

7장

대명사

1. 독립 인칭 대명사

독자적으로 사용되는 인칭대명사는 1인칭, 2인칭, 3인칭, 단수와 복수가 있다. 이 인칭 대명사는 문장의 주어 역할을 한다. 어순은 유동적이다.

	단수	복수
1인칭 공통	אֲנִי אָנֹכִי 아니/아노키 나	אֲנַ֫חְנוּ 아낙흐누 우리
2인칭 남성	אַתָּה 앗타 너	אַתֶּם 앗템 너희들
2인칭 여성	אַתְּ 앗트 너	אַתֵּ֫נָה/אַתֶּן 앗테나/앗텐 너희들
3인칭 남성	הוּא 후 그/그것	הֵם/הֵ֫מָּה 헴/헴마 그들
3인칭 여성	הִיא / הִוא 히 그녀/그것	הֵן/הֵ֫נָּה 헨/헨나 그들

אֲנִי יְהוָה	아니 아도나이	나는 여호와다.
אַתָּה הָאִישׁ	앗타 하-이쉬	네가 그 사람이다.
הוּא נָבִיא צַדִּיק	후 나비 찻디크	그는 의로운 예언자이다.
הִיא אֵם	히 엠	그녀는 어머니이다.

אַחִים אֲנַחְנוּ 악힘 아낙흐누　　우리는 형제들이다.

אַתֶּם בָּעִיר הַגְּדוֹלָה 아템 바이르 학게돌라　　너희는 그 큰 도시 안에 있다.

וְהֵמָּה חֲכָמִים 베–헴마 하카밈　　그리고 그들은 지혜롭다.

2. 지시사

지시사는 기능에 따라 지시대명사와 지시형용사로 사용된다.

(1) **지시대명사**: 명사 앞에 오며, 지시하는 명사와 성과 수가 일치해야 한다.

정관사는 사용하지 않는다.

	단 수	복수
남성	זֶה 제 이것	אֵלֶּה 엘레 이것들
여성	זֹאת 조트 이것	אֵלֶּה 엘레 이것들
남성	הוּא 후 저것	הֵם/הֵמָּה 헴/헴마 저것들
여성	הִיא 히 저것	הֵן/הֵנָּה 헨/헨나 저것들

지시대명사 '저것'(that)의 남성단수형 הוּא 와 여성단수형 הִיא 는 인칭대명사의 3인칭 남성형과 3인칭 여성과 형태가 같다. 그러므로 문맥에 따라 지시대명사인지 인칭대명사인지를 결정해야 한다.

זֶה הַיּוֹם 제 하이–욤　　이것이 그 날이다.

זֹאת הָאָרֶץ 조트 하–아레츠　　이것은 그 땅이다.

הוּא הַדָּבָר 후 핫–다바르　　저것은 그 말씀이다/ 그것은 그 말씀이다.(인칭대명사)

אֵלֶּה הַדְּבָרִים 엘레 핫–데바림 이것들은 그 말씀들이다.

(2) **지시형용사**: 지시하는 명사 뒤에서 오며 수식하는 명사와 정관사, 성, 수가 일치해야 한다.

הַמָּקוֹם הַזֶּה	함–마콤 핫–제	이 곳
הָאָרֶץ הַזֹּאת	하–아레츠 핫–조트	이 땅
בָּעִיר הַהִיא	바–이르 하–히	저 도시 안에서
בַּיּוֹם הַהוּא	바이–욤 하–후	저 날에
הַדְּבָרִים הָאֵלֶּה	핫–데바림 하–엘레	이 말씀들
בַּיָּמִים הָהֵם	바이–야밈 하–헴	저 날들에

만일, 지시형용사 외에 또 다른 형용사가 명사를 수식할 경우, 지시형용사는 가장 뒤에 나온다.

הָאָרֶץ הַטּוֹבָה הַזֹּאת	하–아레츠 핫–토바 핫–조트	이 좋은 땅
הַמִּדְבָּר הַגָּדוֹל הַהִיא	함–미드바르 학–가돌 하–히	저 큰 광야
הָאֲנָשִׁים הַטּוֹבִים הָאֵלֶּה	하–아나쉼 핫–토빔 하–엘레	이 착한 남자들
הַנָּשִׁים הַטּוֹבוֹת הָהֵנָּה	한–나쉼 핫–토봇 하–헨나	저 착한 여자들

3. 관계대명사, 의문대명사, 의문사

(1) **관계대명사 אֲשֶׁר**: 선행하는 명사를 수식하는 관계문장을 이끄는 대명사이다. 수식하는 선행사의 성과 수에 관계없이 형태는 불변한다.

הָעֵץ אֲשֶׁר בְּתוֹךְ־הַגָּן 하–에츠 아쉐르 베톡 학–간

그 동산 중앙에 있는 나무(관계절 안에 be 동사가 생략됨)

הֶהָרִים אֲשֶׁר־תַּחַת הַשָּׁמָיִם 헤-하림 아쉐르 타하트 핫-샤마임

하늘 아래에 있는 산들

דָּוִד אֲשֶׁר בִּירוּשָׁלַיִם 다비드 아쉐르 비루살라임 예루살렘에 있는 다윗

(2) **의문대명사**: 문장의 첫머리에서 의문문을 이끈다.

מִי 누구?

מָה 무엇?

לָמָּה/לָמָה 왜?

מַדּוּעַ 왜?

אֵיכָה/אֵיךְ 어떻게?

אֵי/אַיֵּה/אֵיפֹה 어디에?

특히, מָה(무엇?)는 뒤따르는 단어의 첫 자음에 따라 מֶה와 מַה로 모음이 바뀐다.

מִי־אַתָּה	미 앗타	당신은 누구입니까?
מִי הָאֲנָשִׁים הָאֵלֶּה	미 하-아나쉼 하-엘레	이 남자들은 누구입니까?
מַה־זֹּאת	마 조트	이것은 무엇입니까?
מָה־אָדָם	마 아담	사람이 무엇입니까?
מֶה עָז מֵאֲרִי	메 아즈 메-아리	무엇이 사자보다 더 강합니까?
אֵיפֹה שְׁמוּאֵל וְדָוִד	에포 쉐무엘 베-다비드	사무엘과 다윗은 어디에 있습니까?
אַיֵּה שָׂרָה	아이예 사라	사라는 어디에 있는가?

(3) **의문사**

접두사 הֲ는 평서문을 의문문으로 만든다. 이어지는 단어의 첫 자음에 따라 הֶ/הַ로 바뀌기도 한다. 중요한 것은 기존에 알던 단어 앞에 ה가 접두되고 첫 자음에 중복점을 찍지(그럴 경우는 정관사일 수 있으므로) 않는다면 그것은 의문문을 만드는 의문사일 가능성이 높다.

הֶחָזָק הוּא	헥-하자크 후	그는 강합니까?
הַאֱלֹהִים אֲנִי	하-엘로힘 아니	내가 하나님입니까?

4. 어휘

명사

אֵשׁ	에쉬	불(f)	כֶּ֫סֶף	케세프	은(m)
זָהָב	자하브	금, 황금(m)	גָּמָל	가말	낙타(m)
אֲרִי	아리	사자(m)	מָקוֹם	마콤	장소(m)
חֶ֫רֶב	헤레브	칼(f)	לֶ֫חֶם	렉헴	빵, 떡, 식량(m)
צֹאן	촌	양. 작은 가축(양과 염소들 집합명사	מִשְׁפָּט	미쉬파트	공의, 판결, 관습(m)
יָם	얌	바다, 서쪽(m)	שַׂר	사르	방백, 관리, 왕자(m)
בָּקָר	바카르	소. 큰 가축(황소, 수송아지, 암소) 집합명사	שַׁ֫עַר	샤아르	대문(m)
תִּקְוָה	티크바	희망(f)	שָׁלוֹם	샬롬	평화(m)

형용사

דַּל	달	가난한
עָז	아즈	강한, 힘센
תָּמִים	타밈	완전한
רָשָׁע	라샤	악한, 나쁜, 죄 있는
עָשִׁיר	아쉬르	부유한

부사와 기타

לֹא	로	아니다 (부정어)
עוֹד	오드	아직, 또 다른, 여전히
יֵשׁ	예쉬	~이 있다
אֵין/אַ֫יִן	엔/아인	~이 없다 (단수, 복수 함께 사용)

연습문제

1. 다음 히브리어 표현을 번역하라.

(1) הוּא הַשֹּׁפֵט הַיָּשָׁר

(2) הִיא הָאִשָּׁה הַחֲכָמָה וְהַצַּדִּיקָה

(3) אַתֶּם הָאֲנָשִׁים הַדַּלִּים

(4) אֲנַ֫חְנוּ בָּעִיר הַגְּדוֹלָה

(5) זֶה הַנָּבִיא הֶחָכָם

(6) צַדִּיק וְיָשָׁר הַמֶּ֫לֶךְ הַהוּא

(7) אֵ֫לֶּה הַשֹּׁפְטִים הַיְשָׁרִים

(8) חָכָם הַנָּבִיא הַזֶּה

(9) יָשָׁר הַכֹּהֵן מִן־הַמֶּ֫לֶךְ הַזֶּה

(10) חֲכָמִים הַזְּקֵנִים מֵהַנְּבִיאִים הָרָעִים

(11) הָאֱלֹהִים אָנִי

(12) מָה־הַדָּבָר הַזֶּה

(13) הַטּוֹבָה הָאָ֫רֶץ

(14) טוֹבָה הַתּוֹרָה וְטוֹבִים הַדְּבָרִים אֲשֶׁר בָּהּ

2. 다음 성경구절을 번역하라.

(1) וְזֹאת הַמִּצְוָה (신 6:1)

(2) עַד הַיּוֹם הַזֶּה (왕하 16:6)

(3) וְאַתָּה יְהוָה־אֱלֹהִים (시 59:5)

(4) כָּל־הַמְּלָכִים הָאֵלֶּה (수 10:42)

(5) וְאַיֵּה הַשֶּׂה (창 22:7)

(6) מִי יְהוָה (출 5:2)

(7) אֵל אָנֹכִי וְלֹא־אִישׁ (호 11:9)

(8) לֹא־נָבִיא אָנֹכִי (암 7:14)

(9) אֵלֶּה הַדְּבָרִים (슥 8:16)

(10) זֶה הַיּוֹם (삿 4:14)

(11) הַמְעַט הוּא אִם־רָב (민 13:18)

(12) בַּת־מִי אַתְּ (창 24:23)

(13) אֵי הֶבֶל (창 4:9)

8장
대명사 접미사

1. 대명사 접미사(pronominal suffix)[6]

명사와 전치사에 접미하는 대명사를 가리킨다. 이것이 명사에 붙으면 소유격으로 기능하고, 전치사에 붙으면 목적격으로 기능한다. 예를 들어, '나의 책'이란 표현에서 '나의'는 명사 '책'의 소유격이고, '너와 함께'라는 전치사구에서 '너와'는 전치사 '함께'의 목적격으로 기능한다.

대명사 접미사는 두 가지 유형이 사용된다. 단수명사에는 유형1을, 복수명사에는 유형2를 붙인다. 전치사는 종류에 따라 유형1과 유형2를 선택적으로 사용한다.

	유형1		유형2		소유격/목적격
1공단	ִי	-이	◌ַי	-아이	나의/나를
2남단	ךָ	-카	◌ֶיךָ	-에카	너의/너를(남)
2여단	ךְ	-크	◌ַיִךְ	-아이크	너의/너를(여)
3남단	וֹ	-오	◌ָיו	-아브	그의/그를

6 Ibid., 108-18. 이하의 도표들.

3여단	◌ָהּ -아	◌ֶיהָ -에하	그녀의/그녀를
1공복	נוּ -누	◌ֵינוּ -에누	우리의/우리를
2남복	כֶם -켐	◌ֵיכֶם -에켐	너희의/너희를(남)
2여복	כֶן -켄	◌ֵיכֶן -에켄	너희의/너희를(여)
3남복	הֶם -헴	◌ֵיהֶם -에헴	그들의/그들을(남)
3여복	הֶן -헨	◌ֵיהֶן -에헨	그들의/그들을(여)

유형 2의 3남단 대명사접미사 '아브'(카메츠+요드+바브)는 '아이브'라고 읽지 않는다. 요드를 묵음으로 보기 때문이다.[7]

1) 남성명사 סוּס에 붙는 대명사접미사

	단수+유형1	복수+유형2
1공단	סוּסִי 수시 나의 말	סוּסַי 수사이 나의 말들
2남단	סוּסְךָ 수세카 너의 말	סוּסֶיךָ 수세카 너의 말들
2여단	סוּסֵךְ 수세크 너의 말	סוּסַיִךְ 수사이크 너의 말들
3남단	סוּסוֹ 수소 그의 말	סוּסָיו 수사브 그의 말들
3여단	סוּסָהּ 수사 그녀의 말	סוּסֶיהָ 수세하 그녀의 말들
1공복	סוּסֵנוּ 수세누 우리의 말	סוּסֵינוּ 수세누 우리의 말들
2남복	סוּסְכֶם 수세켐 너희의 말	סוּסֵיכֶם 수세켐 너희의 말들
2여복	סוּסְכֶן 수세켄 너희의 말	סוּסֵיכֶן 수세켄 너희의 말들
3남복	סוּסָם 수삼 그들의 말	סוּסֵיהֶם 수세헴 그들의 말들
3여복	סוּסָן 수산 그들의 말	סוּסֵיהֶן 수세헨 그들의 말들

7 주옹–무라오카, 「성서히브리어문법」, 51.

2) 여성명사 תּוֹרָה에 붙는 대명사접미사

	단수+유형1	복수+유형2
1공단	תּוֹרָתִי 토라티 나의 율법	תּוֹרוֹתַי 토로타이 나의 율법들
2남단	תּוֹרָתְךָ 토라테카 너의 율법	תּוֹרוֹתֶיךָ 토로테카 너의 율법들
2여단	תּוֹרָתֵךְ 토라테크 너의 율법	תּוֹרוֹתַיִךְ 토로타이크 너의 율법들
3남단	תּוֹרָתוֹ 토라토 그의 율법	תּוֹרוֹתָיו 토로타브 그의 율법들
3여단	תּוֹרָתָהּ 토라타 그녀의 율법	תּוֹרוֹתֶיהָ 토로테하 그녀의 율법들
1공복	תּוֹרָתֵנוּ 토라테누 우리의 율법	תּוֹרוֹתֵינוּ 토로테누 우리의 율법들
2남복	תּוֹרַתְכֶם 토라트켐 너희의 율법	תּוֹרוֹתֵיכֶם 토로테켐 너희의 율법들
2여복	תּוֹרַתְכֶן 토라트켄 너희의 율법	תּוֹרוֹתֵיכֶן 토로테켄 너희의 율법들
3남복	תּוֹרָתָם 토라탐 그들의 율법	תּוֹרוֹתֵיהֶם 토로테헴 그들의 율법들
3여복	תּוֹרָתָן 토라탄 그들의 율법	תּוֹרוֹתֵיהֶן 토로테헨 그들의 율법들

–아(הָ◌–)로 끝나는 여성 단수명사에 붙는 대명사접미사는 헤(ה)를 타브(ת)로 바꾼 다음에 붙인다. 여성복수명사의 장모음 어미 오트(וֹת־)는 바뀌지 않는다.

3) 단음절 명사에 붙는 대명사 접미사: 단수일 때 어근에 요드(י)를 첨가한 후에 대명사 접미사를 붙인다. 이런 모양은 복수명사에 대명사접미사가 붙은 형태와 종종 혼동된다. 하지만 복수명사+대명사접미사는 어느 경우든지 히렉 요드(ִ◌י)를 취하지 않는다는 점을 기억하라.

	단수+유형1			복수+유형2		
1공단	אָחִי	악히	나의 형제	אַחַי	악하이	나의 형제들
2남단	אָחִיךָ	악히카	너의 형제	אַחֶיךָ	악헤카	너의 형제들
2여단	אָחִיךְ	악히크	너의 형제	אַחַיִךְ	악하이크	너의 형제들
3남단	אָחִיו	악히브	그의 형제	אֶחָיו	엑하브	그의 형제들
3여단	אֲחִיהָ	악히하	그녀의 형제	אַחֶיהָ	악헤하	그녀의 형제들
1공복	אָחִינוּ	악히누	우리의 형제	אַחֵינוּ	악헤누	우리의 형제들
2남복	אֲחִיכֶם	악히켐	너희의 형제	אַחֵיכֶם	악헤켐	너희의 형제들
2여복	אֲחִיכֶן	악히켄	너희의 형제	אַחֵיכֶן	악헤켄	너희의 형제들
3남복	אֲחִיהֶם	악히헴	그들의 형제	אֲחֵיהֶם	악헤헴	그들의 형제들
3여복	אֲחִיהֶן	악히헨	그들의 형제	אֲחֵיהֶן	악헤헨	그들의 형제들

4) 대명사접미사가 붙을 때 명사의 모음부호가 바뀌는 경우

기본형		단수		복수	
דָּבָר	말씀	דְּבָרִי	나의 말씀	דְּבָרַי	나의 말씀들
דָּבָר	말씀	דְּבָרְכֶם	너희의 말씀	דִּבְרֵיכֶם	너희의 말씀들
בַּיִת	집	בֵּיתְךָ	너의 집	בָּתֵּיכֶם	너희의 집들
מָוֶת	죽음	מוֹתִי	나의 죽음		
אָב	아버지	אָבִי	나의 아버지	אֲבוֹתַי	나의 아버지들(조상)
עַם	백성	עַמִּי	나의 백성	עַמַּי	나의 백성들

대명사접미사가 붙는 명사의 모음 변화를 규칙화하기는 어렵다. 현재로서는 명사의 기본형을 철저히 암기할 필요가 있다. 그리고 만일 이 기본형 명사에 접미되는 어미가 있다면 그것이 대명사접미사의 유형1과 유형2인지를 파악한 뒤 유형1이면 명사는 단수형이고 유형2이면 명사는 복수형에 접미된 것이므로 여기에 따라 뜻을 풀이하면 된다.

5) 전치사에 대명사접미사가 붙은 경우

	유형1			유형2		
1공단	לִי	리	나에게	עָלַי	알라이	나에 관하여
2남단	לְךָ	레카	너에게	עָלֶ֫יךָ	알레카	너에 관하여
2여단	לָךְ	레크	너에게	עָלַ֫יִךְ	알라이크	너에 관하여
3남단	לוֹ	로	그에게	עָלָיו	알라브	그에 관하여
3여단	לָהּ	라	그녀에게	עָלֶ֫יהָ	알레하	그녀에 관하여
1공복	לָ֫נוּ	라누	우리에게	עָלֵ֫ינוּ	알레누	우리에 관하여
2남복	לָכֶם	라켐	너희에게	עֲלֵיכֶם	알레켐	너희에 관하여
2여복	לָכֶן	라켄	너희에게	עֲלֵיכֶן	알레켄	너희에 관하여
3남복	לָהֶם	라헴	그들에게	עֲלֵיהֶם	알레헴	그들에 관하여
3여복	לָהֶן	라헨	그들에게	עֲלֵיהֶן	알레헨	그들에 관하여

유형1을 대명사접미사로 갖는 전치사는 לְ(에게, 위하여), בְּ(안에, 함께), עִם(함께), אֵת(함께) 등이고, 유형2를 대명사접미사로 갖는 전치사는 עַל(위에, 관하여, 때문에), אֶל(~로, 에게, 위하여), תַּ֫חַת(아래에, 대신에), אַחֲרֵי(~후에) 등이 있다.

6) 모양이 같은 전치사와 목적격 조사 אֶת־/אֵת에 대명사 접미사가 붙는 경우

	목적격 조사(을/를)	전치사(~와 함께)
1공단	אֹתִי 오티 나를	אִתִּי 잇티 나와 함께
2남단	אֹתְךָ 오테카 너를	אִתְּךָ 잇테카 너와 함께
2여단	אֹתָךְ 오타크 너를	אִתָּךְ 잇타크 너와 함께
3남단	אֹתוֹ 오토 그를	אִתּוֹ 잇토 그와 함께
3여단	אֹתָהּ 오타 그녀를	אִתָּהּ 잇타 그녀와 함께
1공복	אֹתָ֫נוּ 오타누 우리를	אִתָּ֫נוּ 잇타누 우리와 함께
2남복	אֶתְכֶם 에트켐 너희를	אִתְּכֶם 잇테켐 너희와 함께
2여복	אֶתְכֶן 에트켄 너희를	אִתְּכֶן 잇테켄 너희와 함께
3남복	אֹתָם 오탐 그들을	אִתָּם 잇탐 그들과 함께
3여복	אֹתָן 오탄 그들을	אִתָּן 잇탄 그들과 함께

대명사접미사가 붙은 목적격조사 '을/를'은 '－오－' 소리를 내는 반면, 전치사 '함께'는 영어 with(위드)의 '이' 소리처럼 '－이－' 소리를 낸다는 특징을 기억하면, 두가지 표현을 구별하기가 편리하다.

7) 전치사 케(כְּ), 민(מִן), 임(עִם)과 명사 암(עַם)에 붙는 대명사접미사들

	처럼	로부터	함께	백성
1공단	כָּמ֫וֹנִי 카모니	מִמֶּ֫נִּי 밈멘니	עִמִּי 임미	עַמִּי 암미
2남단	כָּמ֫וֹךָ 카모카	מִמְּךָ 밈메카	עִמְּךָ 임메카	עַמְּךָ 암메카

2여단	כָּמוֹךְ 카모크	מִמֵּךְ 밈메크	עִמָּךְ 임마크	עַמֵּךְ 암메크
3남단	כָּמוֹהוּ 카모후	מִמֶּנּוּ 밈멘누	עִמּוֹ 임모	עַמּוֹ 암모
3여단	כָּמוֹהָ 카모하	מִמֶּנָּה 밈멘나	עִמָּהּ 임마	עַמָּהּ 암마
1공복	כָּמוֹנוּ 카모누	מִמֶּנּוּ 밈멘누	עִמָּנוּ 임마누	עַמֵּנוּ 암메누
2남복	כָּכֶם 카켐	מִכֶּם 믹켐	עִמָּכֶם 임마켐	עַמְּכֶם 암메켐
2여복	כָּכֶן 카켄	מִכֶּן 믹켄	עִמָּכֶן 임마켄	עַמְּכֶן 암메켄
3남복	כָּהֶם 카헴	מֵהֶם 메헴	עִמָּם 임맘	עַמָּם 암맘
3여복	כָּהֶן 카헨	מֵהֶן 메헨	עִמָּן 임만	עַמָּן 암만

2. 어휘

명사

אֹהֶל	오헬	천막, 장막(m)	בְּהֵמָה	베헤마	가축, 짐승, 동물(f)
בֹּקֶר	보케르	아침(m)	כָּבוֹד	카보드	영광, 명예, 공경(m)
בְּרָכָה	베라카	축복(f)	שֶׁמֶן	쉐멘	기름, 지방(m)
חֵן	헨	은혜, 호의, 총애(m)	מַחֲנֶה	막하네	야영지, 캠프(f)
אֶלֶף	엘레프	천(1000)(m)	גִּבּוֹר	깁보르	용사, 전사, 영웅(m)
אַף	아프	콧구멍, 노여움(쌍수: אַפַּיִם) (m)	דֶּרֶךְ	데레크	길(m)
יְשׁוּעָה	예슈아	구원, 승리(f)	צוּר	추르	반석(m)
חַטָּאת	핫타트	죄(f)	לַיְלָה	라일라	밤(f)
מִלְחָמָה	밀하마	전쟁, 전투(f)	מִשְׁפָּחָה	미쉬파하	씨족, 대가족(f)

עֶרֶב	에레브	저녁(m)	רֶכֶב	레케브	병거(m)
דָּם	담	피(m)	חַי	하이	생명(복수, חַיִּים)
נֶ֫פֶשׁ	네페쉬	영혼, 목숨, 식욕 (f)			

기타

אוֹ	오	혹은

연습문제

1. 다음 히브리 표현을 해석하라.

(1) דְּבָרָיו

(2) סִפְרָם

(3) אֱלֹהֶיךָ

(4) אֲבוֹתֵינוּ

(5) אִשְׁתּוֹ

(6) לָהּ

(7) בִּי

(8) כָּמ֫וֹנוּ

(9) עָלָיו

(10) אֵלֶ֫יךָ

(11) מִכֶּם

(12) אַדְמָתוֹ

(13) קָדְשְׁךָ

(14) בְּנוֹתַי

(15) נָשֵׁ֫ינוּ

(16) נָשַׁי

(17) עִמּוֹ

(18) בָּ֫נוּ

(19) לוֹ

(20) אִתְּךָ

2. 다음 성경구절을 해석하라.

(1) כִּי אֲנִי יְהוָה אֱלֹהֵיכֶם (출 6:7)

(2) כִּי אֵין לָהּ אָב וָאֵם (에 2:7)

(3) כִּי אֲנִי־אֵל וְאֵין עוֹד (사 45:22)

(4) הוּא צוּרִי וִישׁוּעָתִי (시 62:7)

(5) יֶשׁ־לִי תִקְוָה (룻 1:12)

(6) יֶשׁ־לָנוּ אָב זָקֵן (창 44:20)

(7) בְּנֵיכֶם וּבְנוֹתֵיכֶם (출 32:2)

(8) תָּמִים אַתָּה בִּדְרָכֶיךָ (겔 28:15)

(9) אֱלֹהַי אָתָּה (시 31:14)

(10) לִי הַכֶּסֶף וְלִי הַזָּהָב (학 2:8)

(11) יֵשׁ יְהוָה בַּמָּקוֹם הַזֶּה (창 28:16)

(12) אֵין כַּיְהוָה (출 8:6)

(13) יֵשׁ נָבִיא בְּיִשְׂרָאֵל (왕하 5:8)

(14) עִמָּנוּ אֵל (사 8:10)

(15) וּבְבֵיתִי אֵין לֶ֫חֶם (사 3:7)

(16) יָפָה הִיא מְאֹד (창 12:14)

(17) לִי כָּל־הָאָרֶץ (출 19:5)

(18) גָּדוֹל שְׁמוֹ (시 76:2)

(19) אָחִי הוּא (창 20:5)

(20) הֲיֵשׁ לָכֶם אָח (창 43:7)

9장
연계형 구문

1. 서론

성서 히브리어에는 영어의 '~of'처럼 두 개의 명사 사이의 소유나 소속 관계를 표현하는 전치사가 없다. 대신에 두 개 혹은 세 개의 명사를 나란히 배열하여 이런 관계를 표현한다. 이를 연계형 구문(construct chain)이라고 말한다. 이렇게 연결된 명사들 중에서 첫 번째 명사를 '연계형'(construct form=cstr)이라고 부르고 연계상태의 마지막에 나오는 명사를 '절대형'(absolute form=abs)이라고 부른다.

קוֹל הַנָּבִיא	콜 한-나비	그 예언자의 그 소리 (the voice of the prophet)
מֶלֶךְ הָאָרֶץ	멜렉 하-아레츠	그 땅의 그 왕 (the king of the land)

위에서 콜과 멜렉은 연계형 명사이고 한-나비와 하-아레츠는 절대형 명사이다. 연계형 구문에서 이 마지막 단어가 ① 정관사를 갖거나, ② 고유명사이거나, ③ 인칭대명사 소유격을 가질 경우에는 연계형 명사도 한정된 것으로 본다.

דְּבַר הַמֶּלֶךְ	데바르 함-멜렉	그 왕의 그 말씀 (the word of the king)

קוֹל שְׁמוּאֵל 콜 쉐무엘 사무엘의 그 목소리 (the voice of Samuel)

בֵּית מַלְכִּי 벳 말키 나의 왕의 그 집 (the house of my king)

이외의 경우, 연계형 명사는 한정된 것으로 보지 않는다.

קוֹל אִישׁ 콜 이쉬 어떤 사람의 어떤 목소리 (a voice of a man)

עֶ֫בֶד מֶ֫לֶךְ 에벳 멜렉 어떤 왕의 어떤 종 (a servant of a king)

연계형 구문에서는 연계형이나 절대형 모두 복수가 될 수 있다. 또 연계상태에 있는 명사 가운데 하나의 명사를 수식하는 형용사는 연계형 구문이 끝난 다음에 온다. 물론 그 형용사는 수식하려는 명사와 성, 수, 정관사가 일치해야 한다. 그런 형용사는 2개가 연이어 나올 수 있다. 하지만 연계형 명사를 수식하는 형용사와 절대형 명사를 수식하는 형용사가 동시에 표현되는 경우는 없다.

דְּבַר הַנְּבִיאִים 데바르 한-네비임 그 예언자들의 그 말씀

דִּבְרֵי הַנָּבִיא 디브레 한-나비 그 예언자의 그 말씀들

דִּבְרֵי הַנְּבִיאִים 디브레 한-네비임 그 예언자들의 그 말씀들

אֵ֫שֶׁת הָאִישׁ הַטּוֹב 에쉐트 하-이쉬 핫-토브 그 착한 남자의 그 아내

אֵ֫שֶׁת הָאִישׁ הַטּוֹבָה 에쉐트 하-이쉬 핫-토바 그 남자의 그 착한 아내

נְשֵׁי הָאִישׁ הַיָּפוֹת 네쉐 하-이쉬 하이-야포트 그 남자의 그 아름다운 아내들

נְשֵׁי הָאֲנָשִׁים הַיָּפִים 네쉐 하-아나쉼 하이-야핌 그 멋있게 생긴 남자들의 그 아내들

דִּבְרֵי הַמֶּ֫לֶךְ הַטּוֹב וְהַיָּשָׁר 디브레 함-멜렉 핫-토브 베-하이-야샤르

그 선하고 의로운 왕의 말씀들

דִּבְרֵי הַמֶּ֫לֶךְ הַטּוֹבִים וְהַיְשָׁרִים 디브레 함–멜렉 핫–토빔 베–하–이샤림

그 왕의 선하고 의로운 말씀들

연계형 구문은 3개의 명사를 연결하여 사용하기도 한다. 명사 4개를 사용하는 경우는 드물다.

עֶ֫בֶד אֲחִי הַמֶּ֫לֶךְ	에벳 악히 함–멜렉	그 왕의 그 형제의 그 종
דִּבְרֵי מֶ֫לֶךְ הָאָ֫רֶץ	디브레 멜렉 하–아레츠	그 땅의 그 왕의 그 말씀들

연계형 구문의 정확한 의미는 규정하기 어렵다. 때로는 형용사구나 전치사구로 번역하는 것이 더 좋은 경우도 많다.[8]

לוּחַ אֶ֫בֶן	루아흐 에벤	석판
לוּחַ הָאֶ֫בֶן	루아흐 하–에벤	그 석판
הַר קֹ֫דֶשׁ	하르 코데쉬	거룩한 산
כְּלִי מַ֫יִם	켈리 마임	물 그릇

לֵב הָאֶ֫בֶן	레브 하–에벤	돌의 마음, 즉 굳은 마음
לֵב בָּשָׂר	레브 바사르	살의 마음, 즉 부드러운 마음(겔 36:26)
אִישׁ אֱלֹהִים	이쉬 엘로힘	하나님의 사람(the man of God). 이 표현은 '신성한 사람' (the divine man)이나 '신들린 사람(a possessed man?)'일 수도 있다.

8 Lambdin, 「성서 히브리어」, 69.

2. 형태 변화

명사의 연계형은 절대형과 동일한 경우도 있지만 대개는 모음이 변화한다. 이것은 연계형의 강세가 절대형으로 옮겨가기 때문에 발생하는 현상으로 이해된다.[9]

1) 모음축약

(1) 마지막 음절의 카메츠(ָ) 혹은 체레(ֵ)가 파닥(ַ)으로

מִשְׁפָּט 판결 ⇨ מִשְׁפַּט ~의 판결

מִדְבָּר 광야 ⇨ מִדְבַּר ~의 광야

(2) 첫 음절의 카메츠(ָ) 혹은 체레(ֵ)가 쉐바(ְ)로

נָבִיא 나비 예언자 ⇨ נְבִיא 네비 ~의 예언자

מָקוֹם 마콤 장소 ⇨ מְקוֹם 메콤 ~의 장소

(3) 위의 두 경우가 동시에 발생

דָּבָר 다바르 말씀 ⇨ דְּבַר 데바르 ~의 말씀

לֵבָב 레바브 마음 ⇨ לְבַב 레바브 ~의 마음

(4) 장모음이 단모음으로

בֵּן 아들 ⇨ בֶּן ~의 아들

כֹּל 모두 ⇨ כָּל־ ~의 모두

9 Pratico, van Pelt, 「베이직 비블리칼 히브리어」, 131–4. (1)항~(7)항까지.

2) 복수어미의 단축

אֱלֹהִים 엘로힘 하나님 ⇨ אֱלֹהֵי 엘로헤 ~의 하나님

בָּנִים 바님 아들들 ⇨ בְּנֵי 베네 ~의 아들들

דְּבָרִים 데바림 말씀들 ⇨ דִּבְרֵי 디브레 ~의 말씀들

3) 여성명사의 '–아'(ָה) 어미가 '–아트'(ַת)로

מַלְכָּה 말카 여왕 ⇨ מַלְכַּת 말카트 ~의 여왕

בְּרָכָה 베라카 축복 ⇨ בִּרְכַּת 비르카트 ~의 축복

שָׁנָה 샤나 해(년) ⇨ שְׁנַת 쉐나트 ~의 해(년)

4) 단음절 명사는 히렉 요드(ִי)를 첨가

אָב 아브 아버지 ⇨ אֲבִי 아비 ~의 아버지

אָח 악흐 형제 ⇨ אֲחִי 악히 ~의 형제

5) 이중모음 '–아이'(ַיִ)는 '–에'(ֵי), '–아베'(ָוֶ)는 '–오'(וֹ)로

בַּ֫יִת 바이트 집 ⇨ בֵּית 베트 ~의 집

מָ֫וֶת 마베트 죽음 ⇨ מוֹת 모트 ~의 죽음

6) 여성복수어미 '오트' (וֹת)는 변하지 않는다. 세골명사의 복수형은 변한다.

שֵׁמוֹת 이름들 ⇨ שְׁמוֹת ~의 이름들

מְלָכִים ⇨ מֶ֫לֶךְ 멜라킴 ⇨ מַלְכֵי 말케 ~의 왕들

עֲבָדִים ⇨ עֶ֫בֶד 아바딤 ⇨ עַבְדֵי 아브데 ~의 종들

7) '–에'(ֶה)가 '에'(ֵה): 세골모음이 체레 모음으로

שָׂדֶה 들판 ⇨ שְׂדֵה ~의 들판

מַחֲנֶה 캠프 ⇨ מַחֲנֵה ~의 캠프

3. 어휘

명사

אֹיֵב	오예브	원수, 적	כּוֹכָב	코카브	별(복수, כּוֹכָבִים)
בָּשָׂר	바사르	몸, 고기, 피부	עוֹלָם	올람	영원
גְּבוּל	게불	경계, 영토	עֹלָה	올라	번제, 제사
זֶבַח	제박흐	희생제물, 제사	עֵצָה	에차	충고, 조언
חֶסֶד	헤세드	은혜, 성실, 충성	עֵת	에트	시간, 때
חַיִל	하일	힘, 부, 군인	פָּנִים	파님	얼굴
יַבָּשָׁה	얍바샤	마른 땅, 육지	צָרָה	차라	재난, 역경
מָוֶת	마베트	죽음 (연계형 מוֹת)	רֶגֶל	레겔	발
מַטֶּה	맛테	지팡이, 지파	רָקִיעַ	라키아	궁창, 창공
מַלְאָךְ	말라크	사자, 메신저	תְּפִלָּה	테필라	기도

기타

כִּי 키 (접속사) 이는 때문이다, 왜냐하면, ~것을 ; (부사) 정말로, 진실로

연습문제

1. 다음 연계형 구문을 번역하라.

(1) תּוֹרוֹת הַמֶּ֫לֶךְ הַטּוֹבוֹת

(2) בִּרְכַּת הָאָבוֹת

(3) אֵ֫שֶׁת הָאִישׁ הַהוּא

(4) מַחֲנֵה הָאֹיֵב

(5) בְּנוֹת הַזָּקֵן הַיָּפוֹת

(6) אַנְשֵׁי הָעִיר

(7) דִּבְרֵי הַסֵּ֫פֶר

(8) נְבִיאֵי הָעִיר הָרָעָה

(9) אַבְנֵי הָהָר

(10) עַבְדֵי הַנָּבִיא הַטּוֹבִים

(11) שְׁמוֹת בְּנֵי יִשְׂרָאֵל

(12) שֹׁפֵט הָאָרֶץ הַיָּשָׁר

(13) בָּתֵּי הָעִיר

(14) אֱלֹהֵי יִשְׂרָאֵל

(15) כּוֹכְבֵי הַשָּׁמַיִם

2. 다음 성경구절을 번역하라.

(1) וְאֵלֶּה שְׁמוֹת בְּנֵי יִשְׂרָאֵל (출 1:1)

(2) סֵפֶר הַבְּרִית (출 24:7)

(3) אַחֲרֵי מוֹת מֹשֶׁה עֶבֶד יְהוָה (수 1:1)

(4) בִּשְׁנַת־מוֹת הַמֶּלֶךְ (사 6:1)

(5) דַּם־כָּל־בָּשָׂר (레 17:14)

(6) דֶּרֶךְ עֵץ הַחַיִּים (창 3:24)

(7) וְזֹאת תּוֹרַת הָאָדָם (삼하 7:19)

(8) וּבָתֵּי מַלְכֵי יְהוּדָה (렘 19:13)

(9) הֵם זִקְנֵי הָעָם (민 11:16)

(10) רֶכֶב־אֵשׁ וְסוּסֵי אֵשׁ (왕하 2:11)

(11) כָּל־דִּבְרֵי יְהוָה (출 24:3)

(12) מֵאֶרֶץ מִצְרַיִם מִבֵּית עֲבָדִים (수 24:17)

(13) מַלְאַךְ יְהוָה (창 16:9)

(14) וְכָל־אַנְשֵׁי בֵיתוֹ (창 17:27)

(15) יְשׁוּעַת יְהוָה (출 14:13)

(16) הַאַתָּה אִישׁ־הָאֱלֹהִים (왕상 13:14)

10장
동사의 완료형

1. 히브리어 동사의 개관

히브리어 문법의 기초를 닦는데 절반 이상의 비중을 차지하는 문법 지식이 동사편이다. 히브리어동사는 동작을 표현하는 **강동사**(strong verb)와 **약동사**(weak verb)로 구분된다. 강동사는 동사의 기본 어근인 세 자음과 모음구조가 변화 없이 보존되는 동사이고, 약동사는 세 자음 중 하나가 생략되거나 모음변화를 일으키는 동사를 가리킨다. 이외에 주어의 신체적, 정신적 상태를 표현하는 **상태동사**(stative verb)도 있다.

히브리어 동사는 **활용법**(conjugation)에 따라 **완료형**, **미완료형**, **명령형**(2인칭 명령 외에도 1인칭 명령의 청원법, 3인칭의 간접명령이 있음), 동사를 명사처럼 사용하는 **부정사**, 그리고 동사를 형용사처럼 사용하는 **분사** 활용법이 존재한다.

히브리어 동사는 현대어와 같은 시제(tense)가 없다. 완료형은 완료된 동작을 표현하므로 주로 과거, 현재완료, 과거완료로 번역하고, 존재의 상태를 표현할 때는 현재시제로 번역한다. 미완료형은 완료되지 않은 행위 혹은 계속 반복되는 동작을 표현하므로 주로 현재와 미래시제로 번역한다.

또 동사의 **어간**(stem) **변화**에 따라 **칼**(qal), **니팔**(niphal), **피엘**(piel), **푸알**(pual), **히필**(hiphil), **호팔**(hophal), **히트파엘**(hithpael) 등의 7가지 변화형이 있다. '칼'이란 '가벼

운, 빠른'의 뜻을 지닌 형용사에서 유래한 동사어간으로서 단순능동의 의미를 전하는 동사형을 가리킨다. 나머지 명칭들은 히브리어 동사 פָּעַל('하다'는 뜻; 파알 Paʿal)의 소리에 근거하여 동사 어간의 변화에 따라 붙인 명칭이다. 일반적으로 니팔은 단순 수동과 재귀, 피엘은 강조 능동, 푸알은 강조 수동, 히필은 사역 능동, 호팔은 사역 수동, 히트파엘은 강조적 재귀동사를 가리킨다.

2. 강동사의 칼 완료형

	완료형		번역
3남단	קָטַל	카탈 (–)	그가 죽였다
3여단	קָֽטְלָה	카텔라 (–아)	그녀가 죽였다
2남단	קָטַ֫לְתָּ	카탈타 (–타)	네(남)가 죽였다
2여단	קָטַלְתְּ	카탈트 (–트)	네(여)가 죽였다
1공단	קָטַ֫לְתִּי	카탈티 (–티)	내가 죽였다
3공복	קָֽטְלוּ	카텔루 (–우)	그들이 죽였다
2남복	קְטַלְתֶּם	케탈템 (–템)	너희(남)가 죽였다
2여복	קְטַלְתֶּן	케탈텐 (–텐)	너희(여)가 죽였다
1공복	קָטַ֫לְנוּ	카탈누 (–누)	우리가 죽였다

강동사의 칼 완료형은 전형적으로 첫째 어근자음의 모음은 반드시 카메츠이고, 두 번째 어근 자음의 모음은 파닥을 취한다. 만일 세 번째 어근 자음이 알렙이나 헤로 끝나는 동사는 둘째 자음의 모음을 파닥 대신에 카메츠를 취한다. 어느 경우든 동사의 모음은 일반적으로 '아–아' 구조를 지닌다.(예외적으로, 아–에, 아–오 구조로 되어 있거나 모음 하나만 있고 –우, –아, –이 소리가 나는 동사도 있다)

완료형의 기본형은 3인칭 남성단수이며 이 형태로부터 나머지 변화가 이루어진다. 히브리어 사전은 바로 완료형 3남단 형태를 기본형으로 수록하고 있다.

이 완료형은 3남단을 기준으로 차례로 아(3여단)－타(2남단)－트(2여단)－티(1공단)－우(3공복)－템(2남복)－텐(2여복)－누(1공복)로 동사어미가 변화한다. 이 어미들은 모두 동사의 주어를 가리킨다. 그래서 완료형 동사를 주어가 접미되는 동사 즉 접미 동사(suffixed verb)라고 부르기도 한다. 이와 반대로 미완료형 동사는 주어가 접두되므로 접두 동사(prefixed verb)라고 부른다.

위 변화표에서 우리말 소리의 굵은 글씨는 강세가 있는 소리들이다. 2남단, 1공단, 그리고 1공복의 완료형 동사는 마지막에서 두 번째 음절에 강세표시가 있다. 나머지는 마지막 음절에 강세가 있다.

또, 3여단과 3공복의 경우에는 첫 음절의 카메츠 모음 곁에 메텍 표시가 있음을 주의해야 한다. 이것은 카메츠를 카메츠 하툽 즉 단모음의 '오' 소리로 내지 말라는 뜻이다. 이 완료형 동사의 자음과 모음의 구조는 모든 강동사에 동일하게 적용된다.

יָשַׁב = 거주하다, 살다, 앉다. **זָכַר** = 기억하다

כָּתַב = 쓰다. **שָׁמַר** = 지키다.

	יָשַׁב	זָכַר	כָּתַב	שָׁמַר
3남단	יָשַׁב	זָכַר	כָּתַב	שָׁמַר
3여단	יָֽשְׁבָה	זָֽכְרָה	כָּֽתְבָה	שָֽׁמְרָה
2남단	יָשַׁ֫בְתָּ	זָכַ֫רְתָּ	כָּתַ֫בְתָּ	שָׁמַ֫רְתָּ
2여단	יָשַׁבְתְּ	זָכַרְתְּ	כָּתַבְתְּ	שָׁמַרְתְּ
1공단	יָשַׁ֫בְתִּי	זָכַ֫רְתִּי	כָּתַ֫בְתִּי	שָׁמַ֫רְתִּי
3공복	יָֽשְׁבוּ	זָֽכְרוּ	כָּֽתְבוּ	שָֽׁמְרוּ

2남복	יְשַׁבְתֶּם	זְכַרְתֶּם	כְּתַבְתֶּם	שְׁמַרְתֶּם
2여복	יְשַׁבְתֶּן	זְכַרְתֶּן	כְּתַבְתֶּן	שְׁמַרְתֶּן
1공복	יָשַׁ֫בְנוּ	זָכַ֫רְנוּ	כָּתַ֫בְנוּ	שָׁמַ֫רְנוּ

상태동사는 둘째 어근 모음이 '아'(카메츠), '에'(체레), '오'(홀렘)를 가지는 동사군이 있다. 이들의 완료형 변화도 위의 강동사 변화와 크게 다르지 않다.

גָּדַל = 크다, 위대하다. כָּבֵד = 무겁다, 존경하다. קָטֹן = 작다, 적다.

	크다	존경하다	작다
3남단	גָּדַל 가달	כָּבֵד 카베드	קָטֹן 카톤
3여단	גָּֽדְלָה 가델라	כָּֽבְדָה 카베다	קָֽטְנָה 카테나
2남단	גָּדַ֫לְתָּ 가달타	כָּבַ֫דְתָּ 카밧타	קָטֹ֫נְתָּ 카톤타
2여단	גָּדַלְתְּ 가달트	כָּבַדְתְּ 카밧트	קָטֹנְתְּ 카톤트
1공단	גָּדַ֫לְתִּי 가달티	כָּבַ֫דְתִּי 카밧티	קָטֹ֫נְתִּי 카톤티
3공복	גָּֽדְלוּ 가델루	כָּֽבְדוּ 카베두	קָֽטְנוּ 카테누
2남복	גְּדַלְתֶּם 게달템	כְּבַדְתֶּם 케밧템	קְטָנְתֶּם 케톤템
2여복	גְּדַלְתֶּן 게달텐	כְּבַדְתֶּן 케밧텐	קְטָנְתֶּן 케톤텐
1공복	גָּדַ֫לְנוּ 가달누	כָּבַ֫דְנוּ 카밧누	קָטֹ֫נּוּ 카톤누

3. 동사문장의 어순과 부정

1) 일반적으로 히브리어 문장은 가장 처음에 동사가 나오고 그 다음에 주어, 목적어 그리고 여러 가지 품사로 이루어진 부사들의 순서로 나온다. 그러나 때로 동사보다 먼저 등장하는 문장요소가 있다면 그것은 강조하려는 의도이다.

2) 문장의 부정은 부정부사 לֹא를 동사 앞에 위치하여 표현한다.

3) 직접목적어(~을/를)는 אֶת־를 사용하거나 אֶת 없이 문장 내의 위치와 단어의 의미로 표현하며, 간접목적어(~에게)는 전치사 לְ로 표현한다. 간접목적어가 대명사이고 직접목적어가 명사라면 대명사가 선행하는 경향이 있으나 대부분은 직접목적어+간접목적어의 순서로 나온다.

זָכַר אֱלֹהִים בְּרִיתוֹ	하나님은 그의 언약을 기억했다.
כָּתַב מֹשֶׁה אֶת־הַדָּבָר בַּסֵּפֶר	모세는 그 말씀을 그 책에 썼다.
זָכַר בְּרִיתוֹ	그는 그의 언약을 기억했다.
זָכְרָה אֶת־הַדְּבָרִים	그녀는 그 말씀들을 기억했다.
לֹא זָכַרְתִּי אֶת־הַדְּבָרִים	나는 그 말씀들을 기억하지 못했다/못한다.
נָתַן הַמֶּלֶךְ לוֹ הַסֵּפֶר	그 왕은 그에게 그 책을 주었다.
נָתַן אֹתָהּ לוֹ לְאִשָּׁה	그는 그녀를 그에게 아내로 주었다.
נָתַן אֶת־הָאִשָּׁה לָאִישׁ	그는 그 여자를 그 남자에게 주었다.

4. 약동사의 칼 완료형

약동사는 I-후음 동사, II-후음 동사, III-아인/헷 동사, III-알렙 동사, III-헤 동사, 이중 약동사, 중복자음 동사, 할로우 동사 등의 여덟 가지 유형으로 분류된다. I(first), II(second), III(third)은 동사 어근으로 사용된 세 개의 자음 위치를 가리킨다. 말하자면 후음(알렙, 헤, 헷, 아인)이 첫 번째 자음으로 나타나면 I-후음 동사, 두 번째 자음으로 나타나면 II-후음 동사, 아인이나 헷, 그리고 알렙이나 헤가 세 번째 자음이면, 각각

Ⅲ-아인/헷, Ⅲ-알렙, Ⅲ-헤 동사로 부른다. 또, 모음변화를 일으키는 약자음이 두 개 사용된 동사는 이중약동사, 둘째와 셋째 어근이 같으면 중복자음 동사라고 부른다. 끝으로 둘째 자음이 요드와 바브인 동사는 완료형에서 이 자음들이 나타나지 않으므로 마치 두 개의 자음으로 된 동사처럼 사용되고 있어서 중간 자음이 없는 것처럼(비어있는) 사용되는 동사를 할로우 동사라고 부른다.

	I-후음	II-후음	III-아인	III-알렙
	서다/서있다	선택하다	듣다	만나다
3남단	עָמַד	בָּחַר	שָׁמַע	מָצָא
3여단	עָֽמְדָה	בָּֽחֲרָה	שָֽׁמְעָה	מָֽצְאָה
2남단	עָמַדְתָּ	בָּחַרְתָּ	שָׁמַעְתָּ	מָצָאתָ
2여단	עָמַדְתְּ	בָּחַרְתְּ	שָׁמַעַתְּ	מָצָאת
1공단	עָמַדְתִּי	בָּחַרְתִּי	שָׁמַעְתִּי	מָצָאתִי
3공복	עָֽמְדוּ	בָּֽחֲרוּ	שָֽׁמְעוּ	מָֽצְאוּ
2남복	עֲמַדְתֶּם	בְּחַרְתֶּם	שְׁמַעְתֶּם	מְצָאתֶם
2여복	עֲמַדְתֶּן	בְּחַרְתֶּן	שְׁמַעְתֶּן	מְצָאתֶן
1공복	עָמַדְנוּ	בָּחַרְנוּ	שָׁמַעְנוּ	מָצָאנוּ

위 약동사의 변화표와 강동사의 변화표가 다른 점을 찾아보면 유익하다. I-후음동사인 아마드(עָמַד)는 2남복과 2여복에서 첫소리가 셰바가 아니라 하텝 파닥이다. II-후음동사인 박하르(בָּחַר)는 3여단과 3공복에서 헷의 모음이 셰바가 아니라 하텝 파닥이다. III-아인동사인 샤마(שָׁמַע)는 2여단에서 아인의 모음이 셰바가 아니라 파닥이다. III-알렙 동사인 마차(מָצָא)는 셋째 어근자음인 알렙의 특수성 때문에 3여단을 제외하고는 모음을 갖지 않는 묵음으로 처리되면서 접미주어인 타(2남단)-트(2여단)-티(1공단)-템(2남복)-텐(2여복)의 타브에 다게쉬가 없다.

	III-헤	이중 약동사	중복자음 동사	할로우 동사
	짓다, 세우다	올라가다	돌아다니다	들어가다
3남단	בָּנָה	עָלָה	סָבַב	בָּא
3여단	בָּֽנְתָה	עָֽלְתָה	סָֽבְבָה	בָּ֫אָה
2남단	בָּנִ֫יתָ	עָלִ֫יתָ	סַבּ֫וֹתָ	בָּ֫אתָ
2여단	בָּנִית	עָלִית	סַבּוֹת	בָּאת
1공단	בָּנִ֫יתִי	עָלִ֫יתִי	סַבּ֫וֹתִי	בָּ֫אתִי
3공복	בָּנוּ	עָלוּ	סָֽבְבוּ	בָּ֫אוּ
2남복	בְּנִיתֶם	עֲלִיתֶם	סַבּוֹתֶם	בָּאתֶם
2여복	בְּנִיתֶן	עֲלִיתֶן	סַבּוֹתֶן	בָּאתֶן
1공복	בָּנִ֫ינוּ	עָלִ֫ינוּ	סַבּ֫וֹנוּ	בָּ֫אנוּ

이 변화표는 앞선 약동사 변화표보다 변화의 폭이 더 크다. III-헤의 바나(בָּנָה)는 3남단의 기본형을 제외하고는 셋째 자음 헤가 사라진다. 이중약동사의 알라(עָלָה)는 첫째의 아인과 셋째의 헤가 동시에 변화를 일으킨다. 셋째 자음 헤는 사라지고 첫째 자음 아인은 모음변화를 일으킨다. 중복 자음 동사 사바브(סָבַב)는 3인칭을 제외하고 나머지 인칭에서 둘째와 셋째 자음이 중복되어 다게쉬 포르테로 표현되고 접미 주어와 '-오'(וֹ) 소리로 연결한다. 할로우 동사 보(בּוֹא) 는 바(בָּא), 즉 둘째 자음 바브가 생략되고, 첫째 자음 베트와 셋째 자음 알렙의 조합으로만 완료형을 구성한다. 알렙이 후음이므로 모음 없이 접미 주어(아-타-트-티-우-템-텐-누)만 붙는다.

약동사의 분류나 각 분류의 변화표는 특정 동사가 인칭, 성, 수에 따라 강동사와는 다르게 변화하는 이유를 해명하는데 유용하다. 각 동사유형의 특징을 기억해 두면 유익하다.

5. 불변화사 הִנֵּה (힌네)

הִנֵּה(힌네)는 보통 '보라'는 뜻으로 번역된다. 문장 가운데 자주 사용하는 단어로서 주로 듣는 사람의 주의를 환기시켜 말하는 내용을 강조하거나 중요성을 표현하기 위한 지시의 감탄사 기능을 하기도 하고, 긴급 상황이나 사람과 물체를 대면할 경우, 이어지는 진술을 근거로 사실과 상황을 소개할 때도 사용한다.

1공단	הִנֵּנִי/הִנְנִי 힌니/힌네니	1공복	הִנֶּנּוּ/הִנְנוּ 힌누/힌넨누
2남단	הִנְּךָ 힌네카	2공복	הִנְּכֶם 힌네켐
2여단	הִנָּךְ 힌나크		
3남단	הִנּוֹ 힌노	3남복	הִנָּם 힌남

וְהִנֵּה אָנֹכִי עִמָּךְ 그리고 보라! 내가 너와 함께 있을 것이다 (창 28:25)

הִנֵּה־נָא זָקַנְתִּי 이제(보라!) 내가 나이가 들었다/늙었다 (창 27:2)

וַיֹּאמֶר הִנֵּנִי 그리고 그가 말했다. "내가 여기 있습니다."
(혹은 "네! [부르셨습니까?]") (창 22:1)

הִנְּךָ מֵת עַל־הָאִשָּׁה אֲשֶׁר־לָקַחְתָּ 보라, 너는 네가 취한 그 여자 때문에 죽을 것이다 (창 20:3)

הִנָּךְ הָרָה וְיֹלַדְתְּ בֵּן 보라 네가 임신을 하였으므로 아들을 낳을 것이다(창 16:11)

וַיַּרְא אֹתָם וְהִנָּם זֹעֲפִים 그리고 그가 그들을 보았다. 보니까 그들은 근심하고 있었다 (창 40:6)

6. 어휘

동사

אָהַב	아하브	사랑하다
אָמַר	아마르	말하다
בּוֹא	보	들어가다, 오다
בָּנָה	바나	건축하다, 짓다
בָּטַח	바탁흐	믿다, 신뢰하다
בָּרָא	바라	창조하다
גָּדַל	가달	크다, 위대하다
הָלַךְ	할라크	가다, 걷다, 행하다
הָיָה	하야	있다, 되다
חָיָה	하야	살다, 살아있다
יָלַד	얄라드	낳다, 출산하다
יָרַד	야라드	내려가다
יָדַע	야다	알다
כָּרַת	카라트	자르다,(언약을)맺다
מָלֵא	말레	채우다, 가득하다
מָצָא	마차	찾다, 만나다
נָתַן	나탄	주다
נָשָׂא	나사	들어올리다
סָבַב	사바브	돌다, 돌아가다
עָבַד	아바드	섬기다, 일하다
עָזַב	아자브	버리다, 포기하다
עָלָה	알라	올라가다
עָמַד	아마드	서다, 견디다
עָשָׂה	아사	만들다, 하다
קוּם	쿰	일어나다, 일어서다
קָרָא	카라	부르다, 외치다
רָאָה	라아	보다
שִׂים	심	두다, 놓다
שִׁיר	쉬르	노래하다
שָׁכַב	샤카브	눕다
שָׁלַח	샬락흐	보내다
שָׁמַע	샤마	듣다
שָׁמַר	샤마르	지키다
שָׁפַט	샤파트	판결하다, 재판하다

명사

חֶסֶד	헤세드	인애, 성실, 충성
מִשְׁכָּב	미쉬카브	침상
מִשְׁכָּן	미쉬칸	장막, 천막
פַּ֫עַם	파암	(발자국, 망치) 소리, 횟수
שְׁבַע	쉐바	일곱, 7

형용사

חָדָשׁ	하다쉬	새로운

연습문제

※ 다음 성경구절을 번역하라.

(1) לָמָּה לֹא־שָׁמַעְתָּ בְּקוֹל יהוה (삼상 15:19)

(2) יהוה אֱלֹהֵינוּ כָּרַת עִמָּנוּ בְּרִית בְּחֹרֵב (신 5:2)

(3) קָרָאתָ לִי (삼상 3:8)

(4) הִנֵּה נָתַתִּי לְךָ לֵב חָכָם (왕상 3:12)

(5) דֶּרֶךְ שָׁלוֹם לֹא יָדָעוּ (사 59:8)

(6) כְּבוֹד יהוה מָלֵא אֶת־הַמִּשְׁכָּן (출 40:34)

(7) אָהַבְתִּי אֶתְכֶם (말 1:2)

(8) מָצָא חִלְקִיָּהוּ הַכֹּהֵן אֶת־סֵפֶר תּוֹרַת־יהוה (대하 34:14)

(9) אַבְרָם יָשַׁב בְּאֶרֶץ־כְּנָעַן (창 13:12)

(10) אַתֶּם רְאִיתֶם אֲשֶׁר עָשִׂיתִי לְמִצְרָיִם (출 19:4)

(11) אַחַר הַדְּבָרִים הָאֵלֶּה הָיָה דְבַר־יהוה אֶל־אַבְרָם (창 15:1)

(12) אֵלִי אֵלִי לָמָה עֲזַבְתָּ אֹתִי (시 22:1)

(13) בָּרָא אֱלֹהִים אֶת־הָאָדָם בְּצַלְמוֹ בְּצֶלֶם אֱלֹהִים בָּרָא אֹתוֹ (창 1:27)

(14) וַאֲנִי בְּחַסְדְּךָ בָטַחְתִּי (시 13:6)

(15) מַדּוּעַ בָּאתֶם אֵלָי (창 26:26)

(16) וְזֹאת הַתּוֹרָה אֲשֶׁר־שָׂם מֹשֶׁה לִפְנֵי בְּנֵי יִשְׂרָאֵל (신 4:44)

(17) אַיֵּה הָאֲנָשִׁים אֲשֶׁר־בָּאוּ אֵלֶיךָ הַלָּיְלָה (창 19:5)

(18) סָבְבוּ אֶת־הָעִיר שֶׁבַע פְּעָמִים (수 6:15)

(19) כִּי עָלִיתָ מִשְׁכְּבֵי אָבִיךָ (창 49:4)

(20) מִי־הָאִישׁ אֲשֶׁר בָּנָה בַיִת־חָדָשׁ (신 20:5)

11장

동사의 미완료형

1. 서론

동사의 **미완료형**은 완료되지 않은 동작과 습관적으로 반복되는 동작 그리고 양태적 의미(가능, 당위, 의지)을 표현할 때 쓰인다.[10] 현재나 미래로 번역한다. 동사의 주어는 주로 자음을 접두시켜 표현하므로 **접두 동사**(prefixed verb)라고 부르기도 한다.

아래 표는 강동사의 대표적인 미완료형 변화표이다. 이 변화표는 암기해야 한다. 접두사는 주로 요드, 타브, 눈을 '이'소리와 결합시켜 붙이며, 1인칭공통단수는 예외적으로 자음 알렙과 세골모음을 접두하여 '에' 소리를 낸다. 둘째 모음은 주로 '오'이다. 2여단, 3남복, 2남복에서는 반모음인 쉐바 소리를 낸다.

	미완료어미 발음 접두사-어미	의미
3남단	יִקְטֹל 익톨 이-	그는 죽일 것이다
3여단	תִּקְטֹל 틱톨 티-	그녀가 죽일 것이다
2남단	תִּקְטֹל 틱톨 티-	너(남)는 죽일 것이다
2여단	תִּקְטְלִי 틱텔리 티-이	너(여)는 죽일 것이다

10 양태적 의미(modal nuances)에 관하여, 주옹-무라오카, 「성서히브리어문법」, 404–07(§ 113 l–n)를 보라.

1공단	אֶקְטֹל 엑톨 에–	나는 죽일 것이다
3남복	יִקְטְלוּ 익텔루 이–우	그들(남)은 죽일 것이다
3여복	תִּקְטֹ֫לְנָה 틱톨나 티–나	그들(여)은 죽일 것이다
2남복	תִּקְטְלוּ 틱텔루 티–우	너희들(남)은 죽일 것이다
2여복	תִּקְטֹ֫לְנָה 틱톨나 티–나	너희들(여)은 죽일 것이다
1공복	נִקְטֹל 닉톨 니–	우리는 죽일 것이다

이와 달리, 둘째 모음이 '오'가 아니라 '아'로 변하는 동사들도 있다. 상태동사들은 미완료형에서 모두 '아' 모음을 취한다(קָטֹן ⇨ יִקְטַן , גָּדַל ⇨ יִגְדַּל).

	כָּבֵד (무겁다)	שָׁמַע (듣다)	בָּחַר (선택하다)	קָרָא (부르다)
3남단	יִכְבַּד	יִשְׁמַע	יִבְחַר	יִקְרָא
3여단	תִּכְבַּד	תִּשְׁמַע	תִּבְחַר	תִּקְרָא
2남단	תִּכְבַּד	תִּשְׁמַע	תִּבְחַר	תִּקְרָא
2여단	תִּכְבְּדִי	תִּשְׁמְעִי	תִּבְחֲרִי	תִּקְרְאִי
1공단	אֶכְבַּד	אֶשְׁמַע	אֶבְחַר	אֶקְרָא
3남복	יִכְבְּדוּ	יִשְׁמְעוּ	יִבְחֲרוּ	יִקְרְאוּ
3여복	תִּכְבַּ֫דְנָה	תִּשְׁמַ֫עְנָה	תִּבְחַ֫רְנָה	תִּקְרֶ֫אנָה
2남복	תִּכְבְּדוּ	תִּשְׁמְעוּ	תִּבְחֲרוּ	תִּקְרְאוּ
2여복	תִּכְבַּ֫דְנָה	תִּשְׁמַ֫עְנָה	תִּבְחַ֫רְנָה	תִּקְרֶ֫אנָה
1공복	נִכְבַּד	נִשְׁמַע	נִבְחַר	נִקְרָא

약동사들은 이와 상당히 다르게 변화한다.[11]

	בָּנָה(짓다)	חָזַק(강하다)	אָמַר(말하다)	סָבַב(돌다)
3남단	יִבְנֶה	יֶחֱזַק	יֹאמַר	יָסֹב
3여단	תִּבְנֶה	תֶּחֱזַק	תֹּאמַר	תָּסֹב
2남단	תִּבְנֶה	תֶּחֱזַק	תֹּאמַר	תָּסֹב
2여단	תִּבְנִי	תֶּחֶזְקִי	תֹּאמְרִי	תָּסֹ֫בִּי
1공단	אֶבְנֶה	אֶחֱזַק	אֹמַר	אָסֹב
3남복	יִבְנוּ	יֶחֶזְקוּ	יֹאמְרוּ	יָסֹ֫בּוּ
3여복	תִּבְנֶ֫ינָה	תֶּחֱזַ֫קְנָה	תֹּאמַ֫רְנָה	תְּסֻבֶּ֫ינָה
2남복	תִּבְנוּ	תֶּחֶזְקוּ	תֹּאמְרוּ	תָּסֹ֫בּוּ
2여복	תִּבְנֶ֫ינָה	תֶּחֱזַ֫קְנָה	תֹּאמַ֫רְנָה	תְּסֻבֶּ֫ינָה
1공복	נִבְנֶה	נֶחֱזַק	נֹאמַר	נָסֹב

바나(בָּנָה)는 III-헤 동사이다. 둘째 어간모음(이브-네)이 헤+세골의 '에'이다. 접미사가 붙는 인칭에서는 이 헤가 사라진다. 그래서 2여단은 이브-니, 3남복부터 2여복까지는 '이브-누, 티브네-나, 티브-누, 티브네-나'로 끝난다. 갈라(גָּלָה, 드러내다), 바카(בָּכָה, 울다), 자나(זָנָה, 행음하다), 카사(כָּסָה, 덮다), 카나(קָנָה, 사다), 샤타(שָׁתָה, 마시다)와 같은 동사들이 이렇게 변화한다.

하자크(חָזַק)는 헤트로 시작하는 I-후음 동사이다. 접두사(예-테-에-네)의 모음을 세골('에')로 취한다는 점을 주목해야 한다. 아자브(עָזַב, 포기하다), 아바드(עָבַד, 일하다), 아하브(אָהַב, 사랑하다), 하파크(הָפַךְ, 뒤집다), 하샤브(חָשַׁב, 생각하다), 아

11 약동사의 분류에 따른 동사변화를 학습하려면, Page H. Kelley, 「성경히브리어」, 류근상, 허미순 역 (서울: 생명의 말씀사, 1998), 234-381을 참조하라.

자르(עָזַר, 돕다), 아마드(עָמַד, 서다)와 같은 동사들이 이렇게 변화한다.

아마르(אָמַר)는 묵음인 알렙으로 시작하는 I-후음 동사이다. 접두사의 모음은 홀렘('오')이다. 아칼(אָכַל, 먹다), 아바드(אָבַד, 멸망시키다), 아파(אָפָה, 굽다), 아바(אָבָה, 기꺼이 하다)와 같은 동사가 이렇게 변화한다.

사바브(סָבַב)는 중복자음 동사로서 둘째 모음이 홀렘('오')이다. 접두사의 모음은 카메츠('아')이다. 아라르(אָרַר, 저주하다), 발랄(בָּלַל, 섞다), 갈랄(גָּלַל, 구르다), 마다드(מָדַד, 측정하다)와 같은 동사가 이렇게 변화한다.

	קוּם(일어나다)	יָשַׁב(거주하다)	הָלַךְ(걷다)	יָרַשׁ(상속하다)
3남단	יָקוּם	יֵשֵׁב	יֵלֵךְ	יִירַשׁ
3여단	תָּקוּם	תֵּשֵׁב	תֵּלֵךְ	תִּירַשׁ
2남단	תָּקוּם	תֵּשֵׁב	תֵּלֵךְ	תִּירַשׁ
2여단	תָּק֫וּמִי	תֵּשְׁבִי	תֵּלְכִי	תִּירְשִׁי
1공단	אָקוּם	אֵשֵׁב	אֵלֵךְ	אִירַשׁ
3남복	יָק֫וּמוּ	יֵשְׁבוּ	יֵלְכוּ	יִירְשׁוּ
3여복	תְּקוּמֶ֫נָה	תֵּשַׁ֫בְנָה	תֵּלַ֫כְנָה	תִּירַ֫שְׁנָה
2남복	תָּק֫וּמוּ	תֵּשְׁבוּ	תֵּלְכוּ	תִּירְשׁוּ
2여복	תְּקוּמֶ֫נָה	תֵּשַׁ֫בְנָה	תֵּלַ֫כְנָה	תִּירַ֫שְׁנָה
1공복	נָקוּם	נֵשֵׁב	נֵלֵךְ	נִירַשׁ

쿰(קוּם)은 할로우 동사로서 접두사의 모음이 카메츠이다(3여복과 2여복 제외). 둘째 모음은 항상 슈렉의 '우' 이다. 무트(מוּת, 죽다), 우르(עוּר, 깨다), 루츠(רוּץ, 달리다), 슈브(שׁוּב, 회개하다) 등이 이렇게 변화한다.

야샤브(יָשַׁב)는 I-요드 동사로서 첫 자음 요드는 탈락하고 접두자음의 모음은 항상 체레('에')를 취한다. 할라크(הָלַךְ, 걷다)도 이 동사그룹처럼 변화하여 첫 자음 헤는 탈락하고 접두자음의 모음을 체레로 취한다. 야차(יָצָא, 나가다), 야다(יָדַע, 알다)가 이렇게 변화한다.

야라쉬(יָרַשׁ)는 I-요드 동사이지만 첫 자음 요드가 사라지지 않으며 둘째 모음은 '아' 소리를 낸다. 야베쉬(יָבֵשׁ, 마르다)가 이렇게 변화한다.

	נָפַל(떨어지다)	לָקַח (취하다)	יָצָא(나가다)	נָתַן(주다)
3남단	יִפֹּל	יִקַּח	יֵצֵא	יִתֵּן
3여단	תִּפֹּל	תִּקַּח	תֵּצֵא	תִּתֵּן
2남단	תִּפֹּל	תִּקַּח	תֵּצֵא	תִּתֵּן
2여단	תִּפְּלִי	תִּקְחִי	תֵּצְאִי	תִּתְּנִי
1공단	אֶפֹּל	אֶקַּח	אֵצֵא	אֶתֵּן
3남복	יִפְּלוּ	יִקְחוּ	יֵצְאוּ	יִתְּנוּ
3여복	תִּפֹּ֫לְנָה	תִּקַּ֫חְנָה	תֵּצֶ֫אנָה	תִּתֵּ֫נָּה
2남복	תִּפְּלוּ	תִּקְחוּ	תֵּצְאוּ	תִּתְּנָה
2여복	תִּפֹּ֫לְנָה	תִּקַּ֫חְנָה	תֵּצֶ֫אנָה	תִּתֵּ֫נָּה
1공복	נִפֹּל	נִקַּח	נֵצֵא	נִתֵּן

나팔(נָפַל)은 I-눈 동사로서 첫 자음 눈이 생략되고 둘째 어근자음에 중복점을 남긴다. 나가쉬(נָגַשׁ, 접근하다), 나다르(נָדַר, 서원하다), 나찰(נָצַל, 구하다)이 이렇게 변화한다.

라칵흐(לָקַח)는 위의 I-눈 동사처럼 변화한다. 첫째 어근 자음 라메드가 생략되고 둘째 어근 자음인 코프에 중복점을 남긴다. 그러나 음절을 닫는 코프에는 중복점이 없다. 둘째 모음은 파닥의 '아'이다.

야차(יָצָא)는 이중약동사로서 마치 I-요드 동사처럼 변화한다. 첫자음 요드는 탈락하고 접두사의 모음은 체레를 취한다. 야레(יָרֵא, 두려워하다)가 이렇게 변화한다.

나탄(נָתַן)는 I-눈 동사이지만 I-요드 동사처럼 둘째 모음이 체레이다. 첫 자음 눈은 탈락하면서둘째 어근 자음 타브에 중복점을 남긴다.

	עָשָׂה(하다)	רָאָה(보다)	נָשָׂא(들어올리다)	יָכֹל(할 수 있다)
3남단	יַעֲשֶׂה	יִרְאֶה	יִשָּׂא	יוּכַל
3여단	תַּעֲשֶׂה	תִּרְאֶה	תִּשָּׂא	תּוּכַל
2남단	תַּעֲשֶׂה	תִּרְאֶה	תִּשָּׂא	תּוּכַל
2여단	תַּעֲשִׂי	תִּרְאִי	תִּשְׂאִי	תּוּכְלִי
1공단	אֶעֱשֶׂה	אֶרְאֶה	אֶשָּׂא	אוּכַל
3남복	יַעֲשׂוּ	יִרְאוּ	יִשְׂאוּ	יוּכְלוּ
3여복	תַּעֲשֶׂינָה	תִּרְאֶינָה	תִּשֶּׂאנָה	תּוּכַלְנָה
2남복	תַּעֲשׂוּ	תִּרְאוּ	תִּשְׂאוּ	תּוּכְלוּ
2여복	תַּעֲשֶׂינָה	תִּרְאֶינָה	תִּשֶּׂאנָה	תּוּכַלְנָה
1공복	נַעֲשֶׂה	נִרְאֶה	נִשָּׂא	נוּכַל

아사(עָשָׂה)는 이중 약동사로서 접두사는 파닥의 '아' 소리를 내며 1공단에서만 세골의 '에' 소리를 낸다. 2여단을 위시해서 1공복을 제외한 복수는 모두 세 번째 어근 헤를 생략한 채 접미사를 붙인다. 아파(אָפָה, 굽다), 하야(הָיָה, 있다), 하야(חָיָה, 살다), 할라(חָלָה, 아프다), 하라(הָרָה, 뜨겁다), 나타(נָטָה, 뻗치다), 알라(עָלָה, 올라가다) 아나(עָנָה, 대답하다)와 같은 동사들이 이렇게 변화한다.

라아(רָאָה)도 이중 약동사로서 두 번째 모음은 주로 세골의 '에' 소리로 변한다. 2여단, 3남복, 2남복은 세 번째 어근 헤를 탈락시키고 접미사를 붙인다.

나사(נָשָׂא)도 이중 약동사로서 첫째 어근자음 눈이 탈락하고 둘째 어근자음 신에 중복점을 남긴다. 두 번째 모음은 카메츠의 '아' 소리를 낸다. 2여단, 3남복, 2남복의 둘째 어근 자음 신은 음절을 닫으므로 중복점이 없다.

야콜(יָכֹל)은 불규칙 형태의 I–요드 동사로서 접두사에 이어 첫째 어근 자음 요드가 바브로 바뀐다. 첫소리는 슈렉의 '우'이고 두 번째 모음은 파닥의 '아' 소리를 낸다.

이제까지 강동사와 약동사의 미완료형을 살펴보았다. 모든 형태를 암기하면 좋지만 그렇지 못하다면 적어도 그 특징들만 눈여겨두면 문장을 해석하는데 도움이 된다.

2. 어휘

동사

אָכַל	아칼	먹다	סָגַר	사가르	닫다
בָּרַךְ	바라크	축복하다	סָפַר	사파르	세다
גּוּר	구르	체류하다, 머무르다	פָּקַד	파카드	방문하다, 돌보다
יָכֹל	야콜	할 수 있다, 견디다, 승리하다	פָּתַח	파탁흐	열다
לָכַד	라카드	붙잡다, 점령하다	צָעַק	차아크	소리치다, 부르짖다
לָמַד	라마드	(칼) 배우다/ (피엘) 가르치다	קָבַר	카바르	묻다, 매장하다
לָקַח	라칵흐	취하다	קָבַץ	카바츠	모이다, 모으다
מָאַס	마아스	거부하다, 거절하다	שָׁאַל	샤알	질문하다, 요구하다
מָלַךְ	말라크	다스리다, 왕이 되다	שָׁבַר	샤바르	부수다, 곡식을 사다
מוּת	무트	죽다	שׁוּב	슈브	돌아가다
מָכַר	마카르	팔다	שָׁבַת	샤바트	쉬다, 안식하다
נָגַשׁ	나가쉬	접근하다	שָׁכַן	샤칸	머무르다, 기거하다
נָסַע	나사	떠나다			

명사

גֶּבֶר	게베르	(강한)남자, 가장	חֶרֶב	헤렙	칼
חַג	학	절기, 축제	מַצֹּת	맛초트	무교병

부사

עַתָּה 앗타 지금, 이제

연습문제

1. 다음 히브리어 문장을 번역하라.

(1) יִשְׁמְרוּ הַשֹּׁפְטִים אֶת־תּוֹרַת אֱלֹהִים

(2) אֶשְׁבֹּר אֶת־לוּחַ הָאֶ֫בֶן

(3) נִבְטַח בְּשֵׁם יְהוָה צְבָאוֹת

(4) יִבְנוּ עַבְדֵי פַרְעֹה עָרִים רַבּוֹת בָּאָ֫רֶץ הַהִיא

(5) אֹכַל אֶת־הַבָּשָׂר אֲשֶׁר עַל־הַמִּזְבֵּחַ

(6) לֹא תִכְתְּבִי אֶת־הַדְּבָרִים בַּסֵּ֫פֶר

(7) בַּיּוֹם הַהוּא תִּצְעֲקוּ בְקוֹל גָּדוֹל

(8) בַּבֹּ֫קֶר תְּשַׁלַּח אֶת־בִּנְךָ וְאֶת־בִּתְּךָ אֶל־הַבַּ֫יִת

(9) אֶל־מִי תִקְרְאוּ

(10) תִּכְבַּד הָעֲבוֹדָה עָלֶ֫יךָ וְתִזְעַק אֵלַי בְּקוֹל גָּדוֹל
וְלֹא אֶשְׁמַע לְקוֹלְךָ

(11) מַה־תִּשְׁאַל מִמֶּ֫נִּי

(12) לֹא־תֵלֵךְ הָאִשָּׁה אַחֲרַי

(13) יִשָּׂא פַּרְעֹה אֶת־רֹאשְׁךָ

(14) וּדְבַר־אֱלֹהֵינוּ יָקוּם לְעוֹלָם

(15) אָנֹכִי אֵרֵד עִמְּךָ

2. 다음 성경구절을 번역하라.

(1) יְהוָה יִמְלֹךְ לְעֹלָם וָעֶד (출 15:18)

(2) זֹאת הַבְּרִית אֲשֶׁר אֶכְרֹת אֶת־בֵּית יִשְׂרָאֵל (렘 31:33)

(3) הוּא יִבְנֶה־בַּיִת לִשְׁמִי (삼하 7:13)

(4) מִזְבַּח אֲדָמָה תַּעֲשֶׂה־לִּי (출 20:24)

(5) שִׁבְעַת יָמִים תֹּאכַל מַצֹּת וּבַיּוֹם הַשְּׁבִיעִי חַג לַיהוָה (출 13:6)

(6) וְאַתָּה תָּבוֹא אֶל־אֲבֹתֶיךָ בְּשָׁלוֹם (창 15:15)

(7) לֹא־אִירָא רָע כִּי־אַתָּה עִמָּדִי (시 23:4)

(8) בַּחֶרֶב תִּפֹּלוּ עַל־גְּבוּל יִשְׂרָאֵל (겔 11:10)

(9) עַתָּה תִרְאֶה אֲשֶׁר אֶעֱשֶׂה לְפַרְעֹה (출 6:1)

(10) הוּא יִשְׁלַח מַלְאָכוֹ לְפָנֶיךָ (창 24:7)

(11) אִם־יָמוּת גֶּבֶר הֲיִחְיֶה (욥 14:14)

(12) לוֹ אֶהְיֶה וְאִתּוֹ אֵשֵׁב (삼하 16:18)

(13) וְלֹא־תֵשְׁבוּ בָם (암 5:11)

(14) אַחֲרֵי יְהוָה אֱלֹהֵכֶם תֵּלֵכוּ וְאֹתוֹ תִירָאוּ (신 13:4)

(15) יְהוָה מִי־יָגוּר בְּאָהֳלֶךָ מִי־יִשְׁכֹּן בְּהַר קָדְשֶׁךָ (시 15:1)

12장

바브 연속법

1. 서론

히브리어 문장의 독특한 용법 가운데 하나는 바브 접속사와 동사의 미완료형을 결합하여 완료를 표현하거나 반대로 바브 접속사와 동사의 완료형을 결합하여 미완료를 표현하는 방식이다. 그래서 문장 가운데 완료형 + 바브 연속 미완료형은 과거 시제를 표현하고, 미완료형 + 바브 연속 완료형은 미래 시제와 습관적으로 지속되는 동작을 표현한다.

바브 연속 미완료형은 바브 접속사가 파닥 모음을 취하며 이어지는 동사의 첫 자음에 중복점을 찍는다(·וַ). 바브 연속 완료형은 바브 접속사가 쉐바 모음을 취하며(וְ) 이어지는 동사의 첫 자음에 중복점을 찍지 않는다.

바브 연속 미완료	바브 연속 완료
וַיִּקְטֹל 바이-익톨	וְקָטַל 베-카탈

יָצָא וַיִּרְדֹּף וַיִּלְכֹּד 야차 바이-이르도프 바이-이르도프 바이-일코드

→ וַיִּרְדֹּף : 바(וַ) + יִרְדֹּף (라다프의 미완료형 이르도프와 접두자음 요드의 중복점 יּ)

"그가 나갔다. 그리고 그가 추격했다. 그리고 그가 붙잡았다."

וַיֹּאמֶר אֱלֹהִים אֶל־מֹשֶׁה 바이–요메르 엘로힘 엘 모세

→ **וַיֹּאמֶר** : 바(וַ) + **יֹאמֶר** (아마르의 미완료형 요메르와 접두자음 요드의 중복점 **יּ**)

“그리고 하나님이 모세에게 말씀하셨다.”

וַיֵּלֶךְ אַבְרָהָם 바이–옐렉크 아브라함

→ **וַיֵּלֶךְ** : 바(וַ) + **יֵלֶךְ** (할락크의 미완료형 옐레크와 접두자음 요드의 중복점 **יּ**)

“그리고 아브라함이 (걸어)갔다/행했다.”

만일 연속 동작이 다른 문장 요소에 의해 끊기게 되면 동사는 원래의 동작 형태를 취한다.

יָצָא וַיִּרְדֹּף וַיִּלְכֹּד וְלֹא שָׁבַת בָּעִיר

야차 바이–이르도프 바이–일코드 벨–로 샤바트 바–이르

(야차는 완료형이고 ‘일코드’는 바브 연속 미완료로서 과거를 표현한다. 그런데 ‘벨–로’에 의해 문장 요소가 끊기자 이어지는 동사 샤바트는 다시 과거를 의미하는 완료형을 사용하였다.)

“그가 나갔다. 그리고 그가 추격했다. 그리고 그가 붙잡았다. 그러나 그는 그 도시에서 쉬지 않았다.”

주의할 점은 바브 연속 미완료형(과거로 해석)과 단순한 바브 접속사와 미완료형 동사의 결합(미래로 해석)을 구분하는 일이다. 양자의 차이점은 바브 연속 미완료형에는 미완료형의 접두자음에 중복점이 있고, 후자에는 없다는 것이다. 즉, 미완료형의 접두자음에 찍는 중복점의 유무로 바브연속법인지 아닌지를 판단할 수 있다.

וַיִּקְטֹל הַמֶּ֫לֶךְ אֶת־הַנָּבִיא **바이–익톨** 함–멜레크 에트 한–나비

→ 그리고 그 왕은 그 예언자를 **죽였다**.

וַיִּקְטֹל הַמֶּלֶךְ אֶת־הַנָּבִיא **베-익톨** 함-멜레크 에트 한-나비

→ 그리고 그 왕은 그 예언자를 **죽일 것이다**.

2. 시간 수식어

히브리어 이야기 문체에서는 하야(**הָיָה**) 동사의 바브 연속법을 종종 사용한다. 이 때 **과거**의 이야기를 진행할 때는 **바브 연속형의 하야-미완료형**을 사용하고, **미래**의 이야기를 전개할 때는 **바브 연속형의 하야-완료형**을 사용한다.

וַיְהִי בַבֹּקֶר וַיִּשְׁלַח . . . 바이히 밥-보케르 바이-이쉴라흐…

그리고 오전에 그가 … 보냈다.

וַיְהִי אַחֲרֵי הַדְּבָרִים הָאֵלֶּה וַיִּשְׁמַע קוֹל. . . 바이히 악하레 핫-데바림 하-엘레 바이-이쉬마 콜 …

이 일들이 벌어진 뒤에 그는 … 목소리를 들었다.

וַיְהִי כַּאֲשֶׁר רָאָה אֹתָם וַיִּקְרָא. . . 바이히야 카아셰르 라아 오탐 바이-이크라

그리고 그가 그들을 보았을 때 그는 … 외쳤다.

וְהָיָה כִּי תִשְׁמְעוּ אֶת־הַדְּבָרִים הָאֵלֶּה וּזְכַרְתֶּם. . .

베하야 키 티쉬메우 에트 핫-데바림 하-엘레 우제카르템

그리고 너희들이 이 말씀들을 들을 때마다 너희들은 … 기억해야 한다.

וְהָיָה בַּיּוֹם הַהוּא וְשָׁבַרְתִּי אֶת־קֶשֶׁת יִשְׂרָאֵל 베하야 바이욤 하–후

베–샤바르티 에트 케셰트 이스라엘

그리고 그 날에 내가 이스라엘의 활을 꺾을 것이다.

3. 방향의 헤(ה)[12]

방향의 헤(ה)는 어떤 사람이나 장소를 향하여 움직이는 방향을 표현하는 접미사를 가리킨다. 이것은 단어의 끝에 카메츠 헤를 붙여서 표현현다. 전치사 엘(~에게, ~에게로)과 같은 의미를 지닌다.

אֶל־הָאָרֶץ	그 땅으로, 그 땅을 향하여
אַרְצָה	그 땅으로, 그 땅을 향하여

이 경우 원래 단어의 강세가 끝에서 두 번째 음절로 이동한다.

בַּיִת	**바**이트, 집	→	הַבַּיְתָה	합–**바**이타,	그 집으로
עִיר	이르, 도시	→	הָעִירָה	하–**이**라,	그 도시로
שָׁמַיִם	샤**마**임, 하늘	→	הַשָּׁמַיְמָה	핫–샤**마**이마,	하늘로
מִצְרַיִם	미츠**라**임, 이집트	→	מִצְרַיְמָה	미츠**라**이마,	이집트로
הַר	하르, 산	→	הָהָרָה	하–**하**라,	그 산으로
שָׁם	샴, 거기	→	שָׁמָּה	**샴**마,	거기로
יָם	얌, 바다, 서쪽	→	יָמָּה	**얌**마,	바다로, 서쪽으로

12 Pratico–van Pelt, 「베이직 비블리칼 히브리어」, 90–1.

4. 어휘

동사

אָסַף 모으다, 수확하다

בָּעַר 태우다

גָּאַל 회복하다, 구원하다

יָסַף 더하다, 계속하다

יָרֵא 두려워하다, 경외하다

יָרַשׁ 상속하다, 소유하다, 몰수하다

גָּלָה 드러내다, 폭로하다, 밝히다

כָּלָה 완료되다, 끝나다

לָכַד 잡다, 포획하다

נָסַע 떠나다, 출발하다

רָדַף 추격하다, 쫓다

שָׁתָה 마시다

שָׁכַב 눕다, 성관계를 하다

명사

אֱמֶת 진리, 진실

כִּסֵּא 보좌, 의자

קֶרֶב 내장, 내부;

בְּקֶרֶב 가운데(전치사)

קֶשֶׁת 활

רָעָב 기근

שֶׁמֶשׁ 태양, 해

기타

גַּם 또한, 정말로

רַק 오직, 여전히, 그러나

אַךְ 오직, 확실히

אַף 또한, 심지어, 정말

אִם 만일(if), 그런 다음

אַל 아니다

אָז 그 때, 그 때 이후

פֶּן־ 그렇지 않으면(lest~should)

מְאֹד 매우(부사)
힘, 능력(명사),

연습문제

1. 다음 히브리어 동사의 바브 연속형을 분해하라.

분해순서: 바브 연속 미완료 혹은 완료, 동사어근, 인칭-성-수, 뜻

예 : וַיֹּאמֶר 바브연속미완료, 아마르 (אָמַר), 3남단, 그리고 그가 말했다

וְשָׁלְחוּ 바브연속완료, 샬라흐 (שָׁלַח), 3남복, 그리고 그들이 보낼 것이다

(1) וַיֵּלְכוּ

(2) וָאֶרְאֶה

(3) וַיָּבֹא

(4) וַיֵּרֶד

(5) וַיַּעַשׂ

(6) וּשְׁמַרְתֶּם

(7) וְכָתַבְתָּ

(8) וְלָֽקְחוּ

(9) וְאָֽמְרוּ

(10) וְזָכַרְתִּי

2. 다음 성경구절을 번역하라.

(1) וַיְהִי רָעָב בָּאָרֶץ וַיֵּרֶד אַבְרָם מִצְרַיְמָה (창 12:10)

(2) וְהָאָדָם יָדַע אֶת־חַוָּה אִשְׁתּוֹ וַתַּהַר וַתֵּלֶד אֶת־קַיִן (창 4:1)

(3) וַיִּשְׁמַע אֱלֹהִים אֶת־קוֹל הַנַּעַר (창 21:17)

(4) וַיַּסַּע מֹשֶׁה אֶת־יִשְׂרָאֵל מִיַּם־סוּף וַיֵּצְאוּ מִדְבַּר־שׁוּר (출 15:22)

(5) וַיָּקָם מֶלֶךְ־חָדָשׁ עַל־מִצְרָיִם אֲשֶׁר לֹא־יָדַע אֶת־יוֹסֵף (출 1:8)

(6) וְכָתַבְתָּ עַל־הָאֲבָנִים אֶת־כָּל־דִּבְרֵי הַתּוֹרָה הַזֹּאת (신 27:8)

(7) וְנָתַתִּי לָכֶם לֵב חָדָשׁ וְרוּחַ חֲדָשָׁה אֶתֵּן בְּקִרְבְּכֶם (겔 36:26)

(8) וְהָיָה כִּי־יִרְאוּ אֹתָךְ הַמִּצְרִים וְאָמְרוּ אִשְׁתּוֹ זֹאת וְהָרְגוּ אֹתִי (창 12:12)

(9) וְאָהַבְתָּ אֵת יְהוָה אֱלֹהֶיךָ בְּכָל־לְבָבְךָ וּבְכָל־נַפְשְׁךָ וּבְכָל־מְאֹדֶךָ
(신 6:5)

(10) וְזָכַרְתָּ כִּי־עֶבֶד הָיִיתָ בְּאֶרֶץ מִצְרָיִם (신 24:22)

13장
명령법

1. 서론

히브리어 **명령법**은 세 가지가 있다. 그것은 첫째, 상대방 즉 2인칭에게 하는 명령법(imperative), 둘째, 화자가 자신/자신들의 의사를 표명하는 1인칭 명령, 즉 청원법(co-hortative), 그리고 셋째, 제삼자에게 명령하는 간접명령법(jussive)이다.[13] 명령법은 '제발, 바라건대' 등의 의미를 지닌 불변화사 '나(נָא)'를 명령법 동사의 후미에 붙이는 경우가 많다. 하지만 이 불변화사는 거의 해석하지 않는다. 그렇지만 이 표현이 동사에 붙어있으면 그것은 직설법이 아니라 명령법이라는 것을 알려준다.

2. 2인칭 명령법(imperative)

이 명령법은 2인칭 남성과 여성, 단수와 복수의 네 가지 형태가 있다. 이것은 미완료형 동사의 2인칭 남녀단복수형에서 접두사를 제외하여 만든다.

13 램딘의 문법책은 이기락에 의해 1인칭 명령형(cohortative)을 '권유법'으로, 3인칭 명령형(jussive)을 '요구법'으로 번역되어 있는 반면, 프라티코-반펠트의 문법책은 변순복에 의해 각각 '청원법'과 '간접명령법'으로 번역되어 있다. 이 책은 프라티코-반펠트의 것을 따른다.

	미완료형	명령형	뜻
2남단	תִּקְטֹל	קְטֹל 케톨	너(남)는 죽여라!
2여단	תִּקְטְלִי	קִטְלִי 키틀리	너(여)는 죽여라!
2남복	תִּקְטְלוּ	קִטְלוּ 키틀루	너희(남)는 죽여라!
2여복	תִּקְטֹלְנָה	קְטֹלְנָה 케톨나	너희(여)는 죽여라!

다른 강동사의 명령형은 다음과 같다.

	(쓰다) כָּתַב	שָׁכַב (눕다)	קָרָא (부르다)
2남단	כְּתֹב 케토브	שְׁכַב 셰코브	קְרָא 케라
2여단	כִּתְבִי 키트비	שִׁכְבִי 쉬크비	קִרְאִי 키르이
2남복	כִּתְבוּ 키트부	שִׁכְבוּ 쉬크부	קִרְאוּ 키르우
2여복	כְּתֹבְנָה 케토브나	שְׁכַבְנָה 셰카브나	קְרֶאנָה 케레나

한편, 2남단 명령형의 경우, 어미에 ‘–아(◌ָה)’를 붙여서 사용하는 경우도 있다. 이 때 첫 음절의 모음은 카메츠가 아니라 카메츠하툽 즉 짧은 ‘오’이다.

원형	규칙형	대체형	번역
שָׁמַר	שְׁמֹר 셰모르	שָׁמְרָה 쇼므라	지켜라(2남단)
שָׁפַט	שְׁפֹט 셰포트	שָׁפְטָה 쇼프타	판단하라(2남단)
שָׁמַע	שְׁמַע 셰마	שִׁמְעָה 쉬므아	들으라(2남단)

약동사의 명령형은 불규칙한 형태들을 사용하므로 잘 학습해야 한다.

	בָּחַר (선택하다)	שָׁלַח (보내다)	בָּנָה (건축하다)	יָשַׁב (거주하다)
2남단	בְּחַר	שְׁלַח 셸락흐	בְּנֵה 베네	שֵׁב 쉐브
2여단	בַּחֲרִי	שִׁלְחִי 쉴히	בְּנִי 베니	שְׁבִי 쉐비
2남복	בַּחֲרוּ	שִׁלְחוּ 쉴후	בְּנוּ 베누	שְׁבוּ 쉐부
2여복	בְּחַ֫רְנָה	שְׁלַ֫חְנָה 셸락흐나	בְּנֶ֫ינָה 베네나	שֵׁ֫בְנָה 셰브나

	יָרַשׁ (상속하다)	נָתַן (주다)	לָקַח (취하다)	הָלַךְ (걷다)
2남단	רַשׁ	תֵּן	קַח	לֵךְ
2여단	רְשִׁי	תְּנִי	קְחִי	לְכִי
2남복	רְשׁוּ	תְּנוּ	קְחוּ	לְכוּ
2여복	רַ֫שְׁנָה 라쉬나	תֵּ֫נָּה 텐나	קַ֫חְנָה 락흐나	לֵ֫כְנָה 레크나

3. 1인칭 명령법(청원법)

청원법은 1인칭 단수와 복수에만 있다. 주로 "~하겠습니다, 합시다, 하자"는 뜻으로 번역된다. 영어의 "let me(or us) do something"과 같은 의미이다.

청원법의 형태는 미완료 1인칭공통단수형과 1인칭공통복수형과 같다. 그래서 이 동사가 단순한 평서문의 미완료형인지 1인칭 명령의 의미를 지닌 청원법인지를 구별하기가 쉽지 않다. 손쉬운 방법은 해당 동사가 **문장에 처음으로 위치할 때**는 청원법으로, 문장의 중간에 나온다면 미완료형으로 해석하면 된다(예외도 있다). 청원법의 또 다른 표식은 미완료형의 어미에 붙은 '아(ָה)'이다.

אֶשְׁלַח 에쉴락흐 나는 보낼 것이다　　נִשְׁלַח 니쉴락흐 우리는 보낼 것이다

אֶשְׁלְחָה 에쉴렉하 내가 ~를 보내게 하라/내가 보내겠다　　נִשְׁלְחָה 니쉴렉하 우리가 ~를 보내게 하라/우리가 보내겠다

(let me send)　　(let us send)

נַעֲשֶׂה אָדָם בְּצַלְמֵנוּ 나아세 아담 베-찰메누

우리가 우리의 모양대로 사람을 만들자(창 1:26)

כִּי־אֶעֱבֹר בְּקִרְבְּךָ 키 에에보르 베-키르베카

이는 내가 너희 가운데로 지나갈 것이기 때문이다(암 5:17)

אֶשְׁמְרָה תוֹרָתְךָ 에쉬메라 토라테카 내가 당신의 율법을 지키겠습니다(시 119:44)

נִכְרְתָה בְרִית 니크레타 베리트　　우리가 언약을 맺자(창 26:28)

4. 3인칭 명령법(간접명령법)

간접명령법의 형태는 3인칭 미완료형과 같다. 청원법처럼, 간접명령법은 문장 내에서 미완료 동사의 위치로 결정된다. 즉, **문장의 처음에 등장하면** 간접명령법으로 해석한다. (물론 예외도 있다.)

יִזְכָּר־נָא הַמֶּלֶךְ אֶת־יְהוָה 이즈코르-나 함-멜렉 에트 아도나이

왕은 여호와를 기억하소서(삼하 14:11)

עַתָּה יִזְכֹּר עֲוֹנָם 앗타 이즈코르 아보남

이제 그는 그들의 죄를 기억하실 것이다(렘 14:10)

וְיִבֶן אֶת־בֵּית יְהוָה 베-이벤 에트 베트 아도나이

그리고 그가 여호와의 전을 건축하게 하라(스 1:3)

הוּא יִבְנֶה־בַּיִת לִשְׁמִי 후 이브네 바이트 리쉬미

그가 내 이름을 위하여 집을 지을 것이다(삼하 7:13)

יְהִי אוֹר 예히 오르 빛이 있으라(창 1:3)

위의 예문 중 세 번째 문장 에스라 1:3의 경우 동사 베-이벤은 동사 바나의 미완료형 이브네에서 마지막 자음 헤가 탈락한 형태이다. 간접명령법의 경우 이렇게 철자가 단축되는 경우가 종종 나타난다.[14]

미완료	간접명령(단축형)
יִבְנֶה 이브네 그가 세울 것이다	יִבֶן 이벤 그가 세우게 합시다
יַעֲשֶׂה 야아세 그가 만들 것이다	יַעַשׂ 야아스 그가 만들게 합시다
יַעֲלֶה 야알레 그가 올라갈 것이다	יַעַל 야알 그가 올라가게 합시다
יִרְאֶה 이르에 그가 볼 것이다	יֵרֶא 예레 그가 보게 합시다

5. 명령법의 부정

2인칭 명령법은 2인칭 미완료형 앞에 "아니다"는 뜻을 지닌 부정어 로(לֹא)를 위치시켜 부정 명령형을 만든다. 청원법과 간접명령법에는 알(אַל)을 선행시킨다. 일반적으로 로(לֹא)를 사용하면 절대적이거나 무조건적 금지를 나타내고 알(אַל)은 완곡한 형태의 금지 혹은 부정적인 바램이나 설득을 표현한다.[15]

---

14 Pratico-van Pelt, 「베이직 비블리칼 히브리어」, 254.

15 Ibid., 246.

לֹא תִגְנֹב 로 티그노브 도둑질하지 말라(출 20:15)

אַל־נָא נֹאבְדָה 알-나 노베다 우리를 멸망시키지 마십시오 (욘 1:14)

6. 명령법과 구문 해석

위의 세 가지 명령법(2인칭, 1인칭, 3인칭)은 바브 접속사와 함께 다른 명령법이나 완료형 혹은 미완료형이 연이어 사용되면 히브리어 구문에 의미변화를 일으킨다. 여기서 바브는 바브 연속형이아니라 단순히 "그리고"를 뜻하는 접속사이다.

1) 2인칭 명령법 + 바브 + 2인칭 명령법: 2인칭 명령법이 바브 접속사를 통해 연속해서 나타나면 이 동사들은 단순히 연속적으로 명령의 의미를 나타낸다. 동사들 사이의 논리적 관계는 다양하게 해석될 수 있다.

שְׁמַע . . . וּשְׁלַח . . . וַעֲמֹד 들어라 … 그리고 보내라 … 그리고 서라

2) 2인칭 명령법 + 바브 + 완료형: 논리적으로 연속적인 동작을 명령한다.

שְׁמַע וְשָׁלַחְתָּ֫ וְעָמַדְתָּ֫ 들어라 그리고(나서) 보내라 그리고(나서) 서라

3) 2인칭 명령, 청원법, 간접명령법 + 바브 + 미완료형: 두 번째 동사는 목적이나 결과를 나타낸다.

שְׁמַע . . . וְאֶשְׁלַח 들어라 … 내가 보낼 수 있도록

כְּתֹב . . . וְאֶשְׁמַע 써라 … 내가 들을 수 있도록

נֵלְכָה . . . וְיִמְצָא (우리가) 가자 … 그가 찾을 수 있도록

תְּנָה־לָּנוּ בָשָׂר וְנֹאכֵלָה 우리에게 고기를 주십시오, 우리가 먹을 수 있도록.

= 우리가 먹을 고기를 주십시오 (민 11:13).

פְּתַח־נָא אֶת־עֵינָיו וְיִרְאֶה 그의 눈을 열어주십시오. 그래서 그가 볼 수 있도록.

= 그가 볼 수 있도록 눈을 열어주십시오 (왕하 6:17)

7. 어휘

동사

אָבַד 멸망하다/시키다

אָחַז 잡다, 붙잡다

אָסַר 묶다, 차꼬를 채우다

בִּין 이해하다, 생각하다

גָּנַב 도둑질하다

הָרַג 죽이다, 살육하다

חָפֵץ ~을 즐기다, 몹시 바라다

חָפַר 정탐하다, 파다

נָטָה 뻗다, 펼치다, 펴다

קָדַשׁ 거룩하다, 구별하다, 성별하다

קָרַע 찢다

שָׁכַח 잊다

שׁוּב 돌아가다, 돌이키다

명사

אָסִיר 죄수, 포로

בֶּ֫גֶד 외투, 겉옷

בַּ֫עַל 주인, 지주, 남편, 바알 신

מִצְוָה 계명 (복수, מִצְוֹת)

עֵד 증거

עֶ֫צֶם 뼈

קָהָל 회중, 모임

שַׁ֫עַר 문, 대문

שֵׁ֫בֶט 지팡이, 지파, 부족, 홀(왕권)

연습문제

1. 다음 히브리어 문장을 번역하라.

(1) זְכֹר אֶת־דִּבְרֵי אָבִ֫יךָ

(2) שִׁפְטִי אֶת־הָאֲנָשִׁים הָאֵ֫לֶּה

(3) שְׁמֹ֫רְנָה אֶת־מִצְוֹת מֹשֶׁה

(4) שְׁלַח אֶת־הַנַּעַר אֵלַי

(5) אַל־תִּשְׁכְּחוּ אֶת־תּוֹרוֹת אֱלֹהִים

(6) אֶשְׁמְרָה אֵת תּוֹרַתְךָ תָּמִיד

(7) שָׂא אֶת־הָאֲבָנִים הָאֵ֫לֶּה

(8) יִשָּׂא אֶת־הָאֲבָנִים הָאֵ֫לֶּה

(9) בָּנוּ בַּ֫יִת גָּדוֹל בָּעִיר

(10) בְּנוּ בַּ֫יִת גָּדוֹל בָּעִיר

(11) רְשׁוּ אֶת־הָאָ֫רֶץ

(12) צְאֶ֫נָה מִן־הָעִיר הָרָעָה

(13) תֵּצֶ֫אנָה מִין־הָעִיר הָרָעָה

(14) תֵּן הַסֵּפֶר אֶל־הַמֶּ֫לֶךְ

(15) לֵךְ אֶל־הָאָרֶץ אֲשֶׁר אָמַרְתִּי אֵלֶיךָ

2. 다음 성경구절을 번역하라.

(1) שִׁמְרוּ כָּל־מִצְוֹת יְהוָה (대상 28:8)

(2) וּסְפֹר הַכּוֹכָבִים (창 15:5)

(3) וַיֹּאמֶר שְׁמוּאֵל קִבְצוּ אֶת־כָּל־יִשְׂרָאֵל הַמִּצְפָּתָה (삼상 7:5)

(4) וַיֹּאמֶר אַל־תֵּרֵד מִצְרָיְמָה שְׁכֹן בָּאָרֶץ אֲשֶׁר אֹמַר אֵלֶיךָ
(창 26:2)

(5) עֲמֹד בְּשַׁעַר בֵּת יְהוָה וְקָרָאתָ שָּׁם אֶת־הַדָּבָר הַזֶּה
וְאָמַרְתָּ שִׁמְעוּ דְבַר־יְהוָה (렘 7:2)

(6) וַיִּשְׁלַח שָׁאוּל מַלְאָכִים אֶל־יִשָׁי
וַיֹּאמֶר שִׁלְחָה אֵלַי אֶת־דָּוִד בִּנְךָ אֲשֶׁר בַּצֹּאן (삼상 16:19)

(7) וַיִּקְרָא פַרְעֹה אֶת־מֹשֶׁה וַיֹּאמֶר לְכוּ עִבְדוּ אֶת־יְהוָה (출 10:24)

(8) בְּטַח בַּיהוָה וַעֲשֵׂה־טוֹב (시 37:3)

(9) וְאֶת־אֲחִיכֶם קָחוּ וְקוּמוּ שׁוּבוּ אֶל־הָאִישׁ (창 43:13)

(10) מְשָׁל־בָּנוּ גַּם־אַתָּה גַּם־בִּנְךָ (삿 8:22)

(11) וְעַתָּה לְכָה נִכְרְתָה בְרִית אֲנִי וָאָתָּה
וְהָיָה לְעֵד בֵּינִי וּבֵינֶךָ (창 31:44)

(12) נִשְׁלְחָה אֲנָשִׁים לְפָנֵינוּ וְיַחְפְּרוּ־לָנוּ אֶת־הָאָרֶץ (신 1:22)

(13) וַיֹּאמֶר נַעֲלֶה וְיָרַשְׁנוּ אֹתָהּ (민 13:30)

(14) וַיֹּאמֶר יְהוָה אֶל־מֹשֶׁה נְטֵה אֶת־יָדְךָ עַל־הַיָּם (출 14:26)

(15) שְׂאוּ אֶת־אֲרוֹן הַבְּרִית וְעִבְרוּ לִפְנֵי הָעָם (수 3:6)

(16) קוּם לֵךְ אֶל־נִינְוֵה הָעִיר הַגְּדוֹלָה וּקְרָא עָלֶיהָ
כִּי־עָלְתָה רָעָתָם לְפָנָי (욘 1:2)

14장

부정사

1. 서론

히브리어 **부정사**(infinitive)는 동사적 성질을 가진 명사(verbal nouns)로서 동사의 기능과 명사의 기능을 함께 갖고 있다. 부정사는 **연계형**(construct)과 **절대형**(absolute), 두 가지를 사용한다. 부정사 연계형의 형태는 명령법과 유사하지만 첫 음절의 모음은 셰바(혹은 하텝세골)의 '에', 두번째 음절의 모음은 홀렘의 '오' 소리를 내는 것이 특징이다. 그래서 부정사 연계형의 모음구조는 '에-오'이다. 또 부정사는 자주 대명사 접미사가 접미되는데 그럴 때는 모음변화가 생긴다.

완료형	미완료형	명령법(2남단)	부정사 연계형	+대명사접미사
קָטַל	יִקְטֹל	קְטֹל 죽여라	קְטֹל 케톨 죽이는 것	קָטְלִי 코틀리 내가 죽이는 것
עָמַד	יַעֲמֹד	עֲמֹד 서라	עֲמֹד 아모드 서는 것	עָמְדִי 오므디 내가 서는 것
בָּחַר	יִבְחַר	בְּחַר선택하라	בְּחֹר 벡호르 선택하는것	בָּחֳרִי 복호리 내가 선택하는 것
שָׁמַע	יִשְׁמַע	שְׁמַע 들으라	שְׁמֹעַ 셰모아 듣는 것	שָׁמְעִי 쇼므이 내가 듣는 것
אָכַל	יֹאכַל	אֱכֹל 먹어라	אֱכֹל 에콜 먹는 것	אָכְלִי 오클리 내가 먹는 것
מָצָא	יִמְצָא	מְצָא 찾아라	מְצֹא 메초 찾는 것	מָצְאִי 모츠이 내가 찾는 것

부정사 연계형에 대명사접미사가 붙을 때 그 대명사는 부정사의 주어일 수도 있고, 목적어일수도 있다. 문맥을 보고 둘 중 어느 것인지를 결정해야 한다.

טוֹב שָׁמְרְךָ אֶת־הַמִּצְוָה 토브 셰모르카 에트 함–미츠바

네가 그 계명을 지키는 것은 좋다

עַד־מָצְאֲךָ אֹתוֹ 아드 모츠아카 오토 네가 그를 찾을 때까지

다음 약동사들의 부정사 연계형은 불규칙적으로 사용되므로 기억할 필요가 있다.

동사원형	부정사 연계형	동사원형	부정사 연계형
בָּנָה 짓다	בְּנוֹת	יָשַׁב 앉다, 살다	שֶׁבֶת
עָלָה 올라가다	עֲלוֹת	יָרַשׁ 상속하다	רֶשֶׁת
עָשָׂה 하다/만들다	עֲשׂוֹת	יָדַע 알다	דַּעַת
רָאָה 보다	רְאוֹת	יָצָא 나가다	צֵאת
נָסַע 떠나다	נְסֹעַ סַעַת	הָלַךְ 가다/행하다	לֶכֶת
נָגַע 때리다, 치다	נְגֹעַ גַּעַת	בּוֹא 들어가다	בּוֹא
נָשָׂא 들어 올리다	נְשֹׂא שְׂאֵת	מוּת 죽다	מוּת
נָתַן 주다	נְתֹן תֵּת	שׁוּב 돌아가다	שׁוּב

III–헤 동사들(바나, 알라)의 부정사연계형은 셋째 자음 헤가 타브로 바뀐다. I–눈 동사(나사)와 I–요드 동사(야샤브, 야라쉬)의 경우, 첫 자음 눈과 요드가 각각 탈락하고, 둘째자음과 셋째 자음을 '아' 혹은 '에' 소리로 연결하면서 타브로 끝난다. 나사와 나탄 같은 동사는 부정사 연계형을 두 가지 형태를 사용한다. 규칙적인 모음구조를 지닌 I–눈 동사의 부정사 연계형도 있다(네소아, 네고아, 네토아, 네소, 네톤). 할로우 동사들(보, 무트, 슈브)은 동사 원형과 부정사 연계형이 같다.

2. 부정사 연계형(Infinitive Construct)의 용법

1) 부정사 연계형은 독자적으로 사용될 수 있다.

לֹא־טוֹב הֱיוֹת הָאָדָם לְבַדּוֹ 로 토브 헤요트 하-아담 레밧도

헤요트 (הֱיוֹת) = 하야(הָיָה)의 부정사 연계형

→ 아담이 혼자 있는 것이 좋지 않았다(창 2:18).

הִנֵּה שְׁמֹעַ מִזֶּבַח טוֹב 힌네 쉐모아 밋-제박흐 토브

쉐모아(שְׁמֹעַ) = 샤마(שָׁמַע)의 부정사 연계형

→ 보라, 순종이 제사보다 낫다(삼상 15:22).

2) 주로 전치사 레(לְ)와 결합하여 목적, 의도, 결과를 표현한다.

וַיֵּשְׁבוּ לֶאֱכָל־לֶחֶם 바이-예셰부 레-에콜 렉헴

에콜(אֱכָל) = 아칼(אָכַל)의 부정사 연계형

→ 그리고 그들은 빵을 먹으려고 앉았다(창 37:25).

לִשְׁמֹר אֶת־דֶּרֶךְ עֵץ הַחַיִּים 리쉬모르 에트 데렉크 에츠 학-하이임

쉐모르(שְׁמֹר) = 샤마르(שָׁמַר)의 부정사 연계형

→ 생명나무의 길을 지키기 위해(창 3:24)

3) 부정사 연계형은 종종 전치사 베(בְּ), 케(כְּ)와 사용하여 "~할 때, ~ 하는 동안"을 의미하는 시간의 부사절을 만든다.

וַיְהִי בִּשְׁכֹּן יִשְׂרָאֵל בָּאָרֶץ הַהִוא 바이히 비쉬콘 이스라엘 바-아레츠 하-히

בִּשְׁכֹּן은 전치사 베트(בְּ)와 샤칸(שָׁכַן)의 부정사 연계형 쉐콘(שְׁכֹּן)이 결합되어서

"거주할 때, 거주하는 동안"이란 의미를 표현한다.

➔ 이스라엘이 그 땅에 거주할 때(창 35:22).

וְהָיָה כְּצֵאת מֹשֶׁה אֶל־הָאֹהֶל 베하야 케체트 모셰 엘 하-오헬

כְּצֵאת는 전치사 케(כְּ)와 야차(יָצָא)의 부정사 연계형 체트(צֵאת)가 결합된 형태로서 "나갈 때(마다)"라는 의미를 표현한다.

➔ 모세가 장막으로 나갈 때(출 33:8).

4) 하야(הָיָה) + 레(לְ) + 부정사연계형: "막 ~하려고 하다" 또는 "~하지 않을 수 없다"를 의미한다.[16]

וַיְהִי הַשֶּׁמֶשׁ לָבוֹא 바이히 핫-셰메쉬 라-보 해가 막 지려고 했다(창 15:12).

וַיְהִי הַשַּׁעַר לִסְגּוֹר 바이히 핫-샤아르 리-스고르 성문이 막 닫히려고 했다(수 2:5).

5) 알(עַל) + 명사 또는 대명사 + 레(לְ) + 부정사연계형은 의무나 책임을 뜻한다.

עָלַי לִמְצֹא אֹתוֹ 알라이 림초 오토 나는 그를 찾아야 한다.

6) 엔(אֵין) + 레(לְ) + 부정사 연계형은 "~하는 것은 가능하지(허용되지) 않다"는 뜻이다.

אֵין לָבוֹא 엔 라보 들어 가는 것이 금지되었다

7) 부정사 연계형은 빌티 (בִּלְתִּי) 혹은 레빌티(לְבִלְתִּי)를 선행시켜 부정을 표현한다.

לְבִלְתִּי אֱכֹל אֶת־הַפְּרִי 레빌티 에콜 에트 합-페리 그 과일을 먹지 않도록

לְבִלְתִּי שְׂרֹף אֶת־הַמְּגִלָּה 레빌티 쉐로프 에트 함-메길라

그 두루마리를 태우지 말도록 (렘 36:25)

16 Lambdin, 「성서 히브리어」, 128. 4항~7항.

3. 부정사 절대형(Infinitive Absolute)

1) 부정사 절대형은 동사 어근의 첫음절의 모음을 카메츠의 '아', 둘째 음절의 모음을 홀렘 바브의 '오' 소리를 갖는다.(가끔 바브 홀렘 대신 홀렘이 사용되기도 한다). 그래서 부정사 연계형이 '에-오' 소리를 내는 데 비해서, 부정사 절대형은 '아-오' 소리를 낸다는 차이가 있다.

קְטֹל 케톨 부정사 연계형

קָטוֹל 카톨 부정사 절대형

2) 특히 부정사 절대형은 약동사의 경우에도 두번째 특징적 모음인 홀렘 바브가 일정하게 나타난다. 단지 III-헤 동사의 부정사 절대형은 세번째 어근 자음인 헤를 탈락시킨 형태도 함께 사용한다.

עָשָׂה ⇨ 부정사 절대형 עָשֹׂה 또는 עָשׂוֹ

רָאָה ⇨ 부정사 절대형 רָאֹה 또는 רָאוֹ

חָיָה ⇨ 부정사 절대형 חָיֹה 또는 חָיוֹ

3) 부정사 절대형은 동사의 의미를 강조하기 위해 정형동사(인칭, 성, 수, 완료/미완료에 따라 한정되는 동사어형)의 앞이나 뒤에 놓이고 주로 부사의 기능을 가진다. 정형동사의 앞에 놓일 때는 "정녕, 틀림없이, 반드시, 확실히, 정말, 참으로, 진실로" 등을 의미한다.[17]

שָׁמוֹעַ תִּשְׁמְעוּ 샤모아 티쉬메우 너희(2남복)가 반드시 듣고(출 19:5)

אָמוֹר אָמַרְתִּי 아모르 아마르티 내가 분명히 말했다(삼상 2:30)

---

17 Ibid., 156.

4) 정형동사 뒤에 2개의 부정사 절대형(하나는 정형동사의 부정사 절대형)을 연속으로 사용하는 경우가 있다. 그 때는 동시에 일어나는 동작을 표현한다.

וַיֵּלֶךְ הָלוֹךְ וְאָכֹל 바이-엘렉크 할로크 베-아콜

직역: 그리고 그는 갔다. 가면서 먹었다.

번역: 그리고 그가 먹으면서 걸었다(삿 14:9).

וְעָלוּ עָלֹה וּבָכֹה 베-알루 알로 우-바코

직역: 그리고 그들은 올라갔다. 올라가면서 울었다.

번역: 그리고 그들이 울면서 올라갔다(삼하 15:30).

5) 부정사 절대형은 문장 서두에 독자적으로 사용될 때, 명령법을 표현하기도 한다.

זָכוֹר אֶת־הַיּוֹם הַזֶּה 자코르 에트 하이-욤 핫-제 이 날을 기억하라(출 13:3).

שָׁמוֹר אֶת־כָּל־הַמִּצְוָה 샤모르 에트 콜 함-미츠바 그 모든 계명을 지켜라(신 27:1).

4. 어휘

동사

גָּעַר 꾸짖다, 비난하다

חָנָה 야영하다

זָבַח 도축하다, 희생하다, 제사드리다

נָדַר 맹세하다, 서원하다

נוּחַ 누악흐 쉬다, 휴식하다, 정착하다

שָׁאַר 남다, 생존하다

שָׂנֵא 미워하다

명사

בְּאֵר 우물

בְּכֹר/בְּכוֹר 장자, 첫새끼

בָּמָה 높은 곳, 산당, 언덕

זֶרַע 씨앗, 자식, 자손, 후손

חֲצִי 절반, 중간

יָמִין 오른손, 남쪽

כֹּחַ 코악흐 힘

לָשׁוֹן 혀, 언어

נְחֹ֫שֶׁת 넥호쉣 구리, 청동

מִנְחָה (감사)제물

מִשְׁתֶּה 연회, 잔치, 향연

נָשִׂיא 지도자, 왕

עֳנִי 오니 고통, 재해, 역경

קֶ֫דֶם 동쪽

תֹּ֫אַר 모양, 형태, 외관

תּוֹעֵבָה 역겨움, 가증한 것

기타

לְמַ֫עַן 하기 위하여

연습문제

1. 다음히브리어 문장을 번역하라.

(1) בָּ֫אוּ מִצְרַ֫יְמָה לִשְׁבֹּר

(2) וַיָּ֫שֶׂם אֶת־הָאָדָם בַּגַּן לְעָבְדָהּ וּלְשָׁמְרָהּ

(3) לֹא יָכֹל לִבְנוֹת בַּ֫יִת לְשֵׁם יְהוָה

(4) וַיְהִי כִּשְׁמֹעַ הָאִישׁ אֶת־דִּבְרֵי הַנָּבִיא וַיִּשְׂמַח

(5) לְ֫מַעַן שְׁמָרְךָ אֶת־הַתּוֹרָה

(6) כִּשְׁלֹחַ הַמֶּ֫לֶךְ אֶת־עֲבָדָיו

(7) בְּכָרְתֵ֫נוּ בְּרִית

(8) לְבִלְתִּי שְׁכֹחַ אֶת־מִצְוֹתָיו

(9) רָאֹה רָאִיתִי אֶת־חַטַּאת עַמִּי

(10) זָכוֹר אֶת־יוֹם הַשַּׁבָּת

(11) לֹא מוֹת תְּמוּתוּ

(12) אֱלֹהִים פָּקֹד יִפְקֹד אֶתְכֶם

(13) יָדֹעַ תֵּדַע כִּי־גֵר יִהְיֶה זַרְעֲךָ בְּאֶרֶץ

(14) יָצָא הָאִישׁ יָצֹא וָשׁוֹב

(15) בִּכְתֹבוֹ אֶת־הַדְּבָרִים הָאֵלֶּה

2. 다음 성경구절을 번역하라.

(1) הֲמָלֹךְ תִּמְלֹךְ עָלֵינוּ אִם־מָשׁוֹל תִּמְשֹׁל בָּנוּ (창 37:8)

(2) זָכוֹר אֶת־הַיּוֹם הַזֶּה אֲשֶׁר יְצָאתֶם מִמִּצְרַיִם
מִבֵּית עֲבָדִים (출 13:3)

(3) עַתָּה שִׂימָה־לָּנוּ מֶלֶךְ לְשָׁפְטֵנוּ כְּכָל־הַגּוֹיִם (삼상 8:5)

(4) יְהוָה יִשְׁמַע בְּקָרְאִי אֵלָיו (시 4:3)

(5) אִם־לָמֹד יִלְמְדוּ אֶת־דַּרְכֵי עַמִּי (렘 12:16)

(6) זָכֹר תִּזְכֹּר אֵת אֲשֶׁר־עָשָׂה יְהוָה אֱלֹהֶיךָ
לְפַרְעֹה וּלְכָל־מִצְרָיִם (신 7:18)

(7) וְלֹא־נָתַן יְהוָה לָכֶם לֵב לָדַעַת וְעֵינַיִם לִרְאוֹת
וְאָזְנַיִם לִשְׁמֹעַ עַד הַיּוֹם הַזֶּה (신 29:4)

(8) וַיְהִי כְּשָׁמְעִי אֶת־הַדְּבָרִים הָאֵלֶּה יָשַׁבְתִּי וָאֶבְכֶּה (느 1:4)

(9) וְהָיָה כְּצֵאת מֹשֶׁה אֶל־הָאֹהֶל יָקוּמוּ כָּל־הָעָם (출 33:8)

(10) וַיֹּאמֶר יְהוָה רָאוֹ רָאִיתִי אֶת־עֳנִי עַמִּי אֲשֶׁר בְּמִצְרָיִם (출 3:7)

15장
분사

1. 서론

분사(participle)는 동사적 형용사로서 동사와 형용사의 기능을 함께 갖고 사용된다. 영어의 ing가 동사에 붙은 형태와 같다. 동사의 기능을 할 때는 능동태와 수동태로 변화하며 시제는 문맥에 따라 번역해야 한다. 형용사 기능을 할 때는 성, 수에 따라 변화하며 정관사를 갖기도 하고 갖지 않을 수도 있다. 그래서 명사를 수식하기도 하고 서술하기도 한다. 능동분사의 기본형태는 동사의 모음구조가 '오−에'이고 수동분사의 기본형태는 '아−우'이다.

2. **능동 분사**(Active Participle)

1) 위에서 언급했듯이 모음구조가 '아−아'인 칼 동사로부터 분사를 만들려면 동사의 모음구조를 '오−에'로 바꾸면 된다. 다음 변화를 보라.

	단수	복수
남성	קֹטֵל 코텔	קֹטְלִים 코텔림
여성	קֹטֶלֶת 코텔렛	קֹטְלוֹת 코텔롯
여성	קֹטְלָה 코텔라	

위 변화표에 의하면 여성분사형은 두 가지를 사용한다. '코텔라'보다 '코텔렛'이 더 자주 사용된다.

2) 약동사의 경우, 후음 자음이 사용될 때는 분사형]의 둘째 모음이 '에'가 아닌 다른 모음을 사용하기 때문에 혼동을 초래하기도 한다. 그러나 첫째 모음 '오'는 항상 나타난다.

	בָּחַר	שָׁאַל	שָׁלַח	בָּנָה	קוּם
남단	בֹּחֵר	שֹׁאֵל	שֹׁלֵחַ	בֹּנֶה	קָם
남복	בֹּחֲרִים	שֹׁאֲלִים	שֹׁלְחִים	בֹּנִים	קָמִים
여단	בֹּחֶרֶת/בֹּחֲרָה	שֹׁאֶלֶת/שֹׁאֲלָה	שֹׁלַחַת/שֹׁלְחָה	בֹּנָה/בֹּנִיָּה	קָמָה
여복	בֹּחֲרוֹת	שֹׁאֲלוֹת	שֹׁלְחוֹת	בֹּנוֹת	קָמוֹת

동사 쿰(קוּם)의 경우는 남성단수의 능동분사와 여성단수의 능동분사가 각각 3남단완료형(קָם), 3여단 완료형(קָ֫מָה)과 형태가 같다. 이 때 완료형 동사의 경우는 강세가 있으므로 문맥과 더불어 그 동사가 분사형인지 완료형인지를 결정할 수 있다.

3) 용법

(1) **한정적 용법**: 명사를 수식하는 분사는 형용사처럼 명사 뒤에 오며 수식하는 명사와 성, 수, 관사를 일치해야 한다.

הָאִישׁ הַכֹּתֵב אֶת־הַסֵּפֶר 하-이쉬 학-코테브 에트 핫-세페르

그 책을 쓰고 있는 그 남자

הָעָם הַיֹּשֵׁב בָּאָרֶץ 하-암 하이-요세브 바-아레츠

그 땅에 거주하고 있는 백성

יְהוָה אֱלֹהֶיךָ אֵשׁ אֹכְלָה 아도나이 엘로헤카 에쉬 오켈라

여호와 네 하나님은 소멸하는 불이다.

(2) **서술적 용법**: 명사를 서술하는 분사는 명사 뒤나 앞에 올 수 있으며 형용사처럼 관사 없이 명사의 성과 수를 일치시킨다.

הָאִישׁ כֹּתֵב 하-이쉬 코테브 그 남자는 쓰고 있다.

וְהָהָר בֹּעֵר בָּאֵשׁ 베-하-하르 보에르 바-에쉬

그리고 그 산은 불에 타고 있었다.

וּשְׁמוּאֵל שֹׁכֵב בְּהֵיכַל 우-셰무엘 쇼케브 베-헤칼

그리고 사무엘은 성전 안에 누워 있었다.

(3) **독립적 용법**: 형용사의 독립적 용법과 같다. "~을 하는 사람(것)"을 뜻한다. 정관사를 사용하기도 하고 정관사가 없이 사용하기도 한다.

הַיּוֹשֶׁבֶת בַּגַּנִּים 하이-요셰벳 박-간님 그 동산 안에 거주하는 사람

וְלֹא יִישָׁן שׁוֹמֵר יִשְׂרָאֵל 베-로 이샨 쇼메르 이스라엘

그리고 이스라엘을 지키는 분은 잠을 자지 않는다.

3. 수동분사(Passive Participle)

1) 수동분사는 능동분사처럼 네 가지 형태로 변화한다. 차이는 여성 수동분사 형태가 하나뿐이라는 점이다. 특징적인 형태는 '아-우' 모음구조이다. 첫째 모음 '아'는 남성 단수를 제외하고는 쉐바의 '에'로 바뀌지만 두 번째 모음 '우'는 모든 경우에 항상 나타난다.

	단수	복수
남성	קָטוּל 카툴	קְטוּלִים 케툴림
여성	קְטוּלָה 케툴라	קְטוּלוֹת 케툴롯

2) 용법

(1) **한정적 용법**: 명사 뒤에서 명사의 성, 수, 관사를 일치시킨다.

הַבְּרִית הַכְּתוּבָה בַּסֵּפֶר 합–베리트 학–케투바 밧–세페르　그 책에 기록된 언약

הָאִישׁ הֶהָרוּג 하–이쉬 헤–하루그　그 살해된 남자

(2) **서술적 용법**: 명사 앞이나 뒤에 오며 관사 없이 성과 수를 일치시킨다.

הָאִישׁ הָרוּג 하–이쉬 하루그　그 남자는 살해되었다

בָּרוּךְ הַבָּא בְּשֵׁם יְהוָה 바루크 합–바 베–솀 아도나이

여호와의 이름으로 오는 자는 복을 받는다

(3) **독립적 용법**: '~ 하는 자'를 표현한다.

הֶחָלוּץ יַעֲבֹר לִפְנֵי אֲרוֹן יְהוָה 헥–할루츠 야아보르 리프네 아론 아도나이

여호와의 법궤 앞에서 준비된 자가 지나갈 것이다

הַשָּׁמוּר 핫–샤무르　그 지켜진 사람

4. 어휘

동사

- חָלַץ (싸울) 준비하다
- חָנַן ~에게 호의를 베풀다
- יָשֵׁן (잠을) 자다
- מָדַד 측량하다, (치수를) 재다
- נוּס 도망치다, 달아나다
- נָטָה 뻗다, (천막을)치다, 길을 잘못 들다
- עָנָה 대답하다
- קָנָה 획득하다, 얻다, 사다, 만들다
- רוּץ 달리다, 뛰다
- שָׁחַט (짐승을) 도살하다
- שָׁפַךְ (피를) 흘리다, 쏟다

명사

- אֲרוֹן 법궤, 상자
- אַף 코, 분노
- אוֹצָר 보배, 보물
- בֶּ֫צַע 이익, 이득
- דֶּ֫לֶת 대문, 문짝
- מְאוּמָה 어떤 것
- נֶ֫דֶר 서원, 맹세
- רֵעַ 친구, 동료
- סָרִיס 환관, 관리
- שִׂמְלָה 겉옷, 외투
- תּוֹלְדוֹת 역사, 계통, 족보

기타

- כִּי אִם 하지 않으면, ~을 제외하고(접속사)
- טֶ֫רֶם/בְּטֶ֫רֶם ~전에, 아직 아니 (전치사)

연습문제

1. 다음 히브리어 표현을 번역하라.

(1) הַיֹּשֵׁב בִּירוּשָׁלִַם

(2) שֹׁמְרֵי הַתּוֹרָה יְהוָה

(3) הָאִישׁ הַשֹּׁכֵב עִמָּהּ

(4) הָעִיר עֲזוּבָה

(5) הַשַּׁעַר סָגוּר

(6) כַּאֲשֶׁר כָּתוּב בְּתוֹרַת מֹשֶׁה

(7) הַכֵּלִים שְׁבוּרִים

(8) הַנְּעָרִים הֹלְכִים אֶל־הַמָּקוֹם

(9) הַמְּלָכִים שֹׁלְחִים עַבְדָיו

(10) הָעִיר הַבְּנוּיָה

2. 다음 성경구절을 번역하라.

(1) וַעֲתַלְיָה מֹלֶכֶת עַל־הָאָרֶץ (왕하 11:3)

(2) וּקְבַרְתֶּם אֹתִי בַּקֶּבֶר אֲשֶׁר אִישׁ הָאֱלֹהִים קָבוּר בּוֹ (왕상 13:31)

(3) הֲשֹׁמֵר אָחִי אָנֹכִי (창 4:9)

(4) הָאֲנָשִׁים הָעֹלִים מִמִּצְרַיִם (민 32:11)

(5) רְאֵה אָנֹכִי נֹתֵן לִפְנֵיכֶם הַיּוֹם בְּרָכָה וּקְלָלָה (신 11:26)

(6) קוֹל דְּמֵי אָחִיךָ צֹעֲקִים אֵלַי מִן־הָאֲדָמָה (창 4:10)

(7) כִּי־יוֹדֵעַ יְהוָה דֶּרֶךְ צַדִּיקִים (시 1:6)

(8) וְהָיָה בַּיּוֹם אֲשֶׁר תַּעַבְרוּ אֶת־הַיַּרְדֵּן אֶל־הָאָרֶץ
אֲשֶׁר־יְהוָה אֱלֹהֶיךָ נֹתֵן לָךְ (신 27:2)

(9) הֲשֹׁפֵט כָּל־הָאָרֶץ לֹא יַעֲשֶׂה מִשְׁפָּט (창 18:25)

(10) הַמָּקוֹם אֲשֶׁר אַתָּה עוֹמֵד עָלָיו אַדְמַת־קֹדֶשׁ הוּא (출 3:5)

16장
니팔 스템

1. **니팔(niphal) 스템**이란?

니팔 스템은 수동이나 재귀적인 의미를 표현하는 동사어간변화형의 명칭이다. 이를테면 동사의 칼 스템이 '주다'는 뜻이라면 그 동사의 니팔 스템은 '주어지다'를 뜻한다. 또 '듣다'는 뜻의 칼 스템 동사가 니팔 스템으로 바뀐다면 그 뜻은 '들려지다' 혹은 '자신의 말을 듣다'이다. 니팔 스템은 가끔 '서로의 말을 듣다'는 의미를 뜻하는 식으로 상호적인 의미를 표현하는 수도 있다. 니팔 스템은 동사 어근에 접두사 눈(נ)을 붙이며 모음구조는 기본적으로 '이-아' 소리를 낸다.

2. 니팔 스템의 활용

1) 강동사의 니팔 완료형

	칼	니팔
3남단	קָטַל	נִקְטַל 닉탈 그가 피살되었다

3여단	קָֽטְלָה	נִקְטְלָה	닉텔라	그녀가 피살되었다
2남단	קָטַ֫לְתָּ	נִקְטַ֫לְתָּ	닉탈타	너(남)는 피살되었다
2여단	קָטַלְתְּ	נִקְטַלְתְּ	닉탈트	너(여)는 피살되었다
1공단	קָטַ֫לְתִּי	נִקְטַ֫לְתִּי	닉탈티	나는 피살되었다
3공복	קָֽטְלוּ	נִקְטְלוּ	닉텔루	그들은 피살되었다
2남복	קְטַלְתֶּם	נִקְטַלְתֶּם	닉탈템	너희(남)는 피살되었다
2여복	קְטַלְתֶּן	נִקְטַלְתֶּן	닉탈텐	너희(여)는 피살되었다
1공복	קָטַ֫לְנוּ	נִקְטַ֫לְנוּ	닉탈누	우리는 피살되었다

2) 강동사의 니팔 미완료형

	칼	니팔		
3남단	יִקְטֹל	יִקָּטֵל	익카텔	그는 피살될 것이다
3여단	תִּקְטֹל	תִּקָּטֵל	틱카텔	그녀는 피살될 것이다
2남단	תִּקְטֹל	תִּקָּטֵל	틱카텔	너(남)는 피살될 것이다
2여단	תִּקְטְלִי	תִּקָּֽטְלִי	틱카텔리	너(여)는 피살될 것이다
1공단	אֶקְטֹל	אֶקָּטֵל	엑카텔	나는 피살될 것이다
3남복	יִקְטְלוּ	יִקָּֽטְלוּ	익카텔루	그들(남)은 피살될 것이다
3여복	תִּקְטֹ֫לְנָה	תִּקָּטַ֫לְנָה	틱카탈나	그들(여)는 피살될 것이다
2남복	תִּקְטְלוּ	תִּקָּֽטְלוּ	틱카텔루	너희(남)는 피살될 것이다
2여복	תִּקְטֹ֫לְנָה	תִּקָּטַ֫לְנָה	틱카탈나	너희(여)는 피살될 것이다
1공복	נִקְטֹל	נִקָּטֵל	닉카텔	우리는 피살될 것이다

니팔 미완료형은 접두사 눈이 생략되면서 어근의 첫째 자음에 중복점을 남긴다. 1공단의 '엑카텔'이 '에-아' 소리를 내는 경우를 제외하고 모든 인칭에서 '이-아' 모음구조를 지닌다.

3) 강동사의 니팔 스템 명령형, 부정사, 그리고 분사

명령형	부정사 연계형	부정사 절대형	분사
הִקָּטֵל	הִקָּטֵל	נִקְטוֹל	נִקְטָל
הִקָּטְלִי		הִקָּטוֹל	נִקְטֶלֶת
הִקָּטְלוּ			נִקְטָלִים
הִקָּטַלְנָה			נִקְטָלוֹת

2남단 명령형과 부정사 연계형은 형태가 같고 접두사 히(הִ)가 붙는다. 부정사 절대형은 두 가지를 사용한다. 모음구조는 '이-오'와 '이-아-오'이다. 남성단수 분사형(נִקְטָל)은 눈(נ)이 접두되고 둘째 모음은 카메츠(ָ)이다. 이것은 니팔 완료형(נִקְטַל)과 매우 흡사하다. 하지만 니팔 완료형의 둘째 모음은 파닥(ַ)이고, 이와 달리 분사형은 카메츠(ָ) 모음을 가진다는 차이점이 있다.

4) 약동사의 니팔 스템 활용형[18]

		מָצָא	בָּנָה	עָזַב	נָצַל	יָשַׁב
완료	3남단	נִמְצָא	נִבְנָה	נֶעֱזַב	נִצַּל	נוֹשַׁב
	3여단	נִמְצְאָה	נִבְנְתָה	נֶעֶזְבָה	נִצְּלָה	נוֹשְׁבָה

18 Pratico-van Pelt, 「베이직 비블리칼 히브리어」, 332-8. 여기서는 할로우 동사와 중복자음 동사의 변화표는 빠져 있다. 이에 관해서는 Lambdin, 「성서 히브리어」, 185-6을 보라.

	2남단	נִמְצֵאתָ	נִבְנֵיתָ	נֶעֱזַבְתָּ	נִצַּלְתָּ	נוֹשַׁבְתָּ
	2여단	נִמְצֵאת	נִבְנֵית	נֶעֱזַבְתְּ	נִצַּלְתְּ	נוֹשַׁבְתְּ
	1공단	נִמְצֵאתִי	נִבְנֵיתִי	נֶעֱזַבְתִּי	נִצַּלְתִּי	נוֹשַׁבְתִּי
	3공복	נִמְצְאוּ	נִבְנוּ	נֶעֶזְבוּ	נִצְּלוּ	נוֹשְׁבוּ
	2남복	נִמְצֵאתֶם	נִבְנֵיתֶם	נֶעֱזַבְתֶּם	נִצַּלְתֶּם	נוֹשַׁבְתֶּם
	2여복	נִמְצֵאתֶן	נִבְנֵיתֶן	נֶעֱזַבְתֶּן	נִצַּלְתֶּן	נוֹשַׁבְתֶּן
	1공복	נִמְצֵאנוּ	נִבְנֵינוּ	נֶעֱזַבְנוּ	נִצַּלְנוּ	נוֹשַׁבְנוּ
미완료	3남단	יִמָּצֵא	יִבָּנֶה	יֵעָזֵב	יִנָּצֵל	יִוָּשֵׁב
	3여단	תִּמָּצֵא	תִּבָּנֶה	תֵּעָזֵב	תִּנָּצֵל	תִּוָּשֵׁב
	2남단	תִּמָּצֵא	תִּבָּנֶה	תֵּעָזֵב	תִּנָּצֵל	תִּוָּשֵׁב
	2여단	תִּמָּצְאִי	תִּבָּנִי	תֵּעָזְבִי	תִּנָּצְלִי	תִּוָּשְׁבִי
	1공단	אֶמָּצֵא	אֶבָּנֶה	אֵעָזֵב	אֶנָּצֵל	אִוָּשֵׁב
	3남복	יִמָּצְאוּ	יִבָּנוּ	יֵעָזְבוּ	יִנָּצְלוּ	יִוָּשְׁבוּ
	3여복	תִּמָּצֶאנָה	תִּבָּנֶינָה	תֵּעָזַבְנָה	תִּנָּצַלְנָה	תִּוָּשַׁבְנָה
	2남복	תִּמָּצְאוּ	תִּבָּנוּ	תֵּעָזְבוּ	תִּנָּצְלוּ	תִּוָּשְׁבוּ
	2여복	תִּמָּצֶאנָה	תִּבָּנֶינָה	תֵּעָזַבְנָה	תִּנָּצַלְנָה	תִּוָּשַׁבְנָה
	1공복	נִמָּצֵא	נִבָּנֶה	נֵעָזֵב	נִנָּצֵל	נִוָּשֵׁב
명령형	2남단	הִמָּצֵא	הִבָּנֵה	הֵעָזֵב	הִנָּצֵל	הִוָּשֵׁב
	2여단	הִמָּצְאִי	הִבָּנִי	הֵעָזְבִי	הִנָּצְלִי	הִוָּשְׁבִי
	2남복	הִמָּצְאוּ	הִבָּנוּ	הֵעָזְבוּ	הִנָּצְלוּ	הִוָּשְׁבוּ
	2여복	הִמָּצֶאנָה	הִבָּנֶינָה	הֵעָזַבְנָה	הִנָּצַלְנָה	הִוָּשַׁבְנָה
부정사	연계형	הִמָּצֵא	הִבָּנוֹת	הֵעָזֵב	הִנָּצֵל	הִוָּשֵׁב
	절대형	נִמְצוֹא	נִבְנֹה/הִבָּנֵה	נַעֲזוֹב/הֵעָזוֹב	הִנָּצֵל/נִצּוֹל	×

분사	남단	נִמְצָא	נִבְנֶה	נֶעֱזָב	נִצָּל	נוֹשָׁב
	여단	נִמְצָאָה	נִבְנָה	נֶעֱזֶבֶת	נִצֶּלֶת	נוֹשֶׁבֶת
	남복	נִמְצָאִים	נִבְנִים	נֶעֱזָבִים	נִצָּלִים	נוֹשָׁבִים
	여복	נִמְצָאוֹת	נִבְנוֹת	נֶעֱזָבוֹת	נִצָּלוֹת	נוֹשָׁבוֹת

III–알렙 동사(מָצָא קָרָא)의 니팔은 강동사처럼 규칙적으로 변화한다. 미완료형은 니팔의 특징자음인 '눈'이 첫자음과 동화되어 탈락되고 중복점을 남긴다. 그래서 임마체(יִמָּצֵא) 혹은 익카레(יִקָּרֵא)가 된다.

III–헤 동사(גָּלָה בָּנָה)는 세번째 동사 어근 '헤'가 사라지는 특징을 유지한다. 완료형은 '니'를 접두하여 니브나(נִבְנָה)를 중심으로 변화한다. III–헤의 남성단수 분사형(נִבְנֶה)의 둘째 모음이 세골이라는 점이 눈에 띤다.

I–후음 동사(אָמַן עָזַב)는 완료형의 경우 '니'가 세골모음의 '네'(נֶ)로 바뀌었고 미완료형 변화에서 '눈'이 탈락한 뒤 남아야 할 중복점을 후음에 찍지 못하기 때문에 보상적 장음화현상으로 '히렉'이 '체레'로 바뀐다.

I–눈 동사(נָצַל נָתַן)는 첫번째 어근 자음 '눈'과 니팔의 '눈'이 동화되는 현상이 나타난다. 완료형은 첫째 어근자음 눈이 탈락하고 그 대신 둘째 어근자음 '차데' 혹은 '타브'에 중복점을 남긴다. 미완료형은 어근 자음들이 그대로 남아 있다.

I–요드 동사(יָשַׁב יָלַד)는 첫째 어근 자음 '요드'가 사라지고 '바브'가 나타나 3남단완료형이 노샤브(נוֹשַׁב) 혹은 놀라드(נוֹלַד)로 변화한다. 이유는 이 그룹의 동사들의 원형이 I–바브 동사, 즉 바샤브(וָשַׁב) 발라드(וָלַד)에서 유래했기 때문이다. 미완료형, 명령형, 부정사 연계형은 바브에 중복점에 있으므로 입바셰브(יִוָּשֵׁב), 힙바셰브(הִוָּשֵׁב)로 읽는다.

3. 칼 수동태

칼 수동태는 단순수동을 표현하는데 현재는 아주 소수만 사용된다. 형태는 대개 '우-아'의 모음 구조를 지닌다. 어쩌면 피엘의 수동형인 푸알이나 히필의 수동형인 호팔이 원래 칼 수동태였을 수도 있다.[19] 그러나 니팔 때문에 칼 수동형은 조금씩 사라지게 되었다.[20]

완료		미완료		분사		
לֻקַּח	룩칵흐	יֻקַּח	육칵흐	לֻקָּח	룩칵흐	잡히다
יֻלַּד	율라드	–		יוּלָּד	율라드	태어나다
אֻכַּל	욱칼	–		אֻכָּל	욱칼	먹히다
–		יֻתַּן	윳탄	–		받다

4. 어휘

동사

אָמַן (니팔)믿을 수 있다, 신뢰할 수 있다

הָפַךְ 전복시키다, 파괴하다, 돌리다

חָרָה 뜨겁다, 화를 내다

יָתַר (니팔) 남기다, 남아 있다

גָּלָה 드러내다, 떠나다, 포로로 잡혀가다 (니팔)나타나다, 보여주다, 계시하다

זָנָה 음행하다, 우상숭배하다

יָשַׁע (니팔) 구원을 받다

לָחַם (니팔) 싸우다, 전투하다

---

19 Lambdin, 「성서히브리어」, 248.

20 주옹-무라오카, 「성서 히브리어 문법」, 180-1.

כּוּן (니팔) 견고하다, 세워지다, 확정되다

נָחַם (니팔) 후회하다, 뉘우치다

נָצַל (니팔) 구원을 받다, 구조되다

סָתַר (니팔) 숨다, 자신을 숨기다

שָׂבַע 만족하다, 배부르게 먹다

שָׁכַח 잊다

מָלַט (니팔) 탈출하다, 도망하다

נָצַב (니팔) 서 있다, 확고하다

נָבָא (니팔) 예언하다

רוּץ 달리다

שָׁבַע (니팔) 맹세하다

שָׁמַד (니팔) 파괴되다

명사

זָכָר 남성

מַמְלָכָה 왕국, 통치

רֹעֶה 목자

מִגְרָשׁ 대지, 초장

מִשְׁמָר 가두는 곳, 감옥

שַׂק 자루, 삼베옷

연습문제

1. 다음 히브리어 문장을 번역하라.

(1) נִזְכְּרוּ דִּבְרֵי הַנָּבִיא

(2) תִּשָּׁלֵחַ הַנָּעָרָה מִדְבָּ֫רָה

(3) יִכָּרֵת הַמֶּלֶךְ מֵעַל הַכִּסֵּא

(4) נִבְנֶה בָּתִּים גְּדוֹלִים בָּמָּקוֹם

(5) הֵם נִלְחָמִים אֵ֫צֶל הַבְּאֵר

(6) נִחָמְתִּי עַל־הָרָעָה אֲשֶׁר עָשִׂ֫יתִי

(7) יִנָּתֵן לְךָ כֶּ֫סֶף וְזָהָב

(8) יִכּוֹן מֶ֫לֶךְ הָדָשׁ

(9) וְהָיָה בַבֹּ֫קֶר וְלֹא יִוָּתֵר הַמָּיִם

(10) תִּמָּלֵא כָּל־הָאָ֫רֶץ חָמָס

2. 다음 성경구절을 번역하라.

(1) וַיִּשְׁכַּב דָּוִד עִם־אֲבוֹתָיו וַיִּקָּבֵר בְּעִיר דָּוִד (왕상 2:10)

(2) הִשָּׁמְרוּ לָכֶם פֶּן־תִּשְׁכְּחוּ אֶת־בְּרִית אֱלֹהֵיכֶם
אֲשֶׁר כָּרַת עִמָּכֶם (신 4:23)

(3) בְּגִבְעוֹן נִרְאָה יְהוָה אֶל־שְׁלֹמֹה בַּחֲלוֹם הַלָּיְלָה (왕상 3:5)

(4) אֶת־יְהוָה אֱלֹהֵיךָ תִּירָא וְאֹתוֹ תַּעֲבֹד וּבִשְׁמוֹ תִּשָּׁבֵעַ (신 6:13)

(5) וּכְבוֹד יְהוָה נִרְאָה בְּאֹהֶל מוֹעֵד אֶל־כָּל־בְּנֵי יִשְׂרָאֵל (민 14:10)

(6) כִּי נָבָא אֶל־הָעִיר הַזֹּאת כַּאֲשֶׁר שְׁמַעְתֶּם בְּאָזְנֵיכֶם (렘 26:11)

(7) בֶּן־אָדָם הִנָּבֵא וְאָמַרְתָּ כֹּה אָמַר יְהוָה (겔 30:2)

(8) וָאֵרָא אֶל־אַבְרָהָם אֶל־יִצְחָק וְאֶל־יַעֲקֹב בְּאֵל שַׁדָּי
וּשְׁמִי יְהוָה לֹא נוֹדַעְתִּי (출 6:3)

(9) וְהִנֵּה יְהוָה נִצָּב עָלָיו (창 28:13)

(10) וְנִגְלָה עֲוֹן אֶפְרַיִם וְרָעוֹת שֹׁמְרוֹן (호 7:1)

17장

피엘 스템

1. 피엘(piel) 스템이란?

피엘 스템은 일반적으로 칼 동사의 의미를 강조하는 어간변화형으로 알려져 있다. 그래서 피엘을 '능동의 강조형 동사'라고 소개한다. 그러나 이 스템은 작위적인 의미 즉 자동사나 상태동사를 타동사로 사용하거나, 명사나 형용사에서 파생된 동사를 표현할 때, 그리고 반복되는 동작을 표현할 때 더 흔하게 사용하는 어간변화이다.[21] 이 스템의 형태는 동사 어근의 둘째 자음에 중복점을 찍어 강조적으로 발음하는 것이 특징이다. 기본적인 모음 구조는 완료형에서 '이-에'(히렉-체레), 미완료형에서 '에-아-에'(쉐바-파닥-체레) 소리를 낸다.

1) 작위(타동사화)[22]

칼 קָדַשׁ(거룩하다) → 피엘 קִדֵּשׁ 킷다쉬: ~을 거룩하게 만들다, 즉 성화하다

칼 אָבַד(파멸하다) → 피엘 אִבֵּד 입바드: ~을 파괴하다

칼 לָמַד(배우다) → 피엘 לִמֵּד 림마드: 배우게 하다, 즉 가르치다

---

21 상세한 논의를 위해, Waltke and O'Connor, *An Introduction tot Biblical Hebrew Syntax*, 396–417를 보라. 피엘과 히필은 어느 정도 사역적 의미를 표현한다는 점에서 중복된다. 이 문제를 그들은 피엘이 행동을 초래하기보는 상태를 초래한다(causation in a state than an action)고 봄으로써 해소한다. 그들은 피엘을 작위, 결과, 명사/형용사 유래어, 반복 등으로 분류하여 설명한다.

22 Lambdin, 「성서히브리어」, 190–1.

칼 קַל(가볍다) → 피엘 קִלֵּל 킬렐: 가볍게 하다, 경시하다, 즉, 저주하다

칼 שָׁלֵם(건전하다) → 피엘 שִׁלַּם 쉴람: 건전하게 하다; 보상하다, 보답하다

칼 טָמֵא(더럽다) → 피엘 טִמֵּא 팀메: 더럽히다

칼 כָּלָה(끝나다) → 피엘 כִּלָּה 킬라: 끝내다, 완성하다, 마치다

칼 גָּדַל(거대하다) → 피엘 גִּדֵּל 깃델: 확대하다

칼 בָּעַר(타다) → 피엘 בִּעֵר 비에르: 태우다

칼 מָלֵא(가득차다) → 피엘 מִלֵּא 밀레: 채우다

2) 명사/형용사 유래어

דָּבָר(말) → 피엘 דִּבֶּר 딥베르: 말하다

סֵ֫פֶר(책) → 피엘 סִפֵּר 십페르: 자세히 이야기하다, 이야기하다

בְּרָכָה(축복) → 피엘 בֵּרַךְ 베라크: 축복하다

מִצְוָה(명령) → 피엘 צִוָּה 칩바: 명령하다

זִמְרָה(음악, 노래) → 피엘 זִמֵּר 짐메르: 노래하다, 연주하다

קִנְאָה (질투) → 피엘 קִנֵּא 킨네: 질투하다

שָׁלוֹשׁ(3) → 피엘 שִׁלֵּשׁ 쉴레쉬: 어떤 것을 세 등분하다

3) 강조(결과)

칼 שָׁבַר(깨뜨리다) → 피엘 שִׁבֵּר 쉽베르: 산산조각을 내다

4) 반복[23]

칼 הָלַךְ(걷다, 가다) → 피엘 הִלֵּךְ 힐레크: 이리저리 돌아다니다

칼 צָעַק(울다) → 피엘 צִעֵק 체에크: 계속 흐느끼다, 계속 울다

23 Pratico–van Pelt, 「베이직 비블리칼 히브리어」, 344. 램딘은 이를 '분류되지 않은 의미'로 본다.(「성서히브리어」, 191).

이외에도 **פִּזַּר** (핏자르: 뿔뿔이 흩어버리다), **בִּקֵּשׁ** (빅케쉬: 찾다, 구하다), **גֵּרֵשׁ** (게레쉬: 몰아내다), **מִהַר** (미하르: 서두르다, 재촉하다)도 이런 범주에 속한다.

2. 피엘 동사의 활용

		קָטַל	גָּדַל	שָׁלַח	גָּלָה	הָלַל
완료	3남단	קִטֵּל	גִּדֵּל	שִׁלַּח	גִּלָּה	הִלֵּל
	3여단	קִטְּלָה	גִּדְּלָה	שִׁלְּחָה	גִּלְּתָה	הִלְלָה
	2남단	קִטַּלְתָּ	גִּדַּלְתָּ	שִׁלַּחְתָּ	גִּלִּיתָ	הִלַּלְתָּ
	2여단	קִטַּלְתְּ	גִּדַּלְתְּ	שִׁלַּחַתְּ	גִּלִּית	הִלַּלְתְּ
	1공단	קִטַּלְתִּי	גִּדַּלְתִּי	שִׁלַּחְתִּי	גִּלִּיתִי	הִלַּלְתִּי
	3공복	קִטְּלוּ	גִּדְּלוּ	שִׁלְּחוּ	גִּלּוּ	הִלְלוּ
	2남복	קִטַּלְתֶּם	גִּדַּלְתֶּם	שִׁלַּחְתֶּם	גִּלִּיתֶם	הִלַּלְתֶּם
	2여복	קִטַּלְתֶּן	גִּדַּלְתֶּן	שִׁלַּחְתֶּן	גִּלִּיתֶן	הִלַּלְתֶּן
	1공복	קִטַּלְנוּ	גִּדַּלְנוּ	שִׁלַּחְנוּ	גִּלִּינוּ	הִלַּלְנוּ
미완료	3남단	יְקַטֵּל	יְגַדֵּל	יְשַׁלַּח	יְגַלֶּה	יְהַלֵּל
	3여단	תְּקַטֵּל	תְּגַדֵּל	תְּשַׁלַּח	תְּגַלֶּה	תְּהַלֵּל
	2남단	תְּקַטֵּל	תְּגַדֵּל	תְּשַׁלַּח	תְּגַלֶּה	תְּהַלֵּל
	2여단	תְּקַטְּלִי	תְּגַדְּלִי	תְּשַׁלְּחִי	תְּגַלִּי	תְּהַלְלִי
	1공단	אֲקַטֵּל	אֲגַדֵּל	אֲשַׁלַּח	אֲגַלֶּה	אֲהַלֵּל
	3남복	יְקַטְּלוּ	יְגַדְּלוּ	יְשַׁלְּחוּ	יְגַלּוּ	יְהַלְלוּ
	3여복	תְּקַטֵּלְנָה	תְּגַדֵּלְנָה	תְּשַׁלַּחְנָה	תְּגַלֶּינָה	תְּהַלֵּלְנָה
	2남복	תְּקַטְּלוּ	תְּגַדְּלוּ	תְּשַׁלְּחוּ	תְּגַלּוּ	תְּהַלְלוּ

	2여복	תְּקַטֵּלְנָה	תְּגַדֵּלְנָה	תְּשַׁלַּחְנָה	תְּגַלֶּינָה	תְּהַלֵּלְנָה
	1공복	נְקַטֵּל	נְגַדֵּל	נְשַׁלַּח	נְגַלֶּה	נְהַלֵּל
명령형	2남단	קַטֵּל	גַּדֵּל	שַׁלַּח	גַּלֵּה	הַלֵּל
	2여단	קַטְּלִי	גַּדְּלִי	שַׁלְּחִי	גַּלִּי	הַלְלִי
	2남복	קַטְּלוּ	גַּדְּלוּ	שַׁלְּחוּ	גַּלּוּ	הַלְלוּ
	2여복	קַטֵּלְנָה	גַּדֵּלְנָה	שַׁלַּחְנָה	גַּלֶּינָה	הַלֵּלְנָה
부정사	연계형	קַטֵּל	גַּדֵּל	שַׁלַּח	גַּלֵּה	הַלֵּל
	절대형	קַטֵּל	גַּדּוֹל	שַׁלּוֹחַ	גַּלּוֹת	הַלֵּל
분사	남단	מְקַטֵּל	מְגַדֵּל	מְשַׁלֵּחַ	מְגַלֶּה	מְהַלֵּל
	여단	מְקַטֶּלֶת	מְגַדְּלָה	מְשַׁלְּחָה	מְגַלָּה	מְהַלֶּלֶת
	남복	מְקַטְּלִים	מְגַדְּלִים	מְשַׁלְּחִים	מְגַלִּים	מְהַלְלִים
	여복	מְקַטְּלוֹת	מְגַדְּלוֹת	מְשַׁלְּחוֹת	מְגַלּוֹת	מְהַלְלוֹת

강동사 카탈(קָטַל)의 피엘 완료 3남단은 킷텔('이-에' 모음)이고 미완료 3남단은 예카텔('예-아-에' 모음)이다. 명령형, 부정사, 분사 모두 '아-에' 모음 구조를 유지한다. 특별히 피엘 분사형은 멤을 접두 시킨다는 특징이 있다. 상태동사 가달(גָּדַל 거대하다)의 피엘은 '확대하다'는 뜻이다. 샬락흐(שָׁלַח)의 피엘은 '보내버리다, 쫓아내다, 자유로이 가게 하다'는 뜻으로 쓰이며 부정사 절대형은 파닥을 헤트보다 먼저 읽어야 하므로 '샬레악흐', 분사형은 '메샬레악흐'로 읽는다. 갈라(גָּלָה)의 피엘은 '드러내다, 폭로하다'를 뜻한다. 할랄(הָלַל)의 피엘은 '찬양하다'는 뜻이다. 완료 3공복, 미완료 3남복, 2남복, 명령형 2여단, 2남복의 둘째 자음 라멧에는 중복점이 없다. 명령형은 각각 '할렐, 할렐리, 할렐루, 할렐나'로 읽는다.

한편, II-후음 동사는 후음 때문에 보상적 장음화와 가상중복 현상으로 인해 위의 피엘 변화와 약간 다른 모음 변화를 한다.

	완료	미완료	명령형	부정사 연계형	부정사 절대형	분사
בִּעֵר 태우다	בִּעֵר	יְבַעֵר	בַּעֵר	בַּעֵר	בַּעוֹר	מְבַעֵר
בֵּרֵךְ 축복하다	בֵּרֵךְ	יְבָרֵךְ	בָּרֵךְ	בָּרֵךְ	בָּרוֹךְ/בָּרֵךְ	מְבָרֵךְ
נִחַם 위로하다	נִחַם	יְנַחֵם	נַחֵם	נַחֵם	נַחֵם	מְנַחֵם

비에르(בִּעֵר)의 둘째 자음 아인은 후음이므로 피엘 스템의 특징인 중복점을 찍지 않고 보상적 장음화를 일으켜야 하지만 이 동사는 첫 자음 베트 아래에서 히렉 모음을 유지한다. 베레크(בֵּרֵךְ)는 둘째 자음 레쉬의 특징 때문에 첫째 자음 베트의 모음을 체레로 장음화한다. 닉함(נִחַם)은 둘째 자음 헤트가 후음이지만 가상중복의 효과가 있으므로 첫째 자음 눈의 모음을 히렉으로 유지한다.

4. 어휘

동사

בִּעֵר (בָּעַר 피엘) 태우다, 완전히 제거하다

בֵּרֵךְ (ברךְ 피엘) 축복하다

גֵּרֵשׁ (גָּרַשׁ 피엘) 쫓아내다, 몰아내다

גּוּר 체류하다, 이방인으로 살다

הִלֵּל (הָלַל 피엘) 찬양하다

בֵּרֵךְ (ברךְ 피엘) 축복하다

בִּקֵּשׁ (בָּקַשׁ 피엘) 찾다, 조사하다

גִּדֵּל (גָּדַל 피엘) 확대하다

דִּבֶּר (דבר 피엘) 말하다, 이야기하다

גִּלָּה (גָּלָה 피엘) 드러내다, 폭로하다

בֵּרֵךְ (ברךְ 피엘) 축복하다

כִּסָּה (כָּסָה 피엘) 숨기다, 은폐하다

נִאֵץ (ברךְ 피엘) 배척하다, 멸시하다

נִבֵּט (ברךְ 피엘)축보다, 응시하다

נִחַם (ברךְ 피엘) 위로하다, 후회하다

עִנָּה (ברךְ 피엘) 압박하다, 위반하다

קִטֵּר (ברךְ 피엘) 번제를 드리다

שָׁחַט 학살하다, 죽이다, 도축하다

לִמַּד (לָמַד 피엘) 가르치다

מֵאֵן (מאן 피엘) 거절하다

סִפֵּר (סָפַר 피엘) 상세히 말하다

עָזַר 돕다, 지원하다

קָנָה 얻다, 사다, 만들다

צִוָּה (צוה 피엘) 명령하다

שֵׁרֵת (שָׁרַת 피엘) 봉사하다, 관리하다

명사

יָמִין 오른쪽

כָּנָף 날개

נָהָר 강

שֵׂיבָה 센 머리털, 백발

שְׂמֹאל 왼쪽

נַחֲלָה 기업, 유산, 상속

עַמּוּד 기둥

שֶׁקֶר 거짓말, 허위

연습문제

1. 다음 히브리어 문장을 번역하라.

(1) וַיְדַבֵּר הַמֶּ֫לֶךְ לַנָּבִיא כַּדְּבָרִים הָאֵ֫לֶּה

(2) וַיְסַפֵּר אֶת־הַחֲלוֹם אֶל־אָבִיהוּ

(3) לַמֵּד אֶת־הַתּוֹרָה אֶל־הַנַּ֫עַר

(4) אֲהַלְלָה אֹתְךָ מֵעַתָּה וְעַד־עוֹלָם

(5) וַיְצַו אֹתִי לָתֵת הַסֵּ֫פֶר

(6) שַׁלַּח אֶת־עַמִּי מֵאַרְצְךָ

(7) אֶת־מִי אַתְּ תְּבַקְשִׁי

(8) דַּבְּרוּ אֶל־הָאֲנָשִׁים

(9) שִׁבְּרוּ הַמְּלָכִים אֶת־הָעִיר

(10) וַיְכַס אֶת־פָּנָיו

2. 다음 성경구절을 번역하라.

(1) נַחֲמוּ נַחֲמוּ עַמִּי יֹאמַר אֱלֹהֵיכֶם (사 40:1)

(2) וַיַּעַשׂ נֹחַ כְּכֹל אֲשֶׁר צִוָּה אֹתוֹ אֱלֹהִים (창 6:22)

(3) וְעַתָּה יִשְׂרָאֵל שְׁמַע אֶל־הַחֻקִּים וְאֶל־הַמִּשְׁפָּטִים
אֲשֶׁר אָנֹכִי מְלַמֵּד אֶתְכֶם לַעֲשׂוֹת (신 4:1)

(4) לֹא תֹסִפוּ עַל־הַדָּבָר אֲשֶׁר אָנֹכִי מְצַוֶּה אֶתְכֶם
וְלֹא תִגְרְעוּ מִמֶּנּוּ (신 4:2)

(5) וַיְהִי כַּאֲשֶׁר כִּלָּה יִצְחָק לְבָרֵךְ אֶת־יַעֲקֹב (창 27:30)

(6) וַיְבָרֶךְ אֹתָם אֱלֹהִים וַיֹּאמֶר לָהֶם אֱלֹהִים
פְּרוּ וּרְבוּ וּמִלְאוּ אֶת־הָאָרֶץ (창 1:28)

(7) מִי יְהוָה אֲשֶׁר אֶשְׁמַע בְּקֹלוֹ לְשַׁלַּח אֶת־יִשְׂרָאֵל
לֹא יָדַעְתִּי אֶת־יְהוָה (출 5:2)

(8) וְכָל־הָאָרֶץ מְבַקְשִׁים אֶת־פְּנֵי שְׁלֹמֹה לִשְׁמֹעַ אֶת־חָכְמָתוֹ
אֲשֶׁר־נָתַן אֱלֹהִים בְּלִבּוֹ (왕상 10:24)

(9) וְאֶת־אֶלְעָזָר בְּנוֹ קִדְּשׁוּ לִשְׁמֹר אֶת־אֲרוֹן יְהוָה (삼상 7:1)

(10) וַיָּקוּמוּ שָׂרֵי מוֹאָב וַיָּבֹאוּ אֶל־בָּלָק
וַיֹּאמְרוּ מֵאֵן בִּלְעָם הֲלֹךְ עִמָּנוּ (민 22:14)

18장

푸알 스템과 동사에 붙는 대명사접미어

1. **푸알(Pual) 스템**이란?

푸알 스템은 피엘 스템의 수동형을 뜻한다.[24] 특징은 둘째 어근 자음에 중복점을 찍어 강조적으로 발음하고 모음 구조는 '우–아'(키부츠–파닥)이다. 푸알은 주로 완료, 미완료, 분사로 사용하고, 명령형과 부정사는 거의 사용하지 않는다. 분사는 피엘 스템처럼 멤을 접두시킨다. 푸알 스템은 피엘처럼 작위, 결과, 명사/형용사 파생어, 반복 등의 의미를 표현한다.

피엘			푸알[25]		
גִּדֵּל	깃델	그는 위대했다	גֻּדַּל	굿달	그는 위대해졌다
בִּקֵּשׁ	빅케쉬	그는 발견했다	בֻּקַּשׁ	북카쉬	그는 발견되었다
הִלֵּל	힐렐	그는 찬미했다	הֻלַּל	훌랄	그는 찬미를 받았다

24 칼의 수동태는 니팔이 아니라 칼 수동태라는 형태가 별도로 존재한다. 참조. Waltke–O'connor, *Biblical Hebrew Syntax*, 418.

25 Lambdin, 「성서히브리어」, 202.

다음은 푸알 스템의 활용표이다.

		קָטַל	ברך	נחם	גָּלָה
완료	3남단	קֻטַּל 쿳탈	בֹּרַךְ 보라크	נֻחַם 눅함	גֻּלָּה 굴라
	3여단	קֻטְּלָה	בֹּרְכָה 보레카	נֻחֲמָה 눅하마	גֻּלְּתָה 굴레타
	2남단	קֻטַּלְתָּ	בֹּרַכְתָּ 보락타	נֻחַמְתָּ 눅함타	גֻּלֵּיתָ 굴레타
	2여단	קֻטַּלְתְּ	בֹּרַכְתְּ 보락트	נֻחַמְתְּ 눅함트	גֻּלֵּית 굴레트
	1공단	קֻטַּלְתִּי	בֹּרַכְתִּי 보락티	נֻחַמְתִּי 눅함티	גֻּלֵּיתִי 굴레티
	3공복	קֻטְּלוּ	בֹּרְכוּ 보레쿠	נֻחֲמוּ 눅하무	גֻּלּוּ 굴루
	2남복	קֻטַּלְתֶּם	בֹּרַכְתֶּם 보락템	נֻחַמְתֶּם 눅함템	גֻּלֵּיתֶם 굴레템
	2여복	קֻטַּלְתֶּן	בֹּרַכְתֶּן 보락텐	נֻחַמְתֶּן	גֻּלֵּיתֶן
	1공복	קֻטַּלְנוּ	בֹּרַכְנוּ 보라크누	נֻחַמְנוּ 눅함누	גֻּלֵּינוּ 굴레누
미완료	3남단	יְקֻטַּל	יְבֹרַךְ 예보락	יְנֻחַם 예눅함	יְגֻלֶּה 예굴레
	3여단	תְּקֻטַּל	תְּבֹרַךְ	תְּנֻחַם	תְּגֻלֶּה
	2남단	תְּקֻטַּל	תְּבֹרַךְ	תְּנֻחַם	תְּגֻלֶּה
	2여단	תְּקֻטְּלִי	תְּבֹרְכִי 테보레키	תְּנֻחֲמִי 테눅하미	תְּגֻלִּי 테굴리
	1공단	אֲקֻטַּל	אֲבֹרַךְ	אֲנֻחַם	אֲגֻלֶּה
	3남복	יְקֻטְּלוּ	יְבֹרְכוּ	יְנֻחֲמוּ	יְגֻלּוּ
	3여복	תְּקֻטַּלְנָה 테쿳탈나	תְּבֹרַכְנָה 테보라크나	תְּנֻחַמְנָה 테눅함나	תְּגֻלֶּינָה 테굴레나
	2남단	תְּקֻטְּלוּ	תְּבֹרְכוּ	תְּנֻחֲמוּ	תְּגֻלּוּ
	2여복	תְּקֻטַּלְנָה	תְּבֹרַכְנָה	תְּנֻחַמְנָה	תְּגֻלֶּינָה
	1공복	נְקֻטַּל	נְבֹרַךְ	נְנֻחַם	נְגֻלֶּה
분사	남단	מְקֻטָּל 메쿳탈	מְבֹרָךְ 메보라크	מְנֻחָם 메눅함	מְגֻלֶּה 메굴레

	여단	מְקֻטֶּ֫לֶת	מְבֹרֶ֫כֶת	מְנֻחֶ֫מֶת	מְגֻלָּה
	남복	מְקֻטְּלִים	מְבֹרָכִים	מְנֻחָמִים	מְגֻלִּים
	여복	מְקֻטְּלוֹת	מְבֹרָכוֹת	מְנֻחָמוֹת	מְגֻלּוֹת

바라크 동사의 푸알은 첫 자음의 모음이 키부츠('우')가 아니라 홀렘('오')이라는 점에 유의해야 한다. 피엘처럼 분사형에는 항상 멤이 접두된다. 분사에 멤을 접두시키는 현상은 칼과 니팔을 제외한 나머지 스템들 즉, 피엘, 푸알, 히필, 호팔, 히트파엘에 항상 나타난다.

2. 동사 어미에 붙는 대명사 접미사

대명사 접미사는 자주 동사의 활용형, 즉 완료, 미완료, 명령, 부정사 연계형 등에 붙어서 표현된다. 앞서 14과에서 부정사 연계형을 학습할 때 일부를 다룬 적이 있다. 여기서는 동사 어미에 붙는 대명사 접미사의 모양을 개괄적으로 학습할 것이다.

זָכַרְתִּי אֹתוֹ → זְכַרְתִּיהוּ

자카르티 오토 → 자카르티후 (זָכַר 완료 1공단 + 3남단 대명사접미사)

→ 내가 그를 기억했다.

שָׁפַט אֹתָנוּ → שְׁפָטָנוּ

쉐파트 오타누 → 쉐파테누 (שָׁפַט 완료 3남단 + 1공복 대명사접미사)

→ 그가 우리를 심판했다.

만일 동사 어미에 대명사 접미사가 붙은 형태를 만난다면 먼저, 그 동사가 어떤 활용형(완료, 미완료, 명령형, 부정사)인지 분별하고, 이어서 대명사 접미사가 동사의 목적격으로서 어떤 인칭, 성, 수를 표현하는지를 확인해야 한다. 부정사 연계형에 대명사 접미사가 붙은 경우라면 그 대명사가 동사의 목적격인지 주격인지를 분별해야 한다.

여기서 우리는 이 대명사 접미사들을 붙이는 방법이나 그것들을 동사형에 접미시킴으로서 발생하는 강세의 이동이나 모음변화에 주안점을 두지 않을 것이다. 그래서 동사의 인칭, 성, 수에 따라 변화와 대명사접미사가 붙은 도표를 제시하지 않을 것이다.

동사에 붙는 대명사 접미사는 8과에서 학습한 명사와 전치사에 붙는 대명사 접미사 유형과 크게 다르지 않다. 아래 도표를 보라.

	동사에 붙는 대명사 접미사	의미
1공단	◌ִי/נִי −이/−니	나를
2남단	ךָ −카	너(남)를
2여단	ךְ −크	너(여)를
3남단	וֹ/הוּ −오/후	그를
3여단	◌ָהּ/הָ −아/−하	그녀를
1공복	נוּ −누	우리를
2남복	כֶם −켐	너희(남)를
2여복	כֶן −켄	너희(여)를
3남복	הֶם/ם −헴/ㅁ	그들(남)을
3여복	הֶן/ן −헨/ㄴ	그들(여)을

다음의 대명사접미사를 가진 동사들과 그것을 분해하는 사례를 살펴보라.

1) **완료형+ 대명사접미사**

שְׁמָרְךָ 쉐마레카: 샤마르+에**카** = 그가 너를 지켰다.

מְצָאַנִי 메차**아**니: 마차+아니 = 그가 나를 만났다

בִּקֶּשְׁךָ 빅케쉬**카**: 빅케쉬(바카쉬 피엘완료3남단)+카 = 그가 너를 찾았다

שְׁמַרְתַּנִי 쉐마르**타**니: 샤마르타(완료 2남단)+니 = 너(남)는 나를 지켰다

שְׁמַרְתָּם 쉐마르**탐**: 쉐마르타(완료 2남단)+ㅁ = 너(남)는 그들(남)을 지켰다.

עֲזַבְתְּנִי 아자**바**트니: 아자바트(완료 2여단)+니 = 너(여)는 나를 버렸다.

שְׁמָרוּנִי 쉐마**루**니: 샤마루(완료 3공복)+니 = 그들은 나를 지켰다.

2) **미완료형+대명사 접미사**

יִשְׁמְרוּנִי 이쉬메**루**니: 이쉬메루(미완료 3남복)+니 = 그들(남)은 나를 지킬 것이다.

יִלְמָדוּהוּ 일마**두**후: 일마두(미완료 3남복)+후 = 그들(남)은 그것을 배울 것이다.

완료형의 동사어미(단수: 아-타-트-티, 복수: 우-템-텐-누)와 미완료형 접두사들(단수: 이-티-티-티/이-에, 복수: 이/우-티/나-티/우-티/나-니)을 기억하면 이 어미들 이후에 추가되는 것은 모두 대명사접미사들이라고 보면 된다.

3) **명령형+대명사 접미사**

שָׁמְרֵנִי 쇼므**레**니: 쇼므레(명령2남단)+니 = (너는) 나를 지켜라.

שְׁמָעוּנִי 쉐마**우**니: 쉬므우(명령2남복)+니 = (너희들은) 나를 지켜라.

בַּקְּשׁוּהוּ 박케**슈**후: 박케슈(바카쉬 피엘 명령2남복)+후 = (너희들은) 그를 구하라.

3. 어휘

동사

חָזָה	(환상을) 보다	מָשַׁח	(기름을)바르다
חָלָה	병들다, 아프다	רָחַץ	씻다, 목욕하다
לִין	밤을 지새다, 묵다	עוּר	잠에서 깨다, 일어나다
מָאַס	거절하다, 멸시하다	עָרַךְ	진열하다, 쌓아올리다

명사

חָיָּה	동물, 짐승	עוֹד	힘, 권력
חֵ֫לֶב	지방, 기름, 장점	פֶּ֫שַׁע	죄, 반역, 범죄
חֲמוֹר	나귀	שִׂמְחָה	즐거움, 기쁨
יֶ֫תֶר	나머지, 초과분		

연습문제

1. 다음 히브리어 문장을 번역하라.

(1) וַיַּ֫עַשׂ הַמֶּ֫לֶךְ כַּאֲשֶׁר צִוָּה

(2) וַאֲבָרֲכָה מְבָרְכֶיךָ

(3) אַתְּ תְּבֹרְכִי מִנָּשִׁים

(4) סִפֵּר אֶת־הַחַזוֹן אֶל־הָעָם

(5) סֻפַּר הַחַזוֹן אֶל־הָעָם

(6) יְסַפֵּר אֶת־הַחַזוֹן אֶל־הַכֹּהֵן

(7) יְסֻפַּר הַחַזוֹן אֶל־הַכֹּהֵן

2. 다음 성경구절을 번역하라.

(1) וַיְכֻסּוּ כָּל־הֶהָרִים הַגְּבֹהִים אֲשֶׁר־תַּחַת כָּל־הַשָּׁמָיִם (창 7:19)

(2) יְהִי שֵׁם יְהוָה מְבֹרָךְ מֵעַתָּה וְעַד־עוֹלָם (시 113:2)

(3) כִּי מְבֹרָכָיו יִירְשׁוּ אָרֶץ וּמְקֻלָּלָיו יִכָּרֵתוּ (시 37:22)

(4) וַיְכֻלּוּ הַשָּׁמַיִם וְהָאָרֶץ וְכָל־צְבָאָם (창 2:1)

(5) יֻלַּד־בֵּן לְנָעֳמִי וַתִּקְרֶאנָה שְׁמוֹ עוֹבֵד (룻 4:17)

(6) וָאֲדַבֵּר אֶל־הָעָם בַּבֹּקֶר וַתָּמָת אִשְׁתִּי בָּעָרֶב
וָאַעַשׂ בַּבֹּקֶר כַּאֲשֶׁר צֻוֵּיתִי (겔 24:18)

(7) כְּאִישׁ אֲשֶׁר אִמּוֹ תְּנַחֲמֶנּוּ כֵּן אָנֹכִי אֲנַחֶמְכֶם
וּבִירוּשָׁלַםִ תְּנֻחָמוּ (사 66:13)

19장

히필 스템

1. **히필(hiphil) 스템**이란?

히필 스템은 동사의 사역형(causative)을 말한다. 특징은 완료형의 경우, 동사어간에 히(הִ)를 접두시키고, 둘째 어간 자음과 셋째 어간 자음 사이에 히렉 요드(ִי)를 삽입한다. 이로 인해 기본어간은 길어지는 형태이다. 그러나 미완료형에서는 히(הִ)가 사라지고 대신에 미완료 접두자음, 요드(י)와 타브(ת), 알렙(א)과 눈(נ)에 파닥 모음(ַ)을 붙인 형태, 즉 야(יַ), 타(תַּ), 아(אַ), 나(נַ)로 시작하고, 둘째 어간 자음과 셋째 어간 자음 사이에는 히렉 요드를 삽입하는 형태이다. 히렉 요드가 사라지는 경우에는 히렉 요드 모음이 파닥(ַ)이나 체레(ֵ)로 바뀐다.

2. 히필 스템의 의미

1) **사역**

זָכַר 자카르 기억하다 → הִזְכִּיר 히즈키르 기억나게 하다, 일러주다, 언급하다

שָׁמַע 샤마 듣다 → הִשְׁמִיעַ 히쉬미아 듣게 하다, 알려주다, 선포하다

מָלַךְ 말라크 왕이 되다 → הִמְלִיךְ 히믈리크 왕으로 삼다

2) **명사나 형용사 파생어**[26]

אֹ֫זֶן 오젠 귀 → הֶאֱזִין 헤에진 귀를 기울이다, 듣다

עֶ֫רֶב 에렙 저녁 → הֶעֱרִיב 헤에리브 어떤 일을 저녁에 하다

3) 히필 스템으로 **단순능동**의 의미를 표현하는 동사[27]

שָׁכַם 샤캄 (칼 형태 없음) → הִשְׁכִּים 히쉬킴 아침 일찍 행하다

שָׁלַךְ 샬라크 (칼 형태 없음) → הִשְׁלִיךְ 히쉴리크 던지다

4) **선언**: 주어가 목적어가 어떤 상황이라고 선언할 때를 표현하는 경우

רָשַׁע 라샤 죄가 있다, 가책하다 → הִרְשִׁיעַ 히르쉬아 가책을 느끼게 하다,
유죄를 선언하다

5) **작위**: 자동사를 타동사로 만드는 경우[28]

עָבַר 아바르 건너다 → הֶעֱבִיר 헤에비르 통과하게 하다

יָצָא 야차 나가다 → הוֹצִיא 호치 나가게 하다, 이끌어내다

בָּא/בּוֹא 들어가다 → הֵבִיא 헤비 들어가게 하다

6) **분류되지 않은 의미**: 피엘 스템과 같은 의미를 히필 스템으로 표현하는 동사도 있고, 허락의 의미도 있으며 유형을 구분하기 어렵지만 히필스템을 사용하는 동사도 있다.

---

26 Lamdin, 「성서히브리어」, 210.

27 Pratico, van Pelt, 382. 이하의 3항과 4항.

28 Practico, van Pelt, 382. 사례는 Lamdin, 209의 것이다.

3. 히필 스템의 변화표

		קָטַל	שָׁלַח	יָשַׁב	קוּם	נָצַל
완료	3남단	הִקְטִיל	הִשְׁלִיחַ	הוֹשִׁיב	הֵקִים	הִצִּיל
	3여단	הִקְטִ֫ילָה	הִשְׁלִ֫יחָה	הוֹשִׁ֫יבָה	הֵקִ֫ימָה	הִצִּ֫ילָה
	2남단	הִקְטַ֫לְתָּ	הִשְׁלַ֫חְתָּ	הוֹשַׁ֫בְתָּ	הֲקִימ֫וֹתָ	הִצַּ֫לְתָּ
	2여단	הִקְטַלְתְּ	הִשְׁלַ֫חַת	הוֹשַׁבְתְּ	הֲקִימוֹת	הִצַּלְתְּ
	1공단	הִקְטַ֫לְתִּי	הִשְׁלַ֫חְתִּי	הוֹשַׁ֫בְתִּי	הֲקִימ֫וֹתִי	הִצַּ֫לְתִּי
	3공복	הִקְטִ֫ילוּ	הִשְׁלִ֫יחוּ	הוֹשִׁ֫יבוּ	הֵקִ֫ימוּ	הִצִּ֫ילוּ
	2남복	הִקְטַלְתֶּם	הִשְׁלַחְתֶּם	הוֹשַׁבְתֶּם	הֲקִימוֹתֶם	הִצַּלְתֶּם
	2여복	הִקְטַלְתֶּן	הִשְׁלַחְתֶּן	הוֹשַׁבְתֶּן	הֲקִימוֹתֶן	הִצַּלְתֶּן
	1공복	הִקְטַ֫לְנוּ	הִשְׁלַ֫חְנוּ	הוֹשַׁ֫בְנוּ	הֲקִימ֫וֹנוּ	הִצַּ֫לְנוּ
미완료	3남단	יַקְטִיל	יַשְׁלִיחַ	יוֹשִׁיב	יָקִים	יַצִּיל
	3여단	תַּקְטִיל	תַּשְׁלִיחַ	תּוֹשִׁיב	תָּקִים	תַּצִּיל
	2남단	תַּקְטִיל	תַּשְׁלִיחַ	תּוֹשִׁיב	תָּקִים	תַּצִּיל
	2여단	תַּקְטִ֫ילִי	תַּשְׁלִ֫יחִי	תּוֹשִׁ֫יבִי	תָּקִ֫ימִי	תַּצִּ֫ילִי
	1공단	אַקְטִיל	אַשְׁלִיחַ	אוֹשִׁיב	אָקִים	אַצִּיל
	3남복	יַקְטִ֫ילוּ	יַשְׁלִ֫יחוּ	יוֹשִׁ֫יבוּ	יָקִ֫ימוּ	יַצִּ֫ילוּ
	3여복	תַּקְטֵ֫לְנָה	תַּשְׁלַ֫חְנָה	תּוֹשֵׁ֫בְנָה	תְּקִימֶ֫ינָה	תַּצֵּ֫לְנָה
	2남복	תַּקְטִ֫ילוּ	תַּשְׁלִ֫יחוּ	תּוֹשִׁ֫יבוּ	תָּקִימוּ	תַּצִּ֫ילוּ
	2여복	תַּקְטֵ֫לְנָה	תַּשְׁלַ֫חְנָה	תּוֹשֵׁ֫בְנָה	תְּקִימֶ֫ינָה	תַּצֵּ֫לְנָה
	1공복	נַקְטִיל	נַשְׁלִיחַ	נוֹשִׁיב	נָקִים	נַצִּיל
명령	2남단	הַקְטֵל	הַשְׁלַח	הוֹשֵׁב	הָקֵם	הַצֵּל

	2여단	הַקְטִילִי	הַשְׁלִיחִי	הוֹשִׁיבִי	הָקִימִי	הַצִּילִי
	2남복	הַקְטִילוּ	הַשְׁלִיחוּ	הוֹשִׁיבוּ	הָקִימוּ	הַצִּילוּ
	2여복	הַקְטֵלְנָה	הַשְׁלַחְנָה	הוֹשֵׁבְנָה	הָקֵמְנָה	הַצֵּלְנָה
부정사	연계형	הַקְטִיל	הַשְׁלִיחַ	הוֹשִׁיב	הָקִים	הַצִּיל
	절대형	הַקְטֵל	הַשְׁלֵחַ	הוֹשֵׁב	הָקֵם	הַצֵּל
분사	남단	מַקְטִיל	מַשְׁלִיחַ	מוֹשִׁיב	מֵקִים	מַצִּיל
	여단	מַקְטֶלֶת	מַשְׁלַחַת	מוֹשֶׁבֶת	מְקִימָה	מַצֶּלֶת
	남복	מַקְטִילִים	מַשְׁלִיחִים	מוֹשִׁיבִים	מְקִימִים	מַצִּילִים
	여복	מַקְטִילוֹת	מַשְׁלִיחוֹת	מוֹשִׁיבוֹת	מְקִימוֹת	מַצִּילוֹת

강동사의 히필 명령형은 헤(ה)로 시작하고 분사형은 멤(מ)을 접두시킨다. 약동사의 경우들은 모음변화를 일으킨다. III-헷 동사는 마지막 자음 헷(ח)의 모음 파닥을 먼저 발음해야 경우가 있음을 주의해야 한다. I-요드 동사는 니팔 스템의 경우처럼 요드(י)가 사라지고 바브(ו)가 등장하며 첫 음절의 모음을 '오'(וֹ)를 유지한다(호쉬브, 요쉬브). 이 동사군은 원래 첫 자음이 바브였기 때문이다.

할로우 동사 쿰(קוּם)의 경우, 2인칭과 1인칭에서 접미주어 -타, -트, -티와 어근을 연결하는 모음 '오'(וֹ)가 등장하는 것을 볼 수 있다. 그러나 연결모음 '오'가 나타나지 않은 채 변화하는 경우도 있다. 헤킴(הֵקִים), 헤키마(הֵקִימָה), 헤캄타(הֵקַמְתָּ), 헤캄트(הֵקַמְתְּ), 헤캄티(הֵקַמְתִּי). I-눈 동사의 경우 첫 어근 자음 눈은 모든 활용에서 둘째 어근 자음 차데에 중복점을 남기고 사라진다.

위 도표에 싣지 않았지만 I-후음 동사, 이를 테면 "서다"는 뜻의 아마드(עָמַד)나 "지나가다"는 뜻의 아바르(עָבַר) 같은 동사는 히필 완료형의 첫 자음 헤의 모음을 히렉(◌ִ)이 아니라 세골(◌ֶ)을 취한다. 그래서 3남단 완료형이 각각 헤에미드(הֶעֱמִיד), 헤에비르

(הֶעֱבִיר)를 기본으로 인칭변화를 한다. 그러나 미완료형은 다른 히필 미완료와 똑같이 야아미드(יַעֲמִיד), 야아비르(יַעֲבִיר)로부터 인칭변화를 한다.

4. 어휘

동사

הֶאֱבִיד	(אבד 히필) 파괴하다, 죽이다	הוֹלִיד	(ילד 히필)(아이를) 낳다
הֶאֱמִין	(אמן 히필) 믿다, 신뢰하다	הוֹדִיעַ	(ידע 히필) 가르치다, 선언하다
הֶעֱבִיר	(עבר 히필) 통과시키다	הוֹצִיא	(יצא 히필) 데리고 나오다
הֶעֱמִיד	(עמד 히필) 배치하다, 놓다	הוֹסִיף	(יסף 히필) 다시하다, 계속하다
הִקְרִיב	(קרב 히필) 접근시키다	הוֹשִׁיעַ	(ישׁע 히필) 구하다, 구원하다
הִבִּיט	(נבט 히필) 보다	הוֹכִיחַ	(יכח 히필) 꾸짖다, 비난하다
הִגִּיד	(נגד 히필) 말하다	הִכָּה	(נכה 히필) 치다, 죽이다
הִצִּיל	(נצל 히필) 구조하다, 구하다	הוֹדָה	(ידה 히필) 감사하다
הִסְתִּיר	(סתר 히필) 숨기다, 감추다	הֶגְלָה	(גלה 히필) 유배보내다
הוֹשִׁיב	(ישב 히필) 거주하게 하다	הֶחֱרִים	(חרם 히필) 파괴하다
הֵבִיא	(בּוֹא 히필) 데리고 오다	הֵכִין	(כּוּן 히필) 준비하다, 확립하다
הֵחֵל	(חלל 히필) 시작하다	הֵבִין	(בִּין 히필) 지각하다, 이해하다
הִשְׁבִּיעַ	(שׁבע 히필) 맹세하게 하다	הֵשִׁיב	(שׁוּב 히필) 가지고 돌아오다

명사

חָלָב	우유, 젖	מַטֶּה	지팡이, 막대기, 부족/지파
דְּבַשׁ	꿀	כַּף	손바닥/발바닥
אוֹת	표적, 징조	פֶּסֶל	우상, 상(像)
דּוֹר	세대	שְׁבוּעָה	맹세
גָּג	지붕	חוֹמָה	성벽

연습문제

1. 다음 히브리어 문장을 번역하라.

(1) הִשְׁמִ֫ידוּ אֶת־עָרֵי הָאָ֫רֶץ

(2) הַשְׁמִ֫יד אֶת־מִזְבְּחוֹת הַעָם

(3) אַגְדִּיל אֶת־שִׁמְךָ הַקָּדוֹשׁ

(4) וַיַּ֫גִּיד לָהֶם אֶת־הַחֲלוֹם

(5) לָ֫מָּה תַּסְתֵּר הַדְּבָרִים אֲשֶׁר צִוָּה אֱלֹהִים

(6) לֹא אוֹסִיף עוֹד לַעֲשׂוֹת חֶ֫סֶד בַּיָּמִים הָהֵם

(7) הוֹשִׁ֫יעָה אֹתָם יְהוָה

(8) וַיַּךְ אֶת־הָאֲנָשִׁים וַיַּהֲרֹג אֹתָם

(9) וַיֶּגֶל אֶת־יֹשְׁבֵי הֶעָרִים

(10) לֹא הֵבִינוּ אֶת־הַדְּבָרִים אֲשֶׁר שָׁמְעוּ

(11) וַיַּשְׁכֵּם הָאִישׁ לָלֶכֶת בַּבֹּקֶר לָשׁוּב אֶל־בֵּיתוֹ

(12) וְהַנַּעַר מִהֵר וַיָּבוֹא וַיַּגֵּד אֶת־הַדְּבָרִים לַמֶּלֶךְ

(13) מַדּוּעַ הִכֵּיתָ אֶת־הַדָּל לַהֲרֹג אֹתוֹ

(14) הִשְׁלִיךְ אֶת־הָרוּחַ הַגְּדוֹלָה בַּיָּם

(15) הָבֵא אֵלֵינוּ מַיִם וְלֶחֶם

2. 다음 성경구절을 번역하라.

(1) וַיַּצֵּל דָּוִד אֵת כָּל־אֲשֶׁר לָקְחוּ עֲמָלֵק
וְאֶת־שְׁתֵּי נָשָׁיו הִצִּיל דָּוִד (삼상 30:18)

(2) וּשְׁתֵּים עֶשְׂרֵה אֲבָנִים הֵקִים יְהוֹשֻׁעַ בְּתוֹךְ הַיַּרְדֵּן (수 4:9)

(3) וַיּוֹשֵׁב יוֹסֵף אֶת־אָבִיו וְאֶת־אֶחָיו
וַיִּתֵּן לָהֶם אֲחֻזָּה בְּאֶרֶץ מִצְרַיִם (창 47:11)

(4) וַיִּירְאוּ הָעָם אֶת־יְהוָה וַיַּאֲמִינוּ בַּיהוָה וּבְמֹשֶׁה עַבְדּוֹ
(출 14:31)

(5) וַיַּסְתֵּר מֹשֶׁה פָּנָיו כִּי יָרֵא מֵהַבִּיט אֶל־הָאֱלֹהִים (출 3:6)

(6) הִשָּׁמֶר לְךָ פֶּן־תִּשְׁכַּח אֶת־יְהוָה אֲשֶׁר הוֹצִיאֲךָ
מֵאֶרֶץ מִצְרַיִם מִבֵּית עֲבָדִים (신 6:12)

(7) שִׁבְעַת יָמִים תּוֹחֵל עַד־בּוֹאִי אֵלֶיךָ וְהוֹדַעְתִּי לְךָ
אֵת אֲשֶׁר תַּעֲשֶׂה (삼상 10:8)

(8) כִּי קָרְבַּן יְהוָה לֹא הִקְרִיב בְּמֹעֲדוֹ חֶטְאוֹ יִשָּׂא הָאִישׁ הַהוּא
(민 9:13)

(9) וְשָׁלַחְתִּי אֶת־יָדִי וְהִכֵּיתִי אֶת־מִצְרַיִם בְּכֹל נִפְלְאֹתַי
אֲשֶׁר אֶעֱשֶׂה בְּקִרְבּוֹ (출 3:20)

(10) וְהִגְלָה אֶת־כָּל־יְרוּשָׁלַםִ וְאֶת־כָּל־הַשָּׂרִים
וְאֵת כָּל־גִּבּוֹרֵי הַחַיִל (왕하 24:14)

(11) נָבִיא מִקִּרְבְּךָ מֵאַחֶיךָ כָּמֹנִי יָקִים לְךָ יְהוָה אֱלֹהֶיךָ
אֵלָיו תִּשְׁמָעוּן (신 18:15)

(12) וַיַּעַן מֹשֶׁה וְהֵן לֹא־יַאֲמִינוּ לִי וְלֹא יִשְׁמְעוּ בְּקֹלִי
כִּי יֹאמְרוּ לֹא־נִרְאָה אֵלֶיךָ יְהוָה (출 4:1)

(13) וַהֲקִמֹתִי אֶת־בְּרִיתִי אִתְּכֶם וְלֹא־יִכָּרֵת כָּל־בָּשָׂר
עוֹד מִמֵּי הַמַּבּוּל וְלֹא־יִהְיֶה עוֹד מַבּוּל לְשַׁחֵת הָאָרֶץ׃ (창 9:11)

(14) וָאֵלֵךְ בַּדֶּרֶךְ אֲשֶׁר־שְׁלָחַנִי יְהוָה וָאָבִיא אֶת־אֲגַג מֶלֶךְ עֲמָלֵק
וְאֶת־עֲמָלֵק הֶחֱרַמְתִּי (삼상 15:20)

(15) מַכֵּה אִישׁ וָמֵת מוֹת יוּמָת (출 21:12)

20장
호팔 스템

1. 호팔(hophal) 스템이란?

호팔 스템은 히필 스템 동사의 수동태, 즉 사역수동태 동사의 의미를 표현한다. 히필-호팔 스템의 관계는 피엘-푸알 스템과 같다. 호팔 스템은 완료형에서 헤를 접두하며 첫번째 어간 모음을 '오'(카메츠 하툽)나 '우'(키부츠)로, 두번째 어간 모음은 '아'(파닥) 소리를 내는 것이 특징이다. 미완료에서는 접두자음 헤가 사라지고 칼 미완료의 접두자음인 요드, 타브, 알렙, 눈으로 시작하지만 호팔 스템의 특징적 어간 모음 구조인 '우/오-아'는 유지한다.

(히필: 사역능등) הִמְלִיךְ 힘리크 그가 (누군가를) 왕으로 삼았다.
(호팔: 사역수동) הָמְלַךְ 홈라크 그는 (누군가에 의하여) 왕이 되었다.
→ 첫 자음 헤 아래의 모음은 카메츠 하툽으로서 짧은 '오' 소리를 낸다.

(히필: 사역능동) הִשְׁמִיד 히쉬미드 그는 (무엇인가를) 파괴되도록 만들었다, 즉 파괴시켰다.
(호팔: 사역수동) הָשְׁמַד 호쉬마드 그는 (누군가에 의해) 파괴되었다.

2. 호팔 변화표

		'오'	'우'	עָמַד	נָצַל	יָשַׁב
완료	3남단	הָקְטַל	הֻקְטַל	הָעֳמַד	הֻצַּל	הוּשַׁב
	3여단	הָקְטְלָה	הֻקְטְלָה	הָעָמְדָה	הֻצְּלָה	הוּשְׁבָה
	2남단	הָקְטַלְתָּ	הֻקְטַלְתָּ	הָעֳמַדְתָּ	הֻצַּלְתָּ	הוּשַׁבְתָּ
	2여단	הָקְטַלְתְּ	הֻקְטַלְתְּ	הָעֳמַדְתְּ	הֻצַּלְתְּ	הוּשַׁבְתְּ
	1공단	הָקְטַלְתִּי	הֻקְטַלְתִּי	הָעֳמַדְתִּי	הֻצַּלְתִּי	הוּשַׁבְתִּי
	3공복	הָקְטְלוּ	הֻקְטְלוּ	הָעָמְדוּ	הֻצְּלוּ	הוּשְׁבוּ
	2남복	הָקְטַלְתֶּם	הֻקְטַלְתֶּם	הָעֳמַדְתֶּם	הֻצַּלְתֶּם	הוּשַׁבְתֶּם
	2여복	הָקְטַלְתֶּן	הֻקְטַלְתֶּן	הָעֳמַדְתֶּן	הֻצַּלְתֶּן	הוּשַׁבְתֶּן
	1공복	הָקְטַלְנוּ	הֻקְטַלְנוּ	הָעֳמַדְנוּ	הֻצַּלְנוּ	הוּשַׁבְנוּ
미완료	3남단	יָקְטַל	יֻקְטַל	יָעֳמַד	יֻצַּל	יוּשַׁב
	3여단	תָּקְטַל	תֻּקְטַל	תָּעֳמַד	תֻּצַּל	תּוּשַׁב
	2남단	תָּקְטַל	תֻּקְטַל	תָּעֳמַד	תֻּצַּל	תּוּשַׁב
	2여단	תָּקְטְלִי	תֻּקְטְלִי	תָּעָמְדִי	תֻּצְּלִי	תּוּשְׁבִי
	1공단	אָקְטַל	אֻקְטַל	אָעֳמַד	אֻצַּל	אוּשַׁב
	3남복	יָקְטְלוּ	יֻקְטְלוּ	יָעָמְדוּ	יֻצְּלוּ	יוּשְׁבוּ
	3여복	תָּקְטַלְנָה	תֻּקְטַלְנָה	תָּעֳמַדְנָה	תֻּצַּלְנָה	תֻּשַׁבְנָה
	2남복	תָּקְטְלוּ	תֻּקְטְלוּ	תָּעָמְדוּ	תֻּצְּלוּ	תּוּשְׁבוּ
	2여복	תָּקְטַלְנָה	תֻּקְטַלְנָה	תָּעֳמַדְנָה	תֻּצַּלְנָה	תּוּשַׁבְנָה
	1공복	נָקְטַל	נֻקְטַל	נָעֳמַד	נֻצַּל	נוּשַׁב
분사	남단	מָקְטָל	מֻקְטָל	מָעֳמָד	מֻצָּל	מוּשָׁב

	여단	מָקְטֶלֶת	מֻקְטֶלֶת	מָעֳמֶדֶת	מֻצֶּלֶת	מוּשֶׁבֶת
	남복	מָקְטָלִים	מֻקְטָלִים	מָעֳמָדִים	מֻצָּלִים	מוּשָׁבִים
	여복	מָקְטָלוֹת	מֻקְטָלוֹת	מָעֳמָדוֹת	מֻצָּלוֹת	מוּשָׁבוֹת

칼 동사의 호팔 스템은 혹탈('오'형)과 훅탈 ('우'형), 두 가지 형태 중 하나를 취한다. 아마드(עָמַד)의 호팔 완료는 동사 어근에 '호'(הָ)를 접두한다. 이때의 카메츠는 장모음 '아'가 아니라 단모음 카메츠 하툽으로서 '오'이다. 카메츠 하툽은 즉 폐음절 무강세의 상황에서 내는 짧은 '오' 소리를 말하는데 이 경우의 '호'는 개음절이므로 이 조건에 해당되지 않는다. 이것은 호팔 스템의 특징적인 첫 소리 '호'로 이해하면 된다. 그리고 이어서 첫째 어근 자음인 아인(ע)의 모음은 하텝 카메츠의 '오'(◌ֳ)를 취한다. 이것은 일종의 모음동화현상이다. 그래서 완료형은 호오마드–호옴다–호오맛타–호오맛트–호오맛티–호홈두–호오맛템–호오맛텐–호오맛누로, 미완료형은 요오마드–토오마드–토오마드–토옴디–오오마드–요옴두–토오맛나–토옴두–토오맛나–노오마드라고 읽는다.

이와 달리 야샤브(יָשַׁב)의 호팔 완료는 헤의 모음을 '우'(키부츠)를 선호하여 3남단의 후샤브(הוּשַׁב)로부터 변화한다. 첫째 어간자음이 원래 바브(וָשַׁב바샤브) 였기 때문이다.

3. 어휘

동사

יָשַׁר	기뻐하다, 마음에 들다
קָצַר	화를 내다, 성내다
חָזַק	강하다, 강하게 되다
רָצַח	죽이다
נוּחַ	쉬다, 앉다
רוּם	높다, 들어올리다
נָאַף	간음하다

명사

אָוֶן	죄악, 사악함, 악인
אוֹצָר	보물, 창고
גּוֹרָל	몫, 분배받은 것
נֶ֫גַע	역병, 표식, 고통
זְרוֹעַ	팔, 팔뚝 (은유: 힘, 권력)
קֶ֫דֶם	동쪽, 고대
חֶרְפָּה	질책, 망신, 수치
צוּר	반석, 바위
קֶרֶן	뿔
קֶ֫שֶׁת	활, 무기
אֶ֫רֶז	백향목
בֶּ֫טֶן	배, 위, 자궁
הֶ֫בֶל	허무함, 헛됨
אַרְיֵה/אֲרִי	사자

연습문제

1. 다음 히브리 동사를 번역하라.

(1) יֻלַ֫דְתִּי

(2) הוֹשִׁיב

(3) הוֹצִיא

(4) הֻצַּ֫לְנוּ

(5) הָעָם הַמָּגְלֶה

(6) הָעָבְדוּ

(7) הוּסַ֫רְתִּי

(8) וַיֻּגַּד

(9) וַיַּגִּיד

(10) מֻצָּב

2. 다음 성경구절을 번역하라.

(1) וּמְקַלֵּל אָבִיו וְאִמּוֹ מוֹת יוּמָת (출 21:17)

(2) וַיּוּשַׁב אֶת־מֹשֶׁה וְאֶת־אַהֲרֹן אֶל־פַּרְעֹה (출 10:8)

(3) הֻגֵּד הֻגַּד לַעֲבָדֶיךָ (수 9:24)

(4) וַיַּחֲלֹם וְהִנֵּה סֻלָּם מֻצָּב אַרְצָה וְרֹאשׁוֹ מַגִּיעַ הַשָּׁמָיְמָה
וְהִנֵּה מַלְאֲכֵי אֱלֹהִים עֹלִים וְיֹרְדִים בּוֹ (창 28:12)

(5) אַתָּה הָרְאֵתָ לָדַעַת כִּי יְהוָה הוּא הָאֱלֹהִים
אֵין עוֹד מִלְבַדּוֹ (신 4:35)

(6) וַיַּעַן בֹּעַז וַיֹּאמֶר לָהּ הֻגֵּד הֻגַּד לִי כֹּל
אֲשֶׁר־עָשִׂית אֶת־חֲמוֹתֵךְ אַחֲרֵי מוֹת אִישֵׁךְ (룻 2:11)

(7) וַיֻּגַּד לַמֶּלֶךְ שְׁלֹמֹה כִּי נָס יוֹאָב אֶל־אֹהֶל יְהוָה
וְהִנֵּה אֵצֶל הַמִּזְבֵּחַ (왕상 2:29)

(8) וּרְאֵה וַעֲשֵׂה בְּתַבְנִיתָם אֲשֶׁר־אַתָּה מָרְאֶה בָּהָר (출 25:40)

(9) וְהַכֹּהֵן הַגָּדוֹל מֵאֶחָיו אֲשֶׁר־יוּצַק עַל־רֹאשׁוֹ שֶׁמֶן
הַמִּשְׁחָה וּמִלֵּא אֶת־יָדוֹ לִלְבֹּשׁ אֶת־הַבְּגָדִים (레 21:10)

(10) כִּי עִם־אַבְנֵי הַשָּׂדֶה בְרִיתֶךָ וְחַיַּת הַשָּׂדֶה הָשְׁלְמָה־לָךְ (욥 5:23)

21장

히트파엘 스템과 기타 (폴렐, 폴랄, 히트폴렐)

1. **히트파엘**(hithpael) **스템**의 형태와 의미

히트파엘 스템은 동사의 강조재귀형이라 부른다. 이 스템은 완료형(3남단)에서 동사 어근에 히트(הִתְ), 미완료형에서 이트(יִתְ)를 접두시키고 어근의 둘째 자음은 마치 피엘이나 푸알처럼 중복점을 찍어 강하게 발성하고 모음은 체레를 취한다. 이 스템은 동사 어간의 서두를 히트(hith-)나 이트(ith-)로 발성하기 때문에 다른 스템들과 구분하기가 쉽다. 히트파엘 스템은 재귀적 의미와 더불어 상호적인 뜻과 반복적 의미를 표현하기도 하며 또 단순능동의 의미를 표현하는 동사로도 활용한다.

1) **재귀적 의미**

(칼) (히트파엘)

חָבָא 하바, 그가 숨었다 → **הִתְחַבֵּא** 히트하바, 그는 스스로를 숨겼다, 즉, 숨었다.

קָדַשׁ 카다쉬, 그는 거룩하다 → **הִתְקַדֵּשׁ** 히트캇데쉬, 그는 스스로를 거룩하게 만들었다.

2) **상호적 의미**

(칼) (히트파엘)

רָאָה 라아, 그는 보았다 → הִתְרָאָה 히트라아, 그는 서로를 보았다, 마주보았다.

דִּבֵּר 딥베르(피엘), 그는 말했다 → הִדַּבֵּר 힛답베르, 그는 서로에게 이야기했다, 대화했다.

3) **반복**

(칼) (히트파엘)

הָלַךְ 할라크, 그는 걸어갔다 → הִתְהַלֵּךְ 히트할레크, 그는 왔다갔다 했다 혹은 계속 걸었다.

הָפַךְ 하파크, 그는 뒤집었다 → הִתְהַפֵּךְ 히트합페크, 그는 몸을 이리 뒤집고 저리 뒤집었다.

4) **단순 능동**

(히트파엘)

הִתְנַבֵּא 히트납베, 그는 예언했다.

הִתְפַּלֵּל 히트팔렐, 그는 기도했다.

2. 음위전환(metathesis)과 자음동화

1) 히트파엘의 접두어가 히트/이트의 '트'로 끝나는데 동사 어간의 첫 자음이 치찰음(사멕ס, 신שׂ, 쉰שׁ, 차데צ)이라면 이 두 자음을 연이어 발음하기가 쉽지 않다. 그래서 히트파엘의 접두어 끝소리 타브와 어근의 첫 자음의 위치를 바꾸어 발음하는 현상이 생긴다. 이것을 음위전환(metathesis)이라고 한다.

סָתַר 그는 (무엇인가를) 숨겼다 → הִסְתַּתֵּר 히스탓테르, 그는 몸을 숨겼다.

שָׂכַר 그는 고용했다 → הִשְׂתַּכֵּר 히스탁케르, 그는 자영업을 했다.

צָדֵק 그는 정당했다 → הִצְטַדֵּק 히츠탓데크, 그는 자신을 변호했다.

(이 동사는 타브를 테트로 바꾸어 발음함)

2) 히트파엘의 접두어의 끝소리가 타브(ת)인데 동사 어근의 첫 자음이 달렛(ד), 자인(ז), 테트(ט), 타브(ת)로 시작한다면 접두어의 타브(ת)는 사라지고 첫 자음에 중복점을 남긴다. 일종의 자음동화라고 할 수 있다.

דִּבֵּר 그는 말했다 → הִדַּבֵּר 힛답베르, 그는 (~와) 대화했다.

טָמֵא 그는 더러웠다 → הִטַּמֵּא 힛탐메, 그는 더러워졌다

3. 히트파엘 변화표

		קָטַל	פָּלַל	גָּלָה	נָחַם(니팔)	בָּרַךְ
완료	3남단	הִתְקַטֵּל	הִתְפַּלֵּל	הִתְגַּלָּה	הִתְנַחֵם	הִתְבָּרֵךְ
	3여단	הִתְקַטְּלָה	הִתְפַּלְּלָה	הִתְגַּלְּתָה	הִתְנַחֲמָה	הִתְבָּרֲכָה
	2남단	הִתְקַטַּלְתָּ	הִתְפַּלַּלְתָּ	הִתְגַּלִּיתָ	הִתְנַחַמְתָּ	הִתְבָּרַכְתָּ
	2여단	הִתְקַטַּלְתְּ	הִתְפַּלַּלְתְּ	הִתְגַּלִּית	הִתְנַחַמְתְּ	הִתְבָּרַכְתְּ
	1공단	הִתְקַטַּלְתִּי	הִתְפַּלַּלְתִּי	הִתְגַּלִּיתִי	הִתְנַחַמְתִּי	הִתְבָּרַכְתִּי
	3공복	הִתְקַטְּלוּ	הִתְפַּלְּלוּ	הִתְגַּלּוּ	הִתְנַחֲמוּ	הִתְבָּרֲכוּ
	2남복	הִתְקַטַּלְתֶּם	הִתְפַּלַּלְתֶּם	הִתְגַּלִּיתֶם	הִתְנַחַמְתֶּם	הִתְבָּרַכְתֶּם
	2여복	הִתְקַטַּלְתֶּן	הִתְפַּלַּלְתֶּן	הִתְגַּלִּיתֶן	הִתְנַחַמְתֶּן	הִתְבָּרַכְתֶּן

	1공복	הִתְקַטַּלְנוּ	הִתְפַּלַּלְנוּ	הִתְגַּלִּינוּ	הִתְנַחַמְנוּ	הִתְבָּרַכְנוּ
미완료	3남단	יִתְקַטֵּל	יִתְפַּלֵּל	יִתְגַּלֶּה	יִתְנַחֵם	יִתְבָּרֵךְ
	3여단	תִּתְקַטֵּל	תִּתְפַּלֵּל	תִּתְגַּלֶּה	תִּתְנַחֵם	תִּתְבָּרֵךְ
	2남단	תִּתְקַטֵּל	תִּתְפַּלֵּל	תִּתְגַּלֶּה	תִּתְנַחֵם	תִּתְבָּרֵךְ
	2여단	תִּתְקַטְּלִי	תִּתְפַּלְלִי	תִּתְגַּלִּי	תִּתְנַחֲמִי	תִּתְבֳּרְכִי
	1공단	אֶתְקַטֵּל	אֶתְפַּלֵּל	אֶתְגַּלֶּה	אֶתְנַחֵם	אֶתְבָּרֵךְ
	3남복	יִתְקַטֵּלוּ	יִתְפַּלְלוּ	יִתְגַּלּוּ	יִתְנַחֲמוּ	יִתְבָּרֵכוּ
	3여복	תִּתְקַטֵּלְנָה	תִּתְפַּלֵּלְנָה	תִּתְגַּלֶּינָה	תִּתְנַחַמְנָה	תִּתְבָּרֵכְנָה
	2남복	תִּתְקַטֵּלוּ	תִּתְפַּלְלוּ	תִּתְגַּלּוּ	תִּתְנַחֲמוּ	תִּתְבָּרֵכוּ
	2여복	תִּתְקַטֵּלְנָה	תִּתְפַּלֵּלְנָה	תִּתְגַּלֶּינָה	תִּתְנַחַמְנָה	תִּתְבָּרֵכְנָה
	1공복	נִתְקַטֵּל	נִתְפַּלֵּל	נִתְגַּלֶּה	נִתְנַחֵם	נִתְבָּרֵךְ
명령	2남단	הִתְקַטֵּל	הִתְפַּלֵּל	הִתְגַּלֵּה	הִתְנַחֵם	הִתְבָּרֵךְ
	2여단	הִתְקַטְּלִי	הִתְפַּלְלִי	הִתְגַּלִּי	הִתְנַחֲמִי	הִתְבֳּרְכִי
	2남복	הִתְקַטְּלוּ	הִתְפַּלְלוּ	הִתְגַּלּוּ	הִתְנַחֲמוּ	הִתְבֳּרְכוּ
	2여복	הִתְקַטֵּלְנָה	הִתְפַּלֵּלְנָה	הִתְגַּלֶּינָה	הִתְנַחַמְנָה	הִתְבָּרֵכְנָה
부정사	연계형	הִתְקַטֵּל	הִתְפַּלֵּל	הִתְגַּלּוֹת	הִתְנַחֵם	הִתְבָּרֵךְ
	절대형	הִתְקַטֵּל	הִתְפַּלֵּל		הִתְנַחֵם	הִתְבָּרֵךְ
분사	남단	מִתְקַטֵּל	מִתְפַּלֵּל	מִתְגַּלֶּה	מִתְנַחֵם	מִתְבָּרֵךְ
	여단	מִתְקַטֶּלֶת	מִתְפַּלֶּלֶת	מִתְגַּלָּה	מִתְנַחֶמֶת	מִתְבָּרֶכֶת
	남복	מִתְקַטְּלִים	מִתְפַּלְלִים	מִתְגַּלִּים	מִתְנַחֲמִים	מִתְבֳּרְכִים
	여복	מִתְקַטֵּלוֹת	מִתְפַּלְלוֹת	מִתְגַּלּוֹת	מִתְנַחֲמוֹת	מִתְבֳּרְכוֹת

히트팔렐(**הִתְפַּלֵּל**): 기도하다; 히트갈라(**הִתְגַּלָּה**): 드러나다, 밝혀지다; 히트낙헴

(הִתְנַחֵם): 불쌍히 여기다, 뉘우치다, 위로받다; 히트바레크(הִתְבָּרֵךְ): 자신에게 복을 빌다.

Ⅲ-헤 동사인 히트갈레의 부정사 절대형은 히브리 성서에서 사용된 적이 없다.
Ⅱ-후음 동사인 히트낙헴은 둘째 어근 자음 헤트가 후음이므로 가상중복을 전제하여 중복점을 찍지 않는다. 같은 동사 그룹에 속한 히트바레크는 레쉬가 후음 성질을 지니고 있어서 중복점을 찍지 않는 대신에 보상적 장음화 현상으로 첫째 어근 자음 베트의 모음을 파닥이 아닌 카메츠이다.

4. 폴렐(polel), 폴랄(polal), 히트폴렐(hitpolel), 히쉬타펠(hishtapel)

할로우 동사는 마지막 어근 자음을 중복시켜 의미를 전달한다. 폴렐은 능동, 폴랄은 수동, 히트폴렐은 재귀의 의미를 표현한다. 아울러 이들과 전혀 다른 히쉬타펠 스템도 있다.

1) **폴렐-폴랄 스템**: 할로우 동사의 피엘을 '폴렐'이라고 부른다. 예를 들어 "높다, 높아지다"는 뜻의 자동사 룸(רוּם)이 타동사가 되면 "(~을) 높이다, 들어올리다"가 되는데 이 때 룸(רוּם)은 마지막 어근 자음 멤을 중복하는 형태를 취하여 로멤(רוֹמֵם)을 기본형으로 삼아 변화한다. 이것은 룸의 어근이 원래 라맘(רָמַם)이었기 때문으로 추정할 수 있다.

〈폴렐 스템〉

완료	미완료	명령형	부정사연계	분사
רוֹמֵם	יְרוֹמֵם	רוֹמֵם	רוֹמֵם	מְרוֹמֵם
רוֹמְמָה	תְּרוֹמֵם	רוֹמְמִי		מְרוֹמֶ֫מָה
רוֹמַ֫מְתָּ	תְּרוֹמֵם	רוֹמְמוּ		מְרוֹמְמִים
רוֹמַמְתְּ	תְּרוֹמְמִי	רוֹמֵ֫מְנָה		מְרוֹמְמוֹת
רוֹמַ֫מְתִּי	אֲרוֹמֵם			
רוֹמְמוּ	יְרוֹמְמוּ			
רוֹמַמְתֶּם	תְּרוֹמֵ֫מְנָה			
רוֹמַמְתֶּן	תְּרֹמְמוּ			
רוֹמַ֫מְנוּ	תְּרוֹמֵ֫מְנָה			
	נְרוֹמֵם			

폴랄은 폴렐의 수동형이다. 두 가지 스템을 구분하려면 모음 구조가 '오-에'이면 능동의 폴렐 스템이고, '오-아'이면 수동의 폴랄 스템으로 보면 된다.

〈폴랄 스템〉

완료	미완료	분사
רוֹמַם	יְרוֹמַם	מְרוֹמָם
רוֹמְמָה	תְּרוֹמַם	מְרוֹמֶ֫מֶת
רוֹמַ֫מְתָּ	תְּרוֹמַם	מְרוֹמָמִים

רוֹמַמְתְּ	תְּרוֹמְמִי	מְרוֹמָמוֹת
רוֹמַ֫מְתִּי	אֶרוֹמַם	
רוֹמְמוּ	יְרוֹמְמוּ	
רוֹמַמְתֶּם	תְּרֹ֫מַמְנָה	
רוֹמַמְתֶּן	תְּרוֹמְמוּ	
רוֹמַ֫מְנוּ	תְּרֹ֫מַמְנָה	
	נְרוֹמַם	

2) **히트폴렐 스템**: 할로우 동사와 중복자음 동사의 히트파엘 스템을 가리키는 명칭으로서 재귀의 의미를 표현한다.

완료	미완료	명령형	부정사연계	분사
הִתְרוֹמֵם	יִתְרוֹמֵם	הִתְרוֹמֵם	הִתרוֹמֵם	מִתְרוֹמֵם
הִתְרוֹמְמָה	תִּתְרוֹמֵם	הִתְרוֹמְמִי		מִתְרוֹמֶ֫מֶת
הִתְרוֹמַ֫מְתָּ	תִּתְרוֹמֵם	הִתְרוֹמְמוּ		מִתְרוֹמְמִים
הִתְרוֹמַמְתְּ	תִּתְרוֹמְמִי	הִתְרוֹמֵ֫מְנָה		מִתְרוֹמְמוֹת
הִתרוֹמַ֫מְתִּי	אֶתְרוֹמֵם			
הִתְרוֹמְמוּ	יִתְרוֹמֵמוּ			
הִתְרוֹמַמְתֶּם	תִּתְרוֹמֵ֫מְנָה			
הִת'רוֹמַמְתֶּן	תִּתְרוֹמֵמוּ			
הִתְרוֹמַ֫מְנוּ	תִּתְרוֹמֵ֫מְנָה			
	נִתְרוֹמֵם			

3) **히쉬타펠 스템**: “엎드리다, 경배하다, 예배하다”는 뜻의 하바(חָוָה) 동사의 변화를 가리키는 명칭이다. 과거에는 샤하(שָׁחָה)의 히트팔렐 스템으로 취급했으나, 지금은 하바(חָוָה)의 히쉬타펠 스템으로 본다.

완료	미완료	명령형	부정사연계	분사
3남단 הִשְׁתַּחֲוָה	3남단 יִשְׁתַּחֲוֶה	2남복 הִשְׁתַּחֲווּ	הִשְׁתַּחֲוֹת	남단 מִשְׁתַּחֲוֶה
2남단 הִשְׁתַּחֲוִיתָ	2남단 תִּשְׁתַּחֲוֶה			남복 מִשְׁתַּחֲוִים
1공단 הִשְׁתַּחֲוִיתִי	1공단 אֶשְׁתַּחֲוֶה			
3공복 הִשְׁתַּחֲווּ	3남복 יִשְׁתַּחֲווּ			
2남복 הִשְׁתַּחֲוִיתֶם				

5. 어휘

동사

הִתְפַּלֵּל 기도하다

הִתְחַנֵּן 은혜를 구하다, 탄원하다

הִתְחַבֵּא 숨다

הִתְהַלֵּךְ 왔다갔다 하다, 계속해서 가다

הִתְנַבֵּא 예언하다

הִתְרוֹמֵם 스스로 높이다, 격상시키다, 우월함을 자랑하다

הִתְיַצֵּב 위치에 서다, 자리잡다

הִשְׁתַּחֲוָה (무릎 꿇고) 경배하다

קוֹמֵם 일어나다, 스스로 세우다 (קוּם)

מוֹתֵת 죽이다 (מוּת)

רוֹמֵם 높이다, 올리다 (רוּם)

רוֹמַם 높여지다

גִּלְגֵּל 구르다

אֻמְלַל 쇠약하다, 시들다

כּוֹנֵן 확립하다 (כּוּן)

כִּלְכֵּל 봉양하다, 유지하다
('필펠' 스템이라고 부름)

עוֹרֵר 잠깨다 (עוּר)

שַׁאֲנַן 쉬다, 평안하게 살다

명사

אֲרוֹן 언약궤, 법궤, 상자

בַּרְזֶל 철

עֵד 증인, 증거

עֵדָה 회중, 회합

שֻׁלְחָן 탁자, 상

תְּפִלָּה 기도

לֶהָבָה 불꽃

שׁוֹר 황소, 소

עוֹף 새

קִיר 벽

שׁוֹפָר 숫양의 뿔, 나팔

בֶּ֫טֶן 배, 위, 자궁

מִזְרָח 동쪽, 해뜨는 곳,

חֹתֵן 장인, 시아버지

기타

עָרֵל (형) 할례받지 않은;
(비유) 부적절한

הֲלֹם (부) 여기로

연습문제

1. 다음 히브리어 문장을 번역하라.

(1) הִתְפַּלַּ֫לְתִּי אֵלָיו וְלֹא שָׁמַע

(2) וַיִּתְחַבְּאוּ כִּי יָֽרְאוּ מְאֹד

(3) מִי הַמִּתְחַבְּאִים

(4) אִנַּבֵּא עַל־דַּרְכּוֹ

(5) וַיִּשְׁמְעוּ אֶת־קוֹל יְהוָה אֱלֹהִים מִתְהַלֵּךְ בַּגָּן

(6) וַאֶשְׁתַּמֵּר מֵעֲוֺנִי

(7) וְהִשְׁתַּחֲווּ לַיהוָה בְּהַר הַקֹּדֶשׁ

(8) רוֹמַמְתִּי בָּנִים וְגִדַּלְתִּי בָּנוֹת

(9) וְכִלְכְּלָם לֶחֶם וָמָיִם

(10) וְעַל־עֲבָדָיו יִתְנֶחָם

2. 다음 성경구절을 번역하라.

(1) וַיֹּאמֶר יְהוּדָה מַה־נֹּאמַר לַאדֹנִי מַה־נְּדַבֵּר וּמַה־נִּצְטַדָּק
(창 44:16)

(2) וּרְאוּ וּדְעוּ מִכֹּל הַמַּחֲבֹאִים אֲשֶׁר יִתְחַבֵּא שָׁם (삼상 23:23)

(3) וְצָלְחָה עָלֶיךָ רוּחַ יְהוָה וְהִתְנַבִּיתָ עִמָּם
וְנֶהְפַּכְתָּ לְאִישׁ אַחֵר (삼상 10:6)

(4) אֶסְפָה־לִּי שִׁבְעִים אִישׁ מִזִּקְנֵי יִשְׂרָאֵל
וְלָקַחְתָּ אֹתָם אֶל־אֹהֶל מוֹעֵד וְהִתְיַצְּבוּ שָׁם עִמָּךְ (민 11:16)

(5) וַיֹּאמְרוּ חָטָאנוּ כִּי־דִבַּרְנוּ בַיהוָה וָבָךְ הִתְפַּלֵּל אֶל־יְהוָה
וְיָסֵר מֵעָלֵינוּ אֶת־הַנָּחָשׁ (민 21:7)

(6) וַיְהִי הַיּוֹם וַיָּבֹאוּ בְּנֵי הָאֱלֹהִים לְהִתְיַצֵּב עַל־יְהוָה
וַיָּבוֹא גַם־הַשָּׂטָן בְּתוֹכָם (욥 1:6)

(7) קוּם הִתְהַלֵּךְ בָּאָרֶץ לְאָרְכָּהּ וּלְרָחְבָּהּ כִּי לְךָ אֶתְּנֶנָּה (창 13:17)

(8) הֲבוֹא נָבוֹא אֲנִי וְאִמְּךָ וְאַחֶיךָ לְהִשְׁתַּחֲוֹת לְךָ אָרְצָה (창 37:10)

(9) שָׁמַעְתִּי אֶת־תְּפִלָּתְךָ וְאֶת־תְּחִנָּתְךָ אֲשֶׁר הִתְחַנַּנְתָּה
לְפָנַי הִקְדַּשְׁתִּי אֶת־הַבַּיִת הַזֶּה (왕상 9:3)

(10) וְכִלְכַּלְתִּי אֹתְךָ שָׁם כִּי־עוֹד חָמֵשׁ שָׁנִים רָעָב (창 45:11)

22장
수사와 구문

1. 수사[29]

히브리어 수사는 1, 2, 3과 같은 기호를 사용하지 않고 하나, 둘, 셋처럼 단어를 사용하여 표현한다. 히브리어 수사는 수를 세는 숫자인 기수와 순서를 나타내는 서수로 나누어 표현하며 남성형과 여성형이 있고 또 독립적으로 사용하는 절대형과 명사와 함께 쓰는 연계형이 있다. 서수는 '첫째'를 제외하고는 나머지가 모두 '–이(남성)/이트(여성)'으로 끝난다.

	남성 절대형	남성 연계형	남성 서수	여성 절대형	여성 연계형	여성 서수
1	אֶחָד	אַחַד	רִאשׁוֹן	אַחַת	אַחַת	רִאשׁוֹנָה
2	שְׁנַ֫יִם	שְׁנֵי	שֵׁנִי	שְׁתַּ֫יִם	שְׁתֵּי	שֵׁנִית
3	שָׁלֹשׁ	שְׁלֹשׁ	שְׁלִישִׁי	שְׁלֹשָׁה	שְׁלֹ֫שֶׁת	שְׁלִישִׁית
4	אַרְבַּע	אַרְבַּע	רְבִיעִי	אַרְבָּעָה	אַרְבַּ֫עַת	רְבִיעִית
5	חָמֵשׁ	חֲמֵשׁ	חֲמִישִׁי	חֲמִשָּׁה	חֲמֵ֫שֶׁת	חֲמִישִׁית
6	שֵׁשׁ	שֵׁשׁ	שִׁשִּׁי	שִׁשָּׁה	שֵׁ֫שֶׁת	שִׁשִּׁית

29 Pratico–van Pelt, 「베이직 비블리칼 히브리어」, 144–9 참조.

7	שֶׁ֫בַע	שְׁבַע	שְׁבִיעִי	שִׁבְעָה	שִׁבְעַת	שְׁבִיעִית
8	שְׁמֹנֶה	שְׁמֹנֶה	שְׁמִינִי	שְׁמֹנָה	שְׁמֹנַת	שְׁמִיעִית
9	תֵּ֫שַׁע	תְּשַׁע	תְּשִׁיעִי	תִּשְׁעָה	תִּשְׁעַת	תְּשִׁיעִית
10	עֶ֫שֶׂר	עֶ֫שֶׂר	עֲשִׂירִי	עֲשָׂרָה	עֲשֶׂרֶת	עֲשִׂירִת

1) 숫자 '1'은 형용사처럼 사용된다. 그래서 숫자 '1'은 수식할 명사 뒤에 오며 명사의 성, 수, 그리고 관사의 유무까지 일치해야 한다. 연계형으로 사용되는 경우에는 명사의 복수형 앞에 온다.

בֵּן אֶחָד 한 명의 아들 **בַּת אַחַת** 한 명의 딸

הַבֵּן הָאֶחָד 그 한 명의 아들 **הַבַּת הָאַחַת** 그 한 명의 딸

אַחַד הַבָּנִים 그 아들 중 한 명 **אַחַת הַבָּנוֹת** 그 딸 중 한 명

2) 숫자 '2'는 명사처럼 사용된다. 형태는 남성형(쉐나임)과 여성형(쉐타임) 모두 쌍수형(−아임)으로 되어 있다. '2'의 절대형과 연계형은 의미 변화 없이 혼용하며, 명사 앞이나 뒤 어느 곳에나 나올 수 있다.

בָּנִים שְׁנַ֫יִם 두 아들들 **בָּנוֹת שְׁתַּ֫יִם** 두 딸들

שְׁנַ֫יִם בָּנִים 두 아들들 **שְׁתַּ֫יִם בָּנוֹת** 두 딸들

שְׁנֵי בָּנִים 두 아들들 **שְׁתֵּי בָּנוֹת** 두 딸들

3) 숫자 '3'부터 '10'까지는 명사처럼 사용된다. 하지만 수사의 남성형은 여성명사와 함께 사용되고, 수사의 여성형은 남성명사와 함께 사용된다. 절대형과 연계형도 구분

하지 않고 혼용된다.

שְׁלֹשָׁה בָּנִים	세 명의 아들들	שָׁלוֹשׁ בָּנוֹת	세 명의 딸들
בָּנִים שְׁלֹשָׁה	세 명의 아들들	בָּנוֹת שָׁלוֹשׁ	세 명의 딸들
שְׁלֹשֶׁת בָּנִים	세 명의 아들들	שְׁלֹשׁ בָּנוֹת	세 명의 딸들

4) 숫자 '2'부터 '10'까지는 대명사접미사와 함께 사용되기도 한다. 수사의 연계형에 접미사처럼 붙인다.

שְׁנֵיהֶם	그들(남성복수) 중 두 명	שְׁתֵּיהֶן	그들(여성복수) 중 두 명
שְׁנֵינוּ	우리 중 두 명	שְׁתֵּינוּ	우리 중 두 명

5) 숫자 '11'부터 '19'는 숫자 '10'(남성형 עָשָׂר, 여성형 עֶשְׂרֵה)과 '1'부터 '9'를 추가하여 표현한다.

11	(남)	אַחַד עָשָׂר	(여)	אַחַת עֶשְׂרֵה
		עַשְׁתֵּי עָשָׂר		עַשְׁתֵּי עֶשְׂרֵה
12	(남)	שְׁנֵי עָשָׂר	(여)	שְׁתֵּי עֶשְׂרֵה
		שְׁנֵים עָשָׂר		שְׁתֵּים עֶשְׂרֵה
13	(남)	שְׁלֹשָׁה עָשָׂר	(여)	שְׁלֹשׁ עֶשְׂרֵה

11과 12는 두 가지 방식으로 표현한다. 나머지 14~19는 13을 만드는 방식과 같다.

6) 숫자 '20'부터 '90'까지: 숫자 '20'은 숫자 '10'의 복수형으로 표현하고, 30~90은 각각

3~9의 남성복수형으로 표현한다.

20	עֶשְׂרִים
30	שְׁלֹשִׁים
40	אַרְבָּעִים
50	חֲמִשִּׁים
60	שִׁשִּׁים
70	שִׁבְעִים
80	שְׁמֹנִים
90	תִּשְׁעִים

7) 숫자 '100' 이상

100	מֵאָה (연계형 **מְאַת**; 복수형 **מֵאוֹת**)
200	מָאתַ֫יִם
300	שְׁלֹשׁ מֵאוֹת
1000	אֶ֫לֶף (복수 **אֲלָפִים**)
2000	אַלְפַּיִם
3000	שְׁלֹשֶׁת אֲלָפִים
10000	רְבָבָה
20000	רִבּוֹתַ֫יִם
30000	שְׁלֹשׁ רִבּוֹת

8) 나이를 표시할 때: **בֶּן/בַּת** + 숫자 + **שָׁנָה/שָׁנִים** = "몇 세(살)"

בֶּן־שִׁבְעִים שָׁנִים 70세

וְאַבְרָם בֶּן־חָמֵשׁ שָׁנִים וְשִׁבְעִים שָׁנָה בְּצֵאתוֹ מֵחָרָן

그리고 아브람이 하란을 떠날 때 75세였다(창 12:4).

וּמֹשֶׁה בֶּן־מֵאָה וְעֶשְׂרִים שָׁנָה בְּמֹתוֹ

모세가 죽을 때 120세였다(신 34:7)

2. 알아두면 유익한 구문

1) **동사의 중언법**(hendiadys)[30]

이것은 서로 다른 동사를 연이어 사용하여 실제적으로는 하나의 동사 의미에 부사적 의미를 첨가하는 용법을 말한다.

וַיָּשָׁב וַיֵּבְךְּ 바이야숍 바이예베크 그리고 그는 다시 울었다.

위 예문에서 첫번째 동사(돌아갔다)는 두번째 동사(울었다)를 한정하여 '다시'와 같이 부사적 기능을 하는 것으로 번역하는 것이 바람직하다. 이런 방법으로 사용되는 동사는 다음과 같다.

שָׁב 어떤 일을 다시 하다

הוֹסִיף 어떤 일을 다시 하다

30 Lambdin, 「성서히브리어」, 234–5.

הוֹאִיל 어떤 일을 기꺼이, 자발적으로 하다; ~하는 것에 만족하다;

명령법은 '부디, 제발'과 같은 의미이다.

מַהֵר 어떤 일을 빨리 하다

הִשְׁכִּים 어떤 일을 아침 일찍 하다

הִרְבָּה 어떤 일을 많이 하다

예문:

וַיָּשָׁב וַיָּלֶן שָׁם 바이야숍 바이얄렌 샴

그리고 그가 다시 거기서 밤을 보냈다(삿 19:7)

וּמִהַרְתֶּם וְהוֹרַדְתֶּם אֶת־אָבִי הֵנָּה 우미하르템 베호라드템 에트 아비 헨나

그리고 너희는 나의 아버지를 이곳으로 빨리 모시고 와야 한다(창 45:13)

אָשׁוּבָה אֶרְעֶה צֹאנְךָ 아슈바 에르에 초네카

나는 다시 네 양떼를 돌볼 것이다(창 30:31)

שׁוּב שְׁכָב 다시 누워라(삼상 3:5)

אוֹסִיף אֲבַקְשֶׁנּוּ עוֹד 나는 다시 그를 찾을 것이다(잠 23:45)

וַיּוֹאֶל מֹשֶׁה לָשֶׁבֶת אֶת־הָאִישׁ 그리고 모세는 그 남자와 함께 머무는 것에 만족했다

= 그리고 모세는 기꺼이 그 남자와 함께 머물렀다(출 2:21)

קוּם־נָא שְׁבָה 자 (와서) 앉아라 (창 27:19)

2) **조건절**: "만일 ~하면"과 같은 조건절은 אִם ,כִּי ,לוּ 등으로 표현한다 (접속사 바브도 문맥 속에서 조건절을 표현할 수 있다).[31]

אִם(드물게 כִּי) + 동사의 미완료형 + 바브 연속법 = 실제적인 조건문

אִם תָּבוֹא הַיּוֹם וְהָלַכְנוּ 만일 네가 오늘 온다면 우리는 갈 것이다

이 조건문 구조에서 임(אִם) 대신 키(כִּי)를 사용하면 일반적인 조건을 언급한다.

כִּי תָּבוֹא אֵלֵךְ 만일 네가 오는 경우라면 내가 갈 것이다.

만일 이 조건이 비현실적인 경우, 즉 가상의 상황이고 실현될 수 없다면 루(룰레) + 동사 완료형 + 바브 연속법 구문을 사용한다.

לוּ/לוּלֵי בָּאתָ וְהָלַכְתִּי 만일 네가 올 수 없었다면, 내가 갔을 것이다.

31 Nava Bergman, *The Cambridge Biblical Hebrew Workbook* (Cambridge: Cambridge Unversity Press, 2005), 264–5.

3. 어휘

동사

הִכִּיר (נכר 히필) 인식하다, 알아보다

הִפְרִיד (פרד 히필) 분리하다, 나누다

נִסָּה (נסה 피엘) 시험하다

צָחַק 웃다

יָטַב 좋게 되다, 잘 되다

חָרֵב 건조해지다, 못쓰게 되다

מוּל 할례를 베풀다

הָרָה 임신하다

명사

אָבִיב (곡식의) 눈(이삭), 달 명칭

אָמָה 여종

מוֹעֵד 정한 시간, 장소, 절기

מָחָר 내일

מַצָּה 무교병

נְאֻם 신탁

עֶרֶב 저녁

עֲרִירִי 불임

פַּעַם 때, 번, 발, 걸음

기타

אוּלַי 아마, 혹시, 어쩌면

בַּעֲבוּר ~하기 위하여, 하도록

בְּעַד ~을 위하여, ~ 때문에

יוֹמָם 날마다, 매일

חִנָּם 까닭없이, 이유없이

יַעַן ~때문에

לוּלֵי/לוּלֵא 만일 ~하지 않으면

לָכֵן 그러므로

לְמַעַן ~하기 위하여, 그러므로

נֶגֶד 앞에, 맞은편에

פֶּן 하지 않도록

רַק 오직, 여전히

תָּמִיד 항상, 계속해서, 규칙적으로

연습문제

1. 다음 성경구절을 번역하라.

(1) וַיְהִי־לֶמֶךְ אַחֲרֵי הוֹלִידוֹ אֶת־נֹחַ חָמֵשׁ וְתִשְׁעִים שָׁנָה וַחֲמֵשׁ
מֵאַת שָׁנָה (창 5:30)

(2) וַיְהִי בְּאַחַת וְשֵׁשׁ־מֵאוֹת שָׁנָה בָּרִאשׁוֹן בְּאֶחָד לַחֹדֶשׁ
חָרְבוּ הַמַּיִם מֵעַל הָאָרֶץ (창 8:13)

(3) וּמוֹשַׁב בְּנֵי יִשְׂרָאֵל אֲשֶׁר יָשְׁבוּ בְּמִצְרָיִם שְׁלֹשִׁים שָׁנָה
וְאַרְבַּע מֵאוֹת שָׁנָה (출 12:40)

(4) וַיְהִי בַּחֹדֶשׁ הָרִאשׁוֹן בַּשָּׁנָה הַשֵּׁנִית בְּאֶחָד לַחֹדֶשׁ
הוּקַם הַמִּשְׁכָּן (출 40:17)

(5) בַּחֲמִשָּׁה עָשָׂר יוֹם לַחֹדֶשׁ הַשְּׁבִיעִי הַזֶּה
חַג הַסֻּכּוֹת שִׁבְעַת יָמִים לַיהוָה (레 23:34)

(6) וַיִּהְיוּ כָּל־הַפְּקֻדִים שֵׁשׁ־מֵאוֹת אֶלֶף וּשְׁלֹשֶׁת אֲלָפִים
וַחֲמֵשׁ מֵאוֹת וַחֲמִשִּׁים (민 1:46)

(7) וְהַיָּמִים אֲשֶׁר־הָלַכְנוּ מִקָּדֵשׁ בַּרְנֵעַ עַד אֲשֶׁר־עָבַרְנוּ
אֶת־נַחַל זֶרֶד שְׁלֹשִׁים וּשְׁמֹנֶה שָׁנָה (신 2:14)

(8) וּשְׁתֵּים עֶשְׂרֵה אֲבָנִים הֵקִים יְהוֹשֻׁעַ בְּתוֹךְ הַיַּרְדֵּן
תַּחַת מַצַּב רַגְלֵי הַכֹּהֲנִים (수 4:9)

(9) בֶּן־שְׁלֹשִׁים שָׁנָה דָּוִד בְּמָלְכוֹ אַרְבָּעִים שָׁנָה מָלָךְ (삼하 5:4)

(10) וּבַחֹדֶשׁ הַחֲמִישִׁי בְּשִׁבְעָה לַחֹדֶשׁ הִיא שְׁנַת תְּשַׁע־עֶשְׂרֵה
שָׁנָה לַמֶּלֶךְ נְבֻכַדְנֶאצַּר מֶלֶךְ בָּבֶל (왕하 25:8)

(11) אִם־יִקְרָא אֵלֶיךָ וְאָמַרְתָּ דַּבֵּר יְהוָה כִּי שֹׁמֵעַ עַבְדֶּךָ
וַיֵּלֶךְ שְׁמוּאֵל וַיִּשְׁכַּב בִּמְקוֹמוֹ׃ (삼상 3:9)

(12) וַיֹּאמֶר אֵלֶיהָ בָּרָק אִם־תֵּלְכִי עִמִּי וְהָלָכְתִּי
וְאִם־לֹא תֵלְכִי עִמִּי לֹא אֵלֵךְ׃ (삿 4:8)

(13) לוּ־מַתְנוּ בְּאֶרֶץ מִצְרַיִם אוֹ בַּמִּדְבָּר הַזֶּה לוּ־מָתְנוּ׃ (민 14:2)

(14) לוּ חָפֵץ יְהוָה לַהֲמִיתֵנוּ לֹא־לָקַח מִיָּדֵנוּ עֹלָה וּמִנְחָה
וְלֹא הֶרְאָנוּ אֶת־כָּל־אֵלֶּה (삿 13:23)

(15) לוּלֵא חֲרַשְׁתֶּם בְּעֶגְלָתִי לֹא מְצָאתֶם חִידָתִי׃ (삿 14:18)

부록

연습문제 풀이

1장 · 자음 연습문제

1. 아래의 히브리어 자음을 직접 쓰고 그 순서를 암기하라.

אבגרהוזחטיכלמנסעפצקרשׂשׁת

2. 히브리어 자음 가운데 후음을 말해보라.

א ה ח ע ר

3. 다음 자음들을 구별해보라.

1) ב כ 벳(우)–카프(좌)

2) נ ג 눈(우)–김멜(좌)

3) ס ם 사멕(우)–멤(좌)

4) צ ע 차데(우)–아인(좌)

5) ר ד 레쉬(우)–달렛(좌)

6) ז ו 자인(우)–바브(좌)

7) ן ו 눈(우)–바브(좌)

8) ת ח 테트(우)–헷(좌)

4. 다음 히브리 문장에 나타난 자음들의 명칭을 차례로 말해보라.

(1) בּראשׁית בּרא אלהים את השׁמים ואת הארץ

(2) והארץ היתה תהו ובהו וחשׁך על פּני תהום

(3) ורוח אלהים מרחפת על פּני המים

(4) ויאמר אלהים יהי אור ויהי אור

(1) 벳–레쉬–알렙–쉰–요드–타브, 벳–레쉬–알렙, 알렙–라멧–헤–요드–멤, 알렙–타브, 헤–쉰–멤–요드–멤, 바브–알렙–타브, 헤–알렙–레쉬–차데.

(2) 바브–헤–알렙–레쉬–차데, 헤–요드–타브–헤, 타브–헤–바브, 바브–벳–헤–바브, 바브–헷–쉰–카프, 아인–라멧, 페–눈–요드, 타브–헤–바브–멤

(3) 바브–레쉬–바브–헷, 알렙–라멧–헤–요드–멤, 멤–레쉬–헷–페–타브, 아인–라멧, 페–눈–요드, 헤–멤–요드–멤

(4) 바브–요드–알렙–멤–레쉬, 알렙–라멧–헤–요드–헤–멤, 요드–헤–요드, 알렙–바브–레쉬, 알렙–바브–레쉬

5. 4번 문제 전체의 히브리어를(바브: w로 표기함) 영어로 음역하라.

1) br'šyt brʾ ʾlhym ʾt hšmym wʾt hʾrṣ

2) whʾrṣ hyth thw wbhw wḥšk ʿl pny thwm

3) wrwḥ ʾlhym mrḥpt ʿl pny hmym

4) wyʾmr ʾlhym yhy ʾwr wyhy ʾwr

2장 · 모음 연습문제

1. 다음 모음부호의 명칭을 말하고, 그 소리를 우리말로 쓰라.

(1) אָ 카메츠. 아

(2) רֵ 체레. 레

(3) לֹ 홀렘. 로

(4) הִ 히렉. 히

(5) עַ 파닥. 아

(6) מֶ 세골. 메

(7) רוּ 슈렉. 루

(8) שֻׁ 킵부츠. 슈

(9) יְ 쉐바. 예

(10) הֲ 하텝 파닥. 하

(11) אוֹ 홀렘 바브. 오

(12) בֱ 하텝 세골. 베

(13) נֳ 하텝 카메츠. 노

(14) שִׁי 히렉 요드. 쉬

(15) כָּה 카메츠 헤. 카

2. 다음 히브리어 단어의 자음과 모음의 명칭을 순서대로 말해보라

(1) אַבְרָהָם 알렙–파닥–벳–쉐바–레쉬–카메츠–헤–카메츠–멤

(2) יְהוּדָה 요드–쉐바–헤–슈렉–달렛–카메츠–헤

(3) יְרוּשָׁלַיִם 요드–쉐바–레쉬–슈렉–쉰–카메츠–라멧–파닥–요드–히렉–멤

(4) בְּרֵאשִׁית 벳–쉐바–레쉬–체레–알렙–쉰–히렉–요드–타브

(5) אֱלֹהִים 알렙–하텝세골–라멧–홀렘–헤–히렉–요드–멤

(6) הַשָּׁמַיִם 헤–쉰–카메츠–멤–파닥–요드–히렉–멤

(7) אֶרֶץ 알렙–세골–레쉬–세골–차데

(8) יִשְׁלְחוּ 요드–히렉–쉰–쉐바–라멧–쉐바–헷–슈렉

(9) זָכַרְנוּ 자인–카메츠–카프–파닥–레쉬–쉐바–눈–슈렉

(10) מִזְבֵּחַ 멤–히렉–자인–쉐바–벳–체레–헷–파닥

3장 · 음절과 발음 연습문제

1. 다음 히브리 단어들을 읽어보라.

(1) אַבְרָהָם 아브라함

(2) יְהוּדָה 예후다

(3) יְרוּשָׁלַיִם 예루살라임

(4) בְּרֵאשִׁית 베레쉬트

(5) אֱלֹהִים 엘로힘

(6) הַשָּׁמַיִם 핫샤마임

(7) אֶרֶץ 에레츠

(8) יִשְׁלְחוּ 이쉴레후

(9) זָכַרְנוּ 자카르누

(10) מִזְבֵּחַ 미즈베악흐

2. 다음 단어의 다게쉬가 경강점인지 중복점인지 구별하라.

(1) אִשָּׁה 중복점–선행모음 히렉이 있다.

(2) אִתָּנוּ 중복점–선행모음 히렉이 있다.

(3) מִשְׁפָּט 경강점–쉰 아래의 쉐바가 묵음이고 페는 음절을 시작하는 자음이다.

(4) דָּבָר 경강점–음절을 시작하는 첫 자음이다.

(5) מַלְכָּה 경강점–라멧 아래의 쉐바가 묵음이고 카프는 음절을 시작하는 자음이다.

3. 다음 문장을 소리 내어 읽어보라.

(1) 베레쉬트 바라 엘로힘 에트 핫샤마임 베에트 하아레츠

(2) 베하아레츠 하예타 토후 바보후 베호쉐크 알 페네 테홈

(3) 베루아흐 엘로힘 메락헤페트 알 페네 함마임

(4) 바이요메르 엘로힘 예히 오르 바이히(바예히) 오르

4장 명사 연습문제

1. 다음 명사들의 성과 수를 말하라.

(1) דְּבָרִים 남성복수–말씀들

(2) מֶ֫לֶךְ 남성단수–왕

(3) מַלְכָּה 여성단수–여왕

(4) מְלָכִים 남성복수–왕들

(5) מְלָכוֹת 여성복수–여왕들

(6) עָרִים 여성복수–도시들

(7) עֶ֫בֶד 남성단수–종

(8) עֲבָדִים 남성복수–종들

(9) תּוֹרָה 여성단수–율법

(10) תּוֹרוֹת 여성복수–율법들

2. 다음 히브리어 명사의 뜻을 말하고 복수형은 단수형을, 단수형은 복수형을 말하라.

(1) אֲנָשִׁים 남자들/남편들 אִישׁ

(2) נָשִׁים 여자들/아내들 אִשָּׁה

(3) בָּנִים 아들들 בֵּן

(4) עָרִים 도시들 עִיר

(5) בָּנוֹת 딸들 בַּת

(6) אָב 아버지/조상 אָבוֹת

(7) יוֹם 날 יָמִים

(8) שֵׁם 이름 שְׁמוֹת

(9) הַר 산 הָרִים

(10) בַּיִת 집 בָּתִּים

5장 · 정관사와 접속사 연습문제

1. 다음 히브리어 표현을 우리말로 옮기라.

(1) 그 남자와 그 여자

(2) 그 남자들과 그 여자들

(3) 그 왕들과 그 여왕들

(4) 그 빛과 그 어둠

(5) 그 날과 그 밤

(6) 그리고 한(명의) 아들과 한(명의) 딸

2. 다음 성구를 우리말로 정확하게 옮기라.

(1) 그 하늘과 그 땅 (창 2:1)

(2) 그리고 그 제사장들과 그 백성 (출 19:24)

(3) 그리고 그 율법과 그 계명 (출 24:12)

(4) 그리고 그 제사장들과 그 예언자들 (왕하 23:2)

(5) 그리고 그 예언자와 그 제사장과 그 백성 (렘 23:34)

(6) 그 왕과 그 여왕 (스 7:6)

6장 · 형용사와 전치사 연습문제

1. 다음 히브리어 표현을 번역하라.

(1) צַדִּיקִים הַנְּבִיאִים 찻디킴 한-네비임 그 예언자들은 의롭다.

(2) גְּדוֹלָה הַתּוֹרָה 게돌라 핫-토라 그 율법은 위대하다.

(3) טוֹב־וְיָשָׁר יְהוָה 토브 베-야샤르 아도나이 여호와는 선하고 의롭다.

(4) בְּרִית חֲדָשָׁה 베리트 하다샤 새로운 언약

(5) אֱלֹהִים אֲחֵרִים 엘로힘 악헤림 다른 신들

(6) הָעֲבָדִים הָרָעִים 하-아바딤 하-라임 그 악한 종들

(7) יְשָׁרָה הַתּוֹרָה 예샤라 핫-토라 그 율법은 의롭다.

(8) אִישׁ חָכָם מְאֹד 이쉬 하캄 메오드 매우 현명한 (한) 남자

(9) שִׁיר חָדָשׁ 쉬르 하다쉬 새 노래

(10) הַסֵּפֶר טוֹב 핫-세페르 토브 그 책은 좋다.

2. 다음 히브리어 전치사구를 번역하라.

(1) בְּתוֹךְ־הַגָּן 베토크 학–간 그 동산 가운데

(2) בַּבַּיִת וּבַשָּׂדֶה 밥–바이트 우–밧–사데 그 집 안에서 그리고 그 들판 안에서

(3) מִן־הָאֲדָמָה 민 하–아다마 그 땅으로부터

(4) אַחַר הַדְּבָרִים 악하르 핫–데바림 그 일 후에

(5) עַל־כָּל־בָּשָׂר 알 콜 바사르 모든 육체 위에

(6) עַל־הַמִּזְבֵּחַ 알 함–미즈베악흐 그 제단 위에

(7) עַד־הַיּוֹם 아드 하이–욤 바로 그 날까지(오늘날까지)

(8) מֵהַנָּבִיא 메 한–나비 그 예언자로부터

(9) בֵּין הַשָּׁמַ֫יִם וּבֵין הָאָ֫רֶץ 벤 핫–샤마임 우–벤 하–아레츠 그 하늘과 그 땅 사이에

(10) אֶל הַמָּקוֹם 엘 함–마콤 그 곳으로

7장 · 대명사 연습문제

1. 다음 히브리어 문장을 번역하라.

(1) הוּא הַשֹׁפֵט הַיָּשָׁר 후 핫–쇼페트 하이–야샤르 그는 의로운 재판관입니다.

(2) הִיא הָאִשָׁה הַחֲכָמָה וְהַצָּדִיקָה 히 하–잇샤 학–하카마 베–핫–차디카

그녀는 현명하고 올바른 여자입니다.

(3) אַתֶּם הָאֲנָשִׁים הַדַּלִּים 앗템 하–아나쉼 핫–달림

너희들은 가난한 남자들(사람들)입니다.

(4) אֲנַ֫חְנוּ בָּעִיר הַגְּדוֹלָה 아낙흐누 바–이르 학–게돌라 우리는 그 큰 성읍에 있습니다.

(5) זֶה הַנָּבִיא הֶחָכָם 제 한–나비 헤–하캄 이 (사람)은 그 현명한 예언자입니다.

(6) צַדִּיק וְיָשָׁר הַמֶּלֶךְ הַהוּא 찻디크 베–야샤르 함–멜렉크 하–후

저 왕은 정의롭고 올바릅니다.

(7) אֵלֶּה הַשֹׁפְטִים הַיְשָׁרִים 엘레 핫–쇼페팀 하이–샤림

이 사람들은 올바른 재판관들입니다.

(8) חָכָם הַנָּבִיא הַזֶּה 하캄 한–나비 핫–제 이 예언자는 현명합니다.

(9) יָשָׁר הַכֹּהֵן מִן־הַמֶּלֶךְ הַזֶּה 야샤르 학-코헨 민-함-멜렉 핫-제

그 제사장은 이 왕보다 올바릅니다.

(10) חֲכָמִים הַזְּקֵנִים מֵהַנְּבִיאִים הָרָעִים 하카밈 핫-제케님 메-한-네비임 하-라임

그 장로들은 그 악한 예언자들보다 현명합니다.

(11) הָאֱלֹהִים אָנִי 하-엘로힘 아니 내가 하나님입니까?(하나님입니까, 내가?)

(12) מָה־הַדָּבָר הַזֶּה 마 핫-다바르 핫-제 이 말은 무엇이냐?(혹은 이 일은 무엇이냐?)

(13) הֲטוֹבָה הָאָרֶץ 하-토바 하-아레츠 그 땅은 좋습니까?

(14) טוֹבָה הַתּוֹרָה וְטוֹבִים הַדְּבָרִים אֲשֶׁר בָּהּ

토바 핫-토라 베-토빔 핫-데바림 아쉐르 바

그 율법은 선하고 그 안에 있는 말씀들은 선합니다.

2. 다음 성경구절을 번역하라.

(1) (신 6:1) וְזֹאת הַמִּצְוָה 베-조트 함-미츠바 그리고 이것은 그 계명입니다.

(2) (왕하 16:6) עַד הַיּוֹם הַזֶּה 아드 하이-욤 핫-제 오늘날까지

(3) (시 59:5) וְאַתָּה יְהוָה־אֱלֹהִים 베-앗타 아도나이 엘로힘

그리고 당신은 야훼 하나님입니다.

(4) (수 10:42) כָּל־הַמְּלָכִים הָאֵלֶּה 콜-함-멜라킴 하-엘레 이 모든 왕들

(5) (창 22:7) וְאַיֵּה הַשֶּׂה 베-아이-예 핫-세 그리고 그 양은 어디에 있습니까?

(6) (출 5:2) מִי יְהוָה 미 아도나이 야훼가 누구냐?

(7) (호 11:9) אֵל אָנֹכִי וְלֹא־אִישׁ 엘 아노키 베-로-이쉬

나는 하나님이고 사람이 아니다.

(하나님이다, 나는 그리고 사람이 아니다.)

(8) (암 7:14) לֹא־נָבִיא אָנֹכִי 로-나비 아노키 나는 예언자가 아닙니다.

(예언자가 아닙니다, 나는)

9) (슥 8:16) אֵלֶּה הַדְּבָרִים 엘레 핫-데바림 이것은 그 말씀들입니다.

10) (삿 4:14) זֶה הַיּוֹם 제 하이-욤 이것이 그 날이다.

11) (민 13:18) הַמְעַט הוּא אִם־רָב 하-메아트 후 임 라브

그것은 적습니까 아니면 많습니까?

(적습니까, 그것은? 아니면 많습니까?)

12) (창 24:23) בַּת־מִי אַתְּ 바트 미 아트 당신은 누구의 딸입니까?

13) (창 4:9) אֵי הֶבֶל 에 헤벨 아벨은 어디에 있느냐?

8장 · 대명사 접미사 연습문제

1. 다음 히브리 표현을 해석하라.

1) דְּבָרָיו 데바라브 그의 말씀들

2) סִפְרָם 시프람 그들의(남) 책

3) אֱלֹהֶיךָ 엘로헤카 너의(남) 하나님

4) אֲבוֹתֵינוּ 아보테누 우리의 아버지들(조상들)

5) אִשְׁתּוֹ 이쉬토 그의 아내(여자)

6) לָהּ 라 그녀에게/그녀를 위하여/그녀에게 속해 있는

7) בִּי 비 내 안에서/함께(in/with me)

8) כָּמוֹנוּ 카모누 우리처럼

9) עָלָיו 알라브 그 사람(그것) 위에/에 관하여, 때문에(on him/it)

10) אֵלֶיךָ 엘레카 너(남)에게(to you)

11) מִכֶּם 믹켐 너희들(남)로부터

12) אַדְמָתוֹ 아드마토 그의 땅

13) קָדְשְׁךָ 코드쉐카 너의(남) 거룩함

14) בְּנוֹתַי 베노타이 나의 딸들

15) נָשֵׁינוּ 나쉐누 우리의 아내들

6) נָשַׁי 나샤이 나의 아내들

17) עִמּוֹ 임모 그와 함께(with him)

18) בָּנוּ 바누 우리와 함께/우리 안에(in us or with us)

19) לוֹ 로 그에게/그를 위해/그에게 속한

20) אִתְּךָ 이테카 너와 함께(with you)

2. 다음 성경구절을 해석하라.

1) (출 6:7) כִּי אֲנִי יְהוָה אֱלֹהֵיכֶם 키 아니 아도나이 엘로헤켐

➔ 이는 내가 여호와 너희들(남)의 하나님이기 때문이다.

2) (에 2:7) כִּי אֵין לָהּ אָב וָאֵם 키 엔 라 아브 베–엠

➔ 이는 그녀에게 아버지와 어머니가 없기 때문이다.

3) (사 45:22) כִּי אֲנִי־אֵל וְאֵין עוֹד 키 아니 엘 베–엔 오드

➔ 이는 내가 하나님이고 다른 이가 없기 때문이다.

4) (시 62:7) הוּא צוּרִי וִישׁוּעָתִי 후 추리 비슈아티

➔ 그는 나의 반석이며 나의 구원입니다.

5) (룻 1:12) יֶשׁ־לִי תִקְוָה 예쉬 리 티크바

➔ 나는 희망이 있다.

6) (창 44:20) יֶשׁ־לָנוּ אָב זָקֵן 예쉬 라누 아브 자켄

➔ 우리는 늙으신 아버지가 계십니다.

7) (출 32:2) בְּנֵיכֶם וּבְנוֹתֵיכֶם 베네켐 우-베노테켐

➔ 너희들(남)의 아들들과 너희들(남)의 딸들

8) (겔 28:15) תָּמִים אַתָּה בִּדְרָכֶיךָ 타밈 앗타 비-드라케카

➔ 당신은 당신의 길들에서 완전합니다.

9) (시 31:14) אֱלֹהַי אָתָּה 엘로하이 앗타

➔ 당신은 나의 하나님입니다.

10) (학 2:8) לִי הַכֶּסֶף וְלִי הַזָּהָב 리 학-케세프 벨-리 핫-자하브

➔ 은은 나의 것이고 금도 나의 것이다.

11) (창 28:16) יֵשׁ יְהוָה בַּמָּקוֹם הַזֶּה 예쉬 아도나이 밤-마콤 핫-제

➔ 여호와가 이 곳에 있다.

12) (출 8:6) אֵין כַּיהוָה 엔 카도나이

➔ 여호와 같은 분은 없다.

13) (왕하 5:8) יֵשׁ נָבִיא בְּיִשְׂרָאֵל 예쉬 나비 베-이스라엘

➔ 이스라엘에 어떤 예언자가 있었다/있다.

14) (사 8:10) עִמָּנוּ אֵל 임마누 엘

➔ 하나님이 우리와 함께 계신다.

15) (사 3:7) וּבְבֵיתִי אֵין לֶחֶם 우-베-베티 엔 렉헴

➔ 그리고 나의 집에는 양식이 없다.

16) (창 12:14) יָפָה הִיא מְאֹד 야파 히 메오드

➔ 그녀는 매우 아름다웠다/아름답다.

17) (출 19:5) לִי כָּל־הָאָרֶץ 리 콜 하-아레츠

➔ 온 땅이 내 것이다.

18) (시 76:2) גָּדוֹל שְׁמוֹ 가돌 쉐모

➔ 그의 이름은 위대하다.

19) (창 20:5) אָחִי הוּא 악히 후

➔ 그는 나의 형제(오빠)이다.

20) (창 17:27) וְכָל־אַנְשֵׁי בֵיתוֹ 베–콜 안쉐 베토

➔ 그의 집의 모든 사람들/남자들

21) (창 43:7) הֲיֵשׁ לָכֶם אָח 하–예쉬 라켐 악흐

➔ 너희들(남)에게 형제(a brother)가 있느냐?

9장 · 연계형 구문 연습문제

1. 다음 연계형 구문을 번역하라.

1) תּוֹרוֹת הַמֶּ֫לֶךְ הַטּוֹבוֹת 토롯 함-멜렉 핫-토봇

그 왕의 (그) 선한 율법들(the good laws of the king)

2) בִּרְכַּת הָאָבוֹת 비르카트 하-아보트

그 조상들의 (그) 축복(the blessing of the fathers)

3) אֵ֫שֶׁת הָאִישׁ הַהוּא 에쉐트 하-이쉬 하-후

저 남자의 (그) 아내(the wife of that man)

4) מַחֲנֵה הָאֹיֵב 막하네 하-오이예브 그 원수의 (그) 진영(the camp of the enemy)

5) בְּנוֹת הַזָּקֵן הַיָּפוֹת 베노트 핫-자켄 하이-야포트

그 장로의 (그) 아름다운 딸들(the beautiful daughters of the elder)

6) אַנְשֵׁי הָעִיר 안쉐 하-이르 그 도시의 (그) 사람들(the men of the city)

7) דִּבְרֵי הַסֵּ֫פֶר　디브레 핫-세페르　그 책의 (그) 말씀들(the words of the book)

8) נְבִיאֵי הָעִיר הָרָעָה　네비에 하-이르 하-라아

그 악한 도시의 (그) 예언자들(the prophets of the wicked city)

9) אַבְנֵי הָהָר　아브네 하-하르　그 산의 (그) 돌들(the stones of the mountain)

10) עַבְדֵי הַנָּבִיא הַטּוֹבִים　아브데 한-나비 핫-토빔

그 예언자의 (그) 선한 종들(the good servants of the prophet)

11) שְׁמוֹת בְּנֵי יִשְׂרָאֵל　쉐모트 베네 이스라엘

이스라엘의 아들들의 이름들(the names of the children of Israel)

12) שֹׁפֵט הָאָ֫רֶץ הַיָּשָׁר　쇼페트 하-아레츠 하이-야샤르

그 땅의 의로운 재판관(the righteous judge of the land)

13) בָּתֵּי הָעִיר　바테 하-이르　그 도시의 (그) 집들(the houses of the city)

14) אֱלֹהֵי יִשְׂרָאֵל 엘로헤 이스라엘 이스라엘의 (그) 하나님(God of Israel)

15) כּוֹכְבֵי הַשָּׁמַיִם 코케베 핫-샤마임 그 하늘의 (그) 별들(the stars of the heaven)

2. 다음 성경구절을 번역하라 (우리말에 불필요한 정관사 '그'는 생략함).

1) (출 1:1) וְאֵלֶּה שְׁמוֹת בְּנֵי יִשְׂרָאֵל 베-엘레 쉐모트 베네 이스라엘

➔ 그리고 이것들은 이스라엘의 자손들의 이름들이다.

2) (출 24:3) סֵפֶר הַבְּרִית 세페르 합-베리트

➔ 그 언약의 책

3) (수 1:1) אַחֲרֵי מוֹת מֹשֶׁה עֶבֶד יְהוָה 악하레 모트 모쉐 에베드 아도나이

➔ 여호와의 종 모세가 죽은 후

4) (사 6:1) בִּשְׁנַת־מוֹת הַמֶּלֶךְ 비쉬낫 모트 함-멜렉

➔ 그 왕이 죽던 해에

5) (레 17:14) דַּם־כָּל־בָּשָׂר 담 콜 바사르

➔ 모든 육체의 피

6) (창 3:24) דֶּרֶךְ עֵץ הַחַיִּים 데레크 에츠 학–하이임

➔ 생명 나무의 길

7) (삼하 7:19) וְזֹאת תּוֹרַת הָאָדָם 베–조트 토라트 하–아담

➔ 그리고 이것이 사람의 법이다.

8) (렘 19:13) וּבָתֵּי מַלְכֵי יְהוּדָה 우–밧테 말케 예후다

➔ 그리고 유다의 왕들의 집들

9) (민 11:16) הֵם זִקְנֵי הָעָם 헴 제케네 하–암

➔ 그들은 백성의 장로들이다.

10) (왕하 2:11) רֶכֶב־אֵשׁ וְסוּסֵי אֵשׁ 레케브 에쉬 베–수세 에쉬

➔ 불 병거와 불 말들

11) (출 24:3) כָּל־דִּבְרֵי יְהוָה 콜 디브레 아도나이

➔ 여호와의 모든 말씀들

12) (수 24:17) מֵאֶרֶץ מִצְרַיִם מִבֵּית עֲבָדִים 메에레츠 미츠라임 밉베트 아바딤

➔ 이집트 땅, 종살이하던 집에서부터 (종살이하던 집, 이집트 땅에서부터)

13) (창 16:9) מַלְאַךְ יְהוָה 말라크 아도나이

➔ 여호와의 사자

14) (창 17:27) וְכָל־אַנְשֵׁי בֵיתוֹ 베–콜 안쉐 베토

➔ 그리고 그의 집의 모든 남자들

15) (출 14:13) יְשׁוּעַת יְהוָה 예슈아트 아도나이

➔ 여호와의 구원

10장 · 동사의 완료형 연습문제

※ 다음 성경구절을 번역하라.

1) (삼상 15:19) לָמָּה לֹא־שָׁמַעְתָּ בְּקוֹל יהוה

람마 로 샤마타 베-콜 아도나이

람마: 왜

샤마타: 샤마(שָׁמַע)의 완료 2남단. 샤마타 베: 전치사 베와 결합하여 "~을 듣다"는 뜻. 영어의 listen to~.

베-콜 아도나이: 베(전치사) + 콜 아도나이(명사 연계형: 여호와의 목소리)

➔ 왜 당신은 여호와의 목소리를 듣지 않았습니까?

2) (신 5:2) יהוה אֱלֹהֵינוּ כָּרַת עִמָּנוּ בְּרִית בְּחֹרֵב

아도나이 엘로헤누 카라트 임마누 베릿 베-호렙

카라트 임: ~와 (언약을) 맺다

임마누: 임(전치사: ~와 함께) + 아누(1공단 인칭대명사 목적격 어미: 우리를)

➔ 우리 하나님 여호와께서 호렙에서 우리와 언약을 맺으셨다.

3) (삼상 3:8) קָרָאתָ לִי 카라타 리

카라타: 카라(קָרָא)의 완료 2남단. 카라 레+A: "A을 부르다"는 숙어.

➔ 당신은 나를 불렀습니다.

4) (왕상 3:12) הִנֵּה נָתַתִּי לְךָ לֵב חָכָם 힌네 나탓티 레카 레브 하캄

나탓티: 나탄(נָתַן)의 완료 1공단

하캄 레브: 명사 레브(마음) + 형용사(하캄: 지혜로운)

레카: 전치사 레 + 카(2남단 인칭대명사 목적격 어미)

→ 보라. 내가 너에게 지혜로운 마음을 주었다.

5) (사 59:8) דֶּרֶךְ שָׁלוֹם לֹא יָדָעוּ 데레크 샬롬 로 야다우

데레크 샬롬: 명사 연계형, 평화의 길, 동사의 목적어. 운문을 주로 사용하는 예언서의 문장은 산문처럼 에트[אֶת־]같은 목적어 표시를 하지 않는 경향이 있다.

야다우: 야다(יָדַע)의 완료 3공복.

→ 평화의 길을 그들은 모른다/몰랐다.

6) (출 40:34) כְּבוֹד יהוה מָלֵא אֶת־הַמִּשְׁכָּן 케보드 아도나이 말레 에트 함-미쉬칸

케보드 아도나이: 명사 연계형. 여호와의 영광

말레: 완료 3남단

→ 여호와의 영광이 그 장막에 가득했다/충만했다(직역: ~이 그 장막을 가득 채웠다).

7) (말 1:2) אָהַבְתִּי אֶתְכֶם 아하브타 에트켐

아하브티: 아하브(אָהַב)의 완료 1공단

에트켐: 에트(목적격 조사) + 켐(2남복 대명사 목적격 어미: 너희들을)

→ 나는 너희들(남)을 사랑했다/사랑한다.

8) (대하 34:14) מָצָא חִלְקִיָּהוּ הַכֹּהֵן אֶת־סֵפֶר תּוֹרַת־יהוה

마차 힐키야후 학–코헨 에트 세페르 토랏 아도나이

마차: 완료 3남단

힐키야후 학 코헨: 동격

세페르 토랏 아도나이: 명사 연계형

→ 제사장 힐기야가 여호와의 율법 책을 찾았다.

9) (창 13:12) אַבְרָם יָשַׁב בְּאֶרֶץ־כְּנָעַן 아브람 야샤브 베–에레츠 케나안

야샤브: 완료 3남단

→ 아브람은 가나안 땅에 거주했다.

10) (출 19:4) אַתֶּם רְאִיתֶם אֲשֶׁר עָשִׂיתִי לְמִצְרָיִם

앗템 레이템 아셰르 아시티 레미츠라임

레이템: 라아(רָאָה)의 완료 2남복

아시티: 아사(עָשָׂה)의 완료 1공단

→ 너희들(남)은 내가 이집트에게 행한 일을 보았다

11) (창 15:1) אַחַר הַדְּבָרִים הָאֵלֶּה הָיָה דְבַר־יהוה אֶל־אַבְרָם

아하르 핫–데바림 하–엘레 하야 데바르 아도나이 엘 아브람

아하르: 전치사. ~뒤에, ~후에

하야: 완료 3남단. 있다, 되다.

하–엘레: 지시형용사, 이것. 명사 뒤에 온다. 성/수/관사를 일치시킨다.

→ 이 일 후에 여호와의 말씀이 아브람에게 임했다.

12) (시 22:1) אֵלִי אֵלִי לָמָה עֲזַבְתָּ אֹתִי 엘리 엘리 라마 아자브타니

아자브타: 아자브(עָזַב)의 완료 2남단

엘리: 엘(하나님) + 이(나의)

오티: 에트(목적격 조사) + 이(나를)

→ 나의 하나님 나의 하나님 당신은 어찌하여 나를 버리셨습니까?

13) (창 1:27) בָּרָא אֱלֹהִים אֶת־הָאָדָם בְּצַלְמוֹ בְּצֶלֶם אֱלֹהִים בָּרָא אֹתוֹ

바라 엘로힘 에트 하-아담 베-찰모/ 베첼렘 엘로힘 바라 오토

바라: 완료 3남단

베찰모: 베(~으로) + 첼렘(형상) + 오(그의)

베첼렘 엘로힘: 명사 연계형 구문. 하나님의 형상으로

오토: 에트(목적격 조사) + 오(그를)

→ 하나님은 사람을 그의 형상으로 창조하셨다. 하나님의 형상으로 그는 그를 창조하셨다.

14) (시 13:6) וַאֲנִי בְּחַסְדְּךָ בָטַחְתִּי 바-아니 벡하스테카 바탁흐티

바탁흐티: 바탁흐(בָּטַח)의 완료 1공단.

바탁흐 베: 영어의 believe in 즉 "~을 믿다"는 뜻이다. 전치사 베를 "~안에/~와 함께"로 직역하면 안된다.

베하스테카: 베 + 하스데카[헤세드(성실) + 카(너의)]

→ 그리고 나는 당신의 성실을 믿습니다.

15) (창 26:26) מַדּוּעַ בָּאתֶם אֵלָי 맛두아 바템 엘라이

맛두아: 왜

바템: 보(בּוֹא)의 완료 2남복

→ 왜 너희들(남)은 나에게 왔느냐?

16) (신 4:44) וְזֹאת הַתּוֹרָה אֲשֶׁר־שָׂם מֹשֶׁה לִפְנֵי בְּנֵי יִשְׂרָאֵל

베-조트 핫-토라 아셰르 삼 모셰 리프네 베네 이스라엘

삼: 심(שִׂים)의 완료 3남단.

→ 그리고 이것은 모세가 이스라엘 자손 앞에 둔/베푼 그 율법이다.

17) (창 19:5) אַיֵּה הָאֲנָשִׁים אֲשֶׁר־בָּאוּ אֵלֶיךָ הַלָּיְלָה

아이예 하-아나쉼 아셰르 바우 엘레카 할-라일라

아예: 어디에

바우: 보(בּוֹא)의 완료 3공복

→ 오늘 밤 너에게 들어온 그 남자들은 어디에 있느냐?

18) (수 6:15) סָבְבוּ אֶת־הָעִיר שֶׁבַע פְּעָמִים 사베부 에트 하-이르 셰바 페아밈

사베부: 사바브(סָבַב)의 완료 3공복

→ 그들은 그 도시를 일곱 번 돌았다.

19) (창 49:4) כִּי עָלִיתָ מִשְׁכְּבֵי אָבִיךָ 키 알리타 미쉬케베 아비카

알리타: 알라(עָלָה)의 완료 2남단

→ 이는 네(남)가 네 아버지의 침상에 올라갔기 때문이다.

20) (신 20:5) מִי־הָאִישׁ אֲשֶׁר בָּנָה בַיִת־חָדָשׁ 미 하-이쉬 아셰르 바나 바이트 하다쉬

바나: 완료 3남단

→ 새 집을 지은 사람은 누구인가?

11장 · 동사의 미완료형 연습문제

1. 다음 히브리어 문장을 번역하라.

1) יִשְׁמְרוּ הַשֹּׁפְטִים אֶת־תּוֹרַת אֱלֹהִים 이쉬메루 핫-쇼페팀 에트 토라트 엘로힘

이쉬메루: 샤마르(שָׁמַר)의 미완료 3남복

➔ 그 재판관들은 하나님의 율법을 지킬 것이다(지켜야 한다).

2) אֶשְׁבֹּר אֶת־לוּחַ הָאֶ֫בֶן 에쉬보르 에트 루악흐 하-에벤

에쉬보르: 샤바르(שָׁבַר)의 미완료 1공단

➔ 나는 그 돌판을 깨뜨릴 것이다.

3) נִבְטַח בְּשֵׁם יְהוָה צְבָאוֹת 니브탁흐 베-셈 아도나이 체바오트

니브탁흐: 바탁흐(בָּטַח)의 미완료 1공복. 바탁흐 베: ~를 믿다.

➔ 우리는 만군의 여호와의 이름을 믿는다.

4) יִבְנוּ עַבְדֵי פַרְעֹה עָרִים רַבּוֹת בָּאָ֫רֶץ הַהִיא

이브누 아브데 파로 아림 라봇 바-아레츠 하-히

이브누: 바나(בָּנָה)의 미완료 3남복

➔ 바로의 종들은 저 땅에 많은 도시들을 지을 것이다.

5) אֹכַל אֶת־הַבָּשָׂר אֲשֶׁר עַל־הַמִּזְבֵּחַ

오칼 에트 핫-바사르 아셰르 알 함-미즈베아흐

오칼: 아칼 동사의 1인칭 미완료형. “말하다”는 뜻의 동사 아마르(אָמַר)가 1인칭단수 미완료에서 오마르(אֹמַר)로 변화하는 것과 같다.

→ 나는 그 제단 위에 있는 고기를 먹을 것이다.

6) לֹא תִכְתְּבִי אֶת־הַדְּבָרִים בַּסֵּפֶר 로 틱테비 에트 핫-데바림 밧-세페르

티크테비: 카타브(כָּתַב)의 미완료 2여단. 미완료의 양태적 의미(shall, must, may).

→ 너희들(여)은 그 말씀들을 그 책에 기록해서는 안 된다

7) בַּיּוֹם הַהוּא תִּצְעֲקוּ בְּקוֹל גָּדוֹל 바이-욤 하-후 티츠아쿠 베-콜 가돌

티츠아쿠: 차아크(צָעַק)의 미완료 2남복. 차아크 베: 소리를 내어 울부짖다.

→ 그 날에 너희들(남)은 큰 소리로 울부짖을 것이다.

8) בַּבֹּקֶר תִּשְׁלַח אֶת־בִּנְךָ וְאֶת־בִּתְּךָ אֶל־הַבָּיִת

밥-보케르 티쉴라흐 에트 빈카 베-에트 비테카 엘 합-바이트

티쉴락흐: 샬락흐(שָׁלַח)의 미완료 2남단.

→ 그 아침 즉, 오늘 아침에 너는 네 아들과 네 딸을 그 집으로 보내야 한다(보낼 것이다).

9) אֶל־מִי תִקְרְאוּ 엘 미 티크레우

티크라: 카라(קָרָא)의 미완료 2남복. 의문대명사 미(מִי)는 전치사 엘의 목적어.

카라 엘: ~을 부르다 혹은 (문맥에 따라) ~에게 외치다

→ 너희들(남)은 누구를 부르느냐?/누구에게 외치고 있느냐?

10) תִּכְבַּד הָעֲבוֹדָה עָלֶיךָ וְתִזְעַק אֵלַי בְּקוֹל גָּדוֹל וְלֹא אֶשְׁמַע לְקוֹלְךָ

티크바드 하-아보다 알레카 베-티즈아크 엘라이 베-콜 가돌 벨-로 에쉬마 레-콜레카

'벨로'의 바브 접속사는 앞뒤 두 문장의 뜻을 대조시키므로 "그러나"로 번역한다.

→ 그 일이 너에게 엄중할 것이고 너는 나에게 큰 소리로 울부짖을 것이다. 그러나 나는 네 목소리를 듣지 않을 것이다.

11) מַה־תִּשְׁאַל מִמֶּנִּי 마 티쉬알 밈멘니

티쉬알: 샤알(שָׁאַל)의 미완료 2남단

→ 너(남)는 나에게 무엇을 구하느냐?

12) לֹא־תֵלֵךְ הָאִשָּׁה אַחֲרַי 로 텔레크 하-잇샤 아하라이

텔레크: I-요드 동사처럼 변화하는 할라크(הָלַךְ)의 미완료. 타브 아래의 모음 체레가 미완료형임을 알려주는 단서.

→ 그 여자는 내 뒤를 따라 걷지 않을 것이다.

13) יִשָּׂא פַרְעֹה אֶת־רֹאשְׁךָ 잇사 파르오 에트 로셰카

잇사: 나사(נָשָׂא)의 미완료 3남단.

➔ 바로는 네 머리를 들어올려줄 것이다.

14) וּדְבַר־אֱלֹהֵינוּ יָקוּם לְעוֹלָם 우-데바르 엘로헤누 야쿰 레-올람

야쿰: 쿰(קוּם)의 미완료 3남단

➔ 그리고 우리 하나님의 말씀은 영원히 서 있을 것이다.

15) אָנֹכִי אֵרֵד עִמְּךָ 아노키 에레드 임메카

에레드: 야라드(יָרַד)의 1인칭공통단수 미완료형.

이 문장은 1인칭 주어, 아노키를 강조한다: "나로 말할 것 같으면, 나는 ~할 것이다"는 문장이다.

➔ 나는 (분명히) 너와 함께 내려갈 것이다.

2. 다음 성경구절을 번역하라.

1) (출 15:18) יְהוָה יִמְלֹךְ לְעֹלָם וָעֶד 아도나이 이믈로크 레-올람 바-에드

이믈로크: 말라크(מָלַךְ)의 미완료 3남단. 동사보다 주어 아도나이가 선행하여 주어를 강조하는 구문

➔ 여호와께서 영원 무궁히 다스릴 것이다.

2) (렘 31:33) זֹאת הַבְּרִית אֲשֶׁר אֶכְרֹת אֶת־בֵּית יִשְׂרָאֵל

조트 합-베리트 아셰르 에크로트 에트 벧 이스라엘

에크라트: 카라트(כָּרַת)의 미완료 1공단. 베리트와 결합하여, 언약을 맺다.

➔ 이것은 내가 이스라엘 집과 맺을 언약이다.

3) (삼하 7:13) הוּא יִבְנֶה־בַּיִת לִשְׁמִי 후 이브네 바이트 리쉬미

동사보다 선행하는 3인칭 대명사 후(הוּא)를 강조하는 문장.

이브네: 바나(בָּנָה)의 미완료 3남단

➔ (바로!) 그가 내 이름을 위해 집을 지을 것이다.

4) (출 20:24) מִזְבַּח אֲדָמָה תַּעֲשֶׂה־לִּי 미즈바흐 아다마 타아세 리

타아세: 아사(עָשָׂה)의 미완료 2남단

➔ 너는 나를 위해 토단(흙으로 지은 제단)을 만들어야 한다. ('토단' 강조 구문)

5) (출 13:6) שִׁבְעַת יָמִים תֹּאכַל מַצֹּת וּבַיּוֹם הַשְּׁבִיעִי חַג לַיהוָה

쉬브아트 야밈 토칼 마초트 우바이욤 핫–셰비이 하그 라도나이

토칼: 아칼(אָכַל)의 미완료 2남단

➔ 이레 동안 너는 무교병을 먹어야 한다(미완료의 양태적 의미).

그리고 일곱 째 날은 여호와께 (지키는) 순례의 절기이다.

6) (창 15:15) וְאַתָּה תָּבוֹא אֶל־אֲבֹתֶיךָ בְּשָׁלוֹם

베–앗타 타보 엘 아보테카 베–샬롬

타보: 보(בּוֹא)의 미완료 2남단

➔ 그리고 너에 관해서 말한다면 너는 평안히 네 조상들에게 (들어)갈 것이다.

7) (시 23:4) לֹא־אִירָא רָע כִּי־אַתָּה עִמָּדִי 로 이라 라 키 앗타 임마디

이라: 야레(יָרֵא)의 1인칭단수 미완료

→ 나는 악(해/상함)을 두려워하지 않을 것입니다.

이는 당신이 나와 함께 계시기 때문입니다.

8) (겔 11:10) בַּחֶרֶב תִּפֹּלוּ עַל־גְּבוּל יִשְׂרָאֵל 박-헤렙 팁폴루 알 게불 이스라엘

팁폴루: 나팔(נָפַל)의 2남복 미완료

→ 너희들(남)은 이스라엘 영토에서 칼에 쓰러질 것이다.

9) (출 6:1) עַתָּה תִרְאֶה אֲשֶׁר אֶעֱשֶׂה לְפַרְעֹה

앗타 티르에 아셰르 에에세 레-파르오

티르에: 라아(רָאָה)의 2남단 미완료

→ 이제 너는 내가 바로에게 행하는 일을 (눈으로) 볼 것이다.

10) (창 24:7) הוּא יִשְׁלַח מַלְאָכוֹ לְפָנֶיךָ 후 이쉘라흐 말라코 레파네카

이쉘락흐: 샬락흐(שָׁלַח)의 3남단 미완료

→ 그가(강조) 그의 사자를 네 앞에 보낼 것이다.

11) (욥 14:14) אִם־יָמוּת גֶּבֶר הֲיִחְיֶה 임 야무트 게베르 하-이예/하-이흐예

하-이예/하-이흐예: 첫 소리 '하' 의문사 + 이예: 하야(חָיָה), 3남단 미완료

→ 만일 사람이 죽으면 그가 살아나겠느냐(살 수 있겠느냐)?

12) (삼하 16:18) לוֹ אֶהְיֶה וְאִתּוֹ אֵשֵׁב 로 에예/에흐예 베-잇토 에셰브

에예(혹은 에흐예): 하야(הָיָה)의 1공단 미완료

에셰브: 야사브(יָשַׁב)의 1공단 미완료

이토: 에트(with)+3남단 대명사접미사 목적격. "그를 위하여/그에게" 즉 for him/to him

→ 나는 그를 위해 있으며 나는 그와 함께 거주할 것이다.

13) (암 5:11) וְלֹא־תֵשְׁבוּ בָּם 벨-로 테셰부 밤

테셰부: 야사브(יָשַׁב)의 2남복 미완료

→ 그리고 너희들은 그것들 안에 거주하지 못할 것이다.

14) (신 13:4) אַחֲרֵי יְהוָה אֱלֹהֵיכֶם תֵּלֵכוּ וְאֹתוֹ תִירָאוּ

악하레 아도나이 엘로헤켐 텔레쿠 베-오토 티라우

텔레쿠: 할라크(הָלַךְ)의 2남복 미완료

티라우: 야레(יָרֵא)의 2남복 미완료

→ 너희들(남)의 하나님 여호와를 따라 행해야 할 것이고 너희들은 그를 두려워해야 할 것이다.

15) (시 15:1) יְהוָה מִי־יָגוּר בְּאָהֳלֶךָ מִי־יִשְׁכֹּן בְּהַר קָדְשֶׁךָ

아도나이 미 야구르 베-오홀레카 미 이쉬콘 베-하르 코드셰카

야구르: 구르()의 3남단 미완료

이쉬콘: 샤칸(שָׁכַן)의 3남단 미완료

베-오홀레카: 베(전치사)+오헬(장막)+카(2남단 대명사접미사 소유격)

→ 여호와여 누가 당신의 장막에 머물 수 있으며 누가 당신의 거룩한 산에 거주할 수 있습니까?

12장 · 바브 계속형 연습문제

1. 다음 히브리어 동사의 바브 연속형을 분해하라.

분해순서: 바브 연속 미완료 혹은 완료, 동사어근, 인칭–성–수, 뜻

예: וַיֹּאמֶר 바브 연속 미완료, 아마르(אָמַר), 3남단, 그리고 그가 말했다.

וְשָׁלְחוּ 바브 연속완료, 샬락흐(שָׁלַח), 3남복, 그리고 그들이 보낼 것이다.

1) וַיֵּלְכוּ 바이–옐렉쿠. 바브 연속 미완료형. 할라크(הָלַךְ).
3남복. "그리고 그들이 갔다/행했다."

2) וָאֵרְאֶה 바–에르에. 바브 연속 미완료형. 라아(רָאָה).
1공단. "그리고 내가 보았다."

3) וַיָּבֹא 바이–야보. 바브 연속 미완료형. 보(בּוֹא).
3남단. "그리고 그가 들어갔다."

4) וַיֵּרֶד 바이–예레드. 바브 연속 미완료형. 야라드(יָרַד).
3남단. "그리고 그가 내려갔다."

5) וַיַּעַשׂ 바이–야아스. 바브 연속 미완료형. 아사(עָשָׂה).
3남단. "그리고 그가 행했다/만들었다."

6) וּשְׁמַרְתֶּם 우-셰마르템. 바브 연속 완료형. 샤마르(שָׁמַר).

2남복. "그리고 너희들이 지킬 것이다."

7) וְכָתַבְתָּ 베-카타브템. 바브 연속 완료형. 카타브(כָּתַב).

2남단. "네가 쓸 것이다."

8) וְלָקְחוּ 베-라케후. 바브 연속 완료형. 라캌흐(לָקַח).

3남복. "그리고 그들이 취할 것이다."

9) וְאָמְרוּ 베-아메루. 바브 연속 완료형. 아마르(אָמַר).

3남복. "그리고 그들이 말했다."

10) וְזָכַרְתִּי 베-자카르트티. 바브 연속 완료형. 자카르(זָכַר).

1공단. "그리고 내가 기억할 것이다."

2. 다음 성경구절을 번역하라.

1) (창 12:10) וַיְהִי רָעָב בָּאָרֶץ וַיֵּרֶד אַבְרָם מִצְרַיְמָה

바-이히 라아브 바-아레츠 바이-예레드 아브람 미츠라이마(방향의 '헤' 사용)

바이-예레드: 동사 야라드(יָרַד)의 바브 연속미완료 ⇨ 완료 ⇨ 그리고 그가 내려갔다.

예레드: 야라드의 미완료3남단. 요드 아래 모음 체레가 I-요드 동사의 미완료형 특징

➔ 그리고 그 땅에 기근이 있었다. 그래서 아브람은 이집트로 내려갔다.

2) (창 4:1) וְהָאָדָם יָדַע אֶת־חַוָּה אִשְׁתּוֹ וַתַּהַר וַתֵּלֶד אֶת־קַיִן

베-하-아담 야다 에트 합바 이쉬토 밧-타하르 밧-텔레드 에트 카인

밧-타하르: 동사 하라의 바브 연속 미완료 3여단 ⇨ 그리고 그녀가 임신을 했다.

타하르: 하라(הָרָה)의 3여단. 하라의 마지막 어근 자음 헤가 탈락했다.

→ 그리고 아담이 그의 아내 하와와 동침했다.

그리고 그녀는 임신을 했고 그녀는 가인을 낳았다.

3) (창 21:17) וַיִּשְׁמַע אֱלֹהִים אֶת־קוֹל הַנַּעַר

바이-이쉬마 엘로힘 에트 콜 한-나아르

바이-이쉬마: 샤마(שָׁמַע)의 바브 연속 미완료 ⇨ 완료: 그리고 그가 들었다.

→ 그리고 하나님은 그 아이의 목소리를 들으셨다.

4) (출 15:22) וַיַּסַּע מֹשֶׁה אֶת־יִשְׂרָאֵל מִיַּם־סוּף וַיֵּצְאוּ מִדְבַּר־שׁוּר

바이-얏사 에트 이스라엘 미얌 숩 바이-예체후 미드바르 수르

바이-얏사: 나사(נָסַע)의 바브 연속 미완 료 ⇨ 완료: 그리고 그가 떠났다/출발했다.

얏사: I-눈 동사, 나사의 미완료형으로서 첫째 어근 자음 눈이 탈락하고 사멕에 중복점을 남겼다.

→ 그리고 모세는 이스라엘과 함께 얌 숩에서 출발했고 그들은 수르 광야로 들어갔다.

5) (출 1:8) וַיָּקָם מֶלֶךְ־חָדָשׁ עַל־מִצְרָיִם אֲשֶׁר לֹא־יָדַע אֶת־יוֹסֵף

바이-야콤 멜렉크 하다쉬 알 미츠라임 아셰르 로 야다 에트 요셉

바이-야콤: 코프의 모음은 카메츠하툽이다. 무강세의 폐음절이기 때문이다.

쿰(קוּם)의 바브 연속 미완료 3남단.

야다: 칼 완료 3남단. 알다.

➔ 그리고 요셉을 알지 못하는 새 왕이 이집트에 즉위했다.

6) (신 27:8) וְכָתַבְתָּ עַל־הָאֲבָנִים אֶת־כָּל־דִּבְרֵי הַתּוֹרָה הַזֹּאת

베-카타브타 알 하-아바님 에트 콜 디브레 핫-토라 핫-조트

베-카타브타: 카타브의 바브 연속 완료형 ⇨ 미완료로 해석. 양태적 의미, "해야한다"가 적절.

➔ 그리고 너는 이 율법의 모든 말씀들을 그 돌들 위에 기록해야 한다.

7) (겔 36:26) וְנָתַתִּי לָכֶם לֵב חָדָשׁ וְרוּחַ חֲדָשָׁה אֶתֵּן בְּקִרְבְּכֶם

베-나탓티 라켐 하다쉬 베-루아흐 하다샤 엣텐 베-키르베켐

베-나탓티: 나탄(נָתַן)의 바브 연속 완료 1공단 ⇨ 미완료. 그리고 내가 줄 것이다.

엣텐: 나탄의 미완료 1공단. 첫째 어근 자음 눈이 탈락하고 둘째 어근 자음 타브에 중복점을 찍었다.

➔ 그리고 나는 너희들에게 새로운 마음을 줄 것이며 새로운 영을 너희들 가운데 줄 것이다.

8) (창 12:12) וְהָיָה כִּי־יִרְאוּ אֹתָךְ הַמִּצְרִים וְאָמְרוּ אִשְׁתּוֹ זֹאת וְהָרְגוּ אֹתִי

베-하야 키 이르우 함-미츠림 베-아메루 이쉬토 조트 베-하레구 오티

베-하야: 시간수식어로서 미래 사건 서술. **베-하야 키**: ~할 때.

이르우: 라아(רָאָה)의 미완료 3남복, "그들이 볼 것이다"

베-아메루: 아마르(אָמַר)의 바브 연속 완료, 미완료로 해석 ⇨ "그들이 말할 것이다"

베-하레구: 하라그(הָרַג)의 바브 연속 완료 3남복, 미완료로 해석 ⇨ "그리고 그들이 죽일 것이다."

➔ 그리고 이집트 사람들이 당신을 볼 때(보면) 그들은 "이 여자는 그의 아내이다"라고

말할 것이고 그들은 나를 죽일 것이다.

9) (신 6:5) וְאָהַבְתָּ אֵת יְהוָה אֱלֹהֶיךָ בְּכָל־לְבָבְךָ וּבְכָל־נַפְשְׁךָ וּבְכָל־מְאֹדֶךָ

베-아하브타 에트 아도나이 엘로헤카 베-콜 레바베카 우-콜 나프셰카 우-베-콜 메오데카

베-아하브타: 아하브(אָהַב)의 바브 연속 완료 2남단 ⇨ 미완료. 당위로 해석: 해야 한다.

➔ 그리고 너는 너의 하나님 여호와를 너의 온 마음과 너의 온 영혼과 너의 온 힘을 다해 사랑해야 할 것이다.

10) (신 24:22) וְזָכַרְתָּ כִּי־עֶבֶד הָיִיתָ בְּאֶרֶץ מִצְרָיִם

베-자카르타 키 에베드 하이타 베-에레츠 미츠라임

베-자카르타: 자카르(זָכַר)의 바브 연속 완료 2남단 ⇨ 미완료. 당위를 표현: 해야 한다.

➔ 그리고 너는 네가 이집트 땅에서 종이었다는 것을 기억해야 할 것이다.

13장 · 명령법 연습문제

1. 다음 히브리어 문장을 번역하라.

1) זְכֹר אֶת־דִּבְרֵי אָבִיךָ 제코르 에트 디브레 아비카

제코르: 자카르(זָכַר)의 절대부정사. 명령의 의미.

→ 너의 아버지의 말씀들을 기억하라.

2) שִׁפְטִי אֶת־הָאֲנָשִׁים הָאֵלֶּה 쉬프티 에트 하–아나쉼 하–엘레

쉬프티: 샤파트(שָׁפַט)의 2여단 명령 ⇨ "판결하라."

→ 이 남자들을 판결하라!

3) שְׁמֹרְנָה אֶת־מִצְוֹת מֹשֶׁה 쉐모르나 에트 미츠보트 모세

쉐모르나: 샤마르(שָׁמַר)의 2여복 명령. "지켜라."

→ 모세의 계명들을 지켜라.

4) שְׁלַח אֶת־הַנַּעַר אֵלַי 쉘락흐 에트 한–나아르 엘라이

쉘락흐: 샬락흐(שָׁלַח)의 2남단 명령. "보내라."

→ 그 소년을 나에게 보내라.

5) אַל־תִּשְׁכְּחוּ אֶת־תּוֹרוֹת אֱלֹהִים 알 티쉬케후 에트 토로트 엘로힘

티쉬케후: 샤칵흐(שָׁכַח)의 2남복 미완료형으로써 명령의 의미 표현. "잊다."

알 티쉬케후: 잊지 마라/ 잊어서는 안된다.

→ (너희는) 하나님의 율법들을 잊으면 안된다/잊지 마라.

6) אֶשְׁמְרָה אֵת תּוֹרָתְךָ תָּמִיד 에쉬메라 에트 토라테카 타미드

에쉬메라: 샤마르(שָׁמַר)의 1인칭 청원(cohortative). 단어 끝의 카메츠 헤가 단서.

→ 나는 당신의 율법을 항상 지키겠습니다.

7) שָׂא אֶת־הָאֲבָנִים הָאֵלֶּה 사 에트 하–아바님 하–엘레

사: 나사(נָשָׂא)의 2남단 명령. "들어라." 명령법에서 첫째 어근자음 눈이 탈락하는 불규칙 변화.

→ 이 돌들을 들어라.

8) יִשָּׂא אֶת־הָאֲבָנִים הָאֵלֶּה 잇사 에트 하–아바님 하–엘레

잇사: 나사(נָשָׂא)의 미완료 3남단 ⇨ "그가 들어 올릴 것이다."

→ 그는 이 돌들을 들 것이다.

9) בָּנוּ בַּיִת גָּדֹל בָּעִיר 바누 바이트 가돌 바–이르

바누: 바나(בָּנָה)의 완료 3공복, "그가 지었다."

→ 그들은 그 도시 안에 큰 집을 지었다.

10) בְּנוּ בַּ֫יִת גָּדֹל בָּעִיר 베누 바이트 가돌 바-이르

베누: 바나(בָּנָה)의 2남복 명령, "지어라."

➔ 그 도시 안에 큰 집을 지어라.

11) רְשׁוּ אֶת־הָאָ֫רֶץ 레슈 에트 하-아레츠

레슈: 야라쉬(יָרַשׁ)의 2남복 명령 ⇨ "상속하라/차지하라."

첫 어근자음 요드가 명령형에서 탈락하는 불규칙형.

➔ 그 땅을 상속하라/차지하라.

12) צְאֶ֫נָה מִן־הָעִיר הָרָעָה 체에나 민 하-이르 하-라

체에나: 야차(יָצָא)의 2여복 명령 ⇨ "나오라"

➔ 그 악한 도시에서 나오라.

13) תֵּצֶ֫אנָה מִין־הָעִיר הָרָעָה 테체나 민 하-이르 하-라

테체나: 야차(יָצָא)의 2여복 미완료 ⇨ 그들이 나올 것이다/나와야 한다(당위).

➔ 너희들(여)은 그 악한 도시에서 나올 것이다/나와야 한다.

14) תֵּן הַסֵּ֫פֶר אֶל־הַמֶּ֫לֶךְ 텐 핫-세페르 엘 함-멜렉

텐: 나탄(נָתַן)의 2남단 명령, "주어라." 첫 어근 자음 눈이 명령형에서 탈락하는 불규칙 변화.

➔ 그 책을 그 왕에게 주어라.

15) לֵךְ אֶל־הָאָרֶץ אֲשֶׁר אָמַרְתִּי אֵלֶיךָ 레크 하-아레츠 아셰르 아마르티 엘레카

레크: 할라크(הָלַךְ)의 명령 2남단, "가라." 첫째 어근자음 헤가 명령형에서 탈락하는 불규칙 변화.

아마르티: 아마르(אָמַר)의 완료1공단, "내가 말했다."

→ 내가 너에게 말한 그 땅으로 가라.

2. 다음 성경구절을 번역하라.

1) (대상 28:8) שִׁמְרוּ כָּל־מִצְוֹת יְהוָה 쉬므루 콜 미츠보트 아도나이

쉬므루: 샤마르(שָׁמַר)의 2남복 명령, "지켜라."

→ 여호와의 모든 계명들을 지켜라.

2) (창 15:5) וּסְפֹר הַכּוֹכָבִים 우-세포르 학-코카빔

우-세포르: 사파르(סָפַר)의 명령 2남단

→ 그리고 그 별들을 세어라.

3) (삼상 7:5) וַיֹּאמֶר שְׁמוּאֵל קִבְצוּ אֶת־כָּל־יִשְׂרָאֵל הַמִּצְפָּתָה

바이-요메르 셰무엘 키브추 에트 콜 이스라엘 함-미츠파타

바이-요메르: 아마르(אָמַר)의 바브 연속 미완 료 ⇨ 완료.

키브추: 카바츠(קָבַץ)의 2남복 명령

함미츠파타: 함-미츠바+방향의 헤, "미스바로."

→ 그리고 사무엘이 말했다. "온 이스라엘을 미스바로 소집하라!"

4) (창 26:2) וַיֹּאמֶר אַל־תֵּרֵד מִצְרָיְמָה שְׁכֹן בָּאָרֶץ אֲשֶׁר אֹמַר אֵלֶיךָ

바이-요메르 알 테레드 미츠라이마 셰콘 바-아레츠 아셰르 오마르 엘레카

테레드: 야라드(יָרַד)의 2남단 미완료. 부정어 알(אַל)과 결합하여 부정의 당위를 의미: "해서는 안된다." 그러므로 "하지 말라."

쉐콘: 샤칸(שָׁכַן)의 2남단 명령.

오마르: 아마르(אָמַר)의 1공단 미완 료 ⇨ 내가 말하는

➔ 그리고 그가 말했다. "이집트로 내려가지 마라. 내가 너에게 말한 그 땅에서 거주하라!"

שִׁמְעוּ

5) עֲמֹד בְּשַׁעַר בֵּת יְהוָה וְקָרָאתָ שָּׁם אֶת־הַדָּבָר הַזֶּה וְאָמַרְתָּ שִׁמְעוּ
דְבַר־יְהוָה (렘 7:2)

아모드 베-샤아르 베트 아도나이 베-카라타 샴 에트 핫-다바르 핫-제 베-아마르타 쉬므우 데바르 아도나이

아모드: 아마드(עָמַד)의 2남단 명령, "서라."

베-카라타: 카라(קָרָא)의 바브 연속 완료2남단. 명령법 다음의 바브연속완료는 명령법으로 해석. "선포해라."

베-아마르타: 아마르의 바브 연속 완료2남단. 명령법 다음의 바브연속완료는 명령법으로 해석. "말하라."

쉬므우: 샤마의 명령2남복. "들어라."

➔ "여호와의 집의 문에 서라. 그리고 거기서 이 말씀을 선포하라. 그래서 '여호와의 말씀을 들어라'라고 말하라."

6) וַיִּשְׁלַח שָׁאוּל מַלְאָכִים אֶל־יִשָׁי וַיֹּאמֶר שִׁלְחָה אֵלַי אֶת־דָּוִד בִּנְךָ
אֲשֶׁר בַּצֹּאן (삼상 16:19)

바이-이쉴락흐 샤울 말라킴 엘 이샤이 바이-요메르 쉴하 엘라이 에트 다비드 빈카 아셰르 밧촌

바이-이쉴락흐: 샬락흐(שָׁלַח)의 바브 연속미완료 3남 단 ⇨ 완료 "그리고 그가 보냈다."

쉴하: 샬락흐의 2남단 명령법. 어미의 헤(ה)가 붙는 명령법 대체형이다.

→ 그리고 사울이 사자들을 이새에게 보냈다. 그리고 그가 말했다. "양과 함께 있는 네 아들 다윗을 나에게 보내라."

7) (출 10:24) וַיִּקְרָא פַרְעֹה אֶל־מֹשֶׁה וַיֹּאמֶר לְכוּ עִבְדוּ אֶת־יְהוָה

바이-이크라 파르오 엘 모세 바이-요메르 레카 이브두 에트 아도나이

바이크라: 카라(קָרָא)의 바브 연속 미완료 ⇨ 완료. 전치사 엘과 결합하여 "~를 부르다"는 뜻.

레쿠: 할라크(הָלַךְ)의 2남복 명령 ⇨ 가라

이브두: 아바드(עָבַד)의 2남복 명령 ⇨ 섬겨라.

→ 그리고 바로가 모세를 불렀다. 그리고 그가 말했다 "가서 여호와를 섬겨라."

8) (시 73:3) בְּטַח בַּיהוָה וַעֲשֵׂה־טוֹב 베탁흐 바도나이 바-아세 토브

베탁흐: 바탁흐(בָּטַח)의 명령 2남단. 믿어라. 전치사 벳과 결합하여 "~을 믿다"는 뜻.

아세: 아사(עָשָׂה)의 명령 2남단. 행하라.

→ 여호와를 믿고 선을 행하라.

9) (창 43:13) וְאֶת־אֲחִיכֶם קָחוּ וְקוּמוּ שׁוּבוּ אֶל־הָאִישׁ

베-에트 악히켐 칵후 베-쿠무 슈부 엘 하-이쉬

칵후: 라칵흐(לָקַח)의 명령 2남복. 취하라

쿠무: 쿰(קוּם)의 명령 2남복. 일어나라

슈부: 슈브(שׁוּב)의 명령 2남복. 돌아가라.

→ 그리고 너희들의 형제를 데리고 일어나 그 사람에게 돌아가라.

10) (삿 8:22) מְשָׁל־בָּנוּ גַּם־אַתָּה גַּם־בִּנְךָ 메숄 바-누 감 앗타 감 빈카

메숄: 마샬(מָשַׁל)의 명령 2남단. 다스리라. 전치사 벳과 결합하여 "~을 다스리다"는 뜻.

비누: 벳(전치사) + 누(1공복 인칭대명사 목적격

앗타 감-빈카: 당신과 심지어 당신의 아들

→ 당신과 당신의 아들이 우리를 다스려주시오.

11) (창 31:44) וְעַתָּה לְכָה נִכְרְתָה בְרִית אֲנִי וָאָתָּה וְהָיָה לְעֵד בֵּינִי וּבֵינֶךָ

베-앗타 레카 니크레타 베리트 아니 바-앗타 베-하야 레-에드 베니 우-베네카

레카: 할라크(הָלַךְ)의 명령 2남단. 어미의 헤는 대체 명령형.

니크레타: 카라트(כָּרַת)의 명령 2남단. 어미 헤는 대체명령형.

베-하야: 하야(הָיָה)의 바브 연속 완료 ⇨ 미완료. 이 문장에서는 결과 혹은 목적의 의미로 해석 가능하다.

→ 그리고 이제 가서 나와 너, 우리가 언약을 맺자. 그러면 그것이 나와 너 사이에 증거가 될 것이다 (베-하야: 결과) 혹은, 그리고 나와 너 사이에 증거가 되도록 이제 가서 나와 너, 우리가 언약을 맺자(베하야: '목적').

12) (신 1:22) נִשְׁלְחָה אֲנָשִׁים לְפָנֵינוּ וְיַחְפְּרוּ־לָנוּ אֶת־הָאָרֶץ

니쉴렉하 아나쉼 레파네누 베-야흐페루 라누 에트 하-아레츠

니쉴렉하: 샬락흐(שָׁלַח)의 청유법(1인칭 복수 명령) 어미의 헤가 명령의 의미를 알려는 단서.

우리가 보내자.

베약흐페루: 하파르(חָפַר)의 바브연속미완료. 명령법 다음에 나올 때 목적을 의미.

→ 우리가 사람들을 우리 앞에 보내자. 그래서 그들이 우리를 위해 그 땅을 정탐하도록 하자. 혹은 우리를 위해 그 땅을 정탐하도록 우리 앞에 사람들을 보내자.

13) (민 13:30) וַיֹּאמֶר נַעֲלֶה וְיָרַשְׁנוּ אֹתָהּ 바이-요메르 나알레 베-야라쉬누 오타

바이-요메르: 아마르(אָמַר)의 바브 연속미완료. 그리고 그가 말했다.

나알레: 알라(עָלָה)의 청원형(1인칭 명령형). 올라가자.

베-야라쉬누: 야라쉬(יָרַשׁ)의 바브 연속 미완료. 명령법 다음에 나올 때, 목적이나 결과를 의미.

→ 그리고 그가 말했다. "우리가 올라가서 그것을 우리가 기업으로 삼자."

14) (출 14:26) וַיֹּאמֶר יְהוָה אֶל־מֹשֶׁה נְטֵה אֶת־יָדְךָ עַל־הַיָּם

바이-요메르 아도나이 엘 모세 네테 에트 야데카 알 하이-얌

바이-요메르: 아마르(אָמַר)의 바브 연속미완료 ⇨ 완료

네테: 나타(נָטָה)의 명령법 2남단. 뻗어라

→ 그리고 여호와가 모세에게 말씀했다. "네 손을 바다 위로 뻗어라."

15) (수 3:6) שְׂאוּ אֶת־אֲרוֹן הַבְּרִית וְעִבְרוּ לִפְנֵי הָעָם

세우 에트 아론 합-베리트 베-이브리 리프네 하-암

세우: 나사(נָשָׂא)의 명령법 2남복. 들어올려라.

베-이브루: 아바르(עָבַר)의 명령법 2남복. 건너라

→ 그 언약궤를 들고 그 백성 앞에서 건너라.

16) (욘 1:2) קוּם לֵךְ אֶל־נִינְוֵה הָעִיר הַגְּדוֹלָה וּקְרָא עָלֶיהָ כִּי־עָלְתָה רָעָתָם לְפָנָי

쿰 레크 엘 니네베 하–이르 학–게돌라 우–케라 알레하 키 알레타 라아탐 레파나이

쿰: 쿰(קוּם)의 명령법 2남단. 일어나라.

레크: 할라크(הָלַךְ)의 명령법 2남단. 가라.

우케라: 카라(קָרָא)의 명령법 2남단. 선포하라.

알레타: 알라(עָלָה)의 2여단 완료형. 주어는 여성명사 라아트(악)+암(3남단 대명사어미)

→ 일어나 그 큰 도시 니느웨로 가라 그리고 그것에 관하여(맞서서) 선포하라

이는 그들의 악이 나에게 올라왔기 때문이다.

14장 · 부정사 연습문제

1. 다음 히브리어 표현을 번역하라.

1) בָּ֫אוּ מִצְרַ֫יְמָה לִשְׁבֹּר 바우 미츠라이마 리쉬보르

바우: 보(בּוֹא)의 칼 직설법. 3공복. 그들은(들어)갔다.

리쉬보르: 전치사 라멧+쉐보르(샤바르의 부정사 연계형). 샤바르(שָׁבַר): (곡식을)사다

미츠라이마: 미츠라임+방향의 헤(~로, ~을 향하여)

→ 그들은 곡식을 사기 위하여 이집트로 (들어)갔다.

2) וַיָּ֫שֶׂם אֶת־הָאָדָם בַּגַּן לְעָבְדָהּ וּלְשָׁמְרָהּ 바이-야셈 에트 하-아담 박-간 레-오브다 우-레-쇼므라

바이-야셈: 심(שִׂים)의 바브연속미완료 3남단. 그가 두었다/위치시켰다/놓았다.

레오브다: 전치사 레 + 오브다(아바드의 부정사연계형) 아바드(עָבַד): 경작하다/일하다

레쇼므라: 전치사 레 + 쇼므라(샤마르의 부정사연계형) 샤마르(שָׁמַר): 지키다

→ 그리고 그는 정원을 경작하고 지키도록 그 사람(아담)을 그곳에 두었다.

혹은 그리고 그는 그 사람을 정원에 두고 그것을 경작하고 지키게 하였다.

3) לֹא יָכֹל לִבְנוֹת בַּ֫יִת לְשֵׁם יְהוָה 로 야콜 리-브노트 바이트 레-셈 아도나이

야콜: 3남단 완료. 그는 할 수 있다. 부정어 로와 함께: 그는 할 수 없다.

리브노트: 전치사 레 + 브노트(바나의 부정사연계형) 바나(בָּנָה): 건축하다.

→ 그는 여호와의 이름을 위해 집을 지을 수 없다.

4) וַיְהִי כִּשְׁמֹעַ הָאִישׁ אֶת־דִּבְרֵי הַנָּבִיא וַיִּשְׂמַח

바이히 키쉬모아 하–이쉬 에트 디브레 한–나비 바이–이스막흐

바이히: 하야의 바브연속미완료로서 시간수식어로 사용된다. 전치사 케+부정사구문=과거사건 묘사.

키쉬모아: 전치사 케 + 쉬모아(샤마의 부정사 연계형). ~할 때. 샤마(שָׁמַע): 듣다.

➔ 그 사람이 그 예언자의 말들을 들었을 때 (그는) 기뻤다.

5) לְמַ֫עַן שָׁמְרְךָ אֶת־הַתּוֹרָה 레–마안 쉐모르카 에트 핫–토라

쉐모르카: 샤마르(שָׁמַר)의 부정사 연계형 + 카(인칭대명사 2남단. 어미 카는 에트 이하의 목적어 토라가 등장하는 문맥을 고려할 때 부정사의 주격 기능을 한다.

레마안과 결합하여 "~하기 위하여"

➔ 네(남)가 그 율법을 지키기 위하여

6) כִּשְׁלֹחַ הַמֶּ֫לֶךְ אֶת־עֲבָדָיו 키쉘로아흐 함–멜렉 에트 아바다브

키쉘로아흐: 전치사 케 + 쉘로아흐(동사 샬락흐의 부정사 연계형). ~할 때. 샬락흐(שָׁלַח): 보내다

➔ 그 왕이 그의 종들을 보냈을 때

7) בְּכָרְתֵ֫נוּ בְרִית 베–코르테누 베리트

베–코르테누: 전치사 벳 + 코르테누(카라트의 부정사 연계형[코르테] + 인칭대명사 1공복[누])

카라트(כָּרַת): 베리트(בְּרִית)란 명사와 결합하여 "언약을 맺다."

➔ 우리가 언약을 맺을 때

8) לְבִלְתִּי שְׁכֹחַ אֶת־מִצְוֹתָיו 레빌티 쉐코악흐 에트 미츠보타브

레빌티: 부정사의 부정어

쉐코악흐: 샤칵흐(שָׁכַח)의 부정사 연계형

→ 그의 계명들을 잊지 않도록

9) רָאֹה רָאִיתִי אֶת־חַטַּאת עַמִּי 라오 라이티 에트 핫타트 암미

라오: 라아(רָאָה)의 부정사 절대형으로서 정동사를 강조하는 부사적 용법. 정말로/진실로/정녕

라이티: 라아의 1공단 완료형.

→ 내가 진실로 내 백성의 죄를 보았다.

10) זָכוֹר אֶת־יוֹם הַשַּׁבָּת 자코르 에트 욤 핫–샤밥바트

자코르: 자카르(זָכַר)의 부정사 절대형. 명령의 의미로 사용

→ 안식일을 기억하라.

11) לֹא מוֹת תְּמֻתוּן 로 모트 타무투

모트: 무트(מוּת)의 부정사 절대형. 정동사 타무투를 강조하는 부사적 용법

타무트: 무트의 미완료 2남복.

→ 너희들(남)은 진실로 죽지 않을 것이다.

12) אֱלֹהִים פָּקֹד יִפְקֹד אֶתְכֶם 엘로힘 파코드 이프코드 에트켐

페코드: 파카드(פָּקַד)의 부정사 절대형. 정동사 잎코드를 강조하는 부사적 용법

이프코드: 파카드의 미완료 3남단.

→ 하나님이 정녕 너희들(남)을 찾아오실 것이다/돌보실 것이다.

13) יָדֹעַ תֵּדַע כִּי־גֵר יִהְיֶה זַרְעֲךָ בְּאָ֫רֶץ 야도아 테다 키 게르 이히예 자르아카 바–아레츠

야도아: 야다(יָדַע)의 부정사 절대형. 정동사 테다를 강조하는 부사적 용법

테다: 야다의 미완료 2남단. I–요드 동사의 미완료형은 첫째 어근자음은 탈락하고

첫째 접두자음의 모음을 체레로 갖는다.

이히예/이예: 하야(הָיָה)의 미완료 3남단

→ 너(남)는 네 자손이 그 땅에서 이방인이라는 것을 정녕 알 것이다.

14) יָצָא הָאִישׁ יָצֹא וָשׁוֹב 야차 하–이쉬 야초 바–쇼브

야차: 완료형 3남단

야초: 야차(יָצָא)의 부정사 절대형

바쇼브: 슈브(שׁוּב)의 부정사 절대형. 정동사 야차 다음에 부정사 절대형을 연달아 사용하여 정동사의

동작과 동시에 이루어지는 동작을 표현한다. 직역하면 "그는 갔다, 갔고 돌아왔다."

→ 그 사람은 왔다 갔다 했다.

15) בִּכְתֹבוֹ אֶת־הַדְּבָרִים הָאֵלֶּה 베–코트보 에트 핫–데바림 하–엘레

베코트보: 전치사 벳 + 코트보(카타브[]의 부정사 연계형) + 오(인칭대명사3남단: 주어 기능)

부정사연계형은 전치사 벳과 결합하여 "~하는 동안, ~할 때"라는 의미.

→ 그가 이 말들을 기록할 때

2. 다음 성경구절을 번역하라.

1) (창 37:8) הֲמָלֹךְ תִּמְלֹךְ עָלֵינוּ אִם־מָשׁוֹל תִּמְשֹׁל בָּנוּ

하-말록 티믈로크 알레누 임 마숄 팀숄 바누

하말로크: 하(문장의 첫 단어에 접두시키는 의문문 기호)+말로크(동사 말라크의 부정사 절대형).

티믈로크: 말라크(מָלַךְ)의 미완료 2남단. 네가 다스릴 것이다.

마숄: 마샬(מָשַׁל)의 부정사 절대형. 동사의미를 강조하는 부사 기능

팀숄: 마샬의 미완료 2남단

➔ 네가 정녕 우리의 왕이 되겠다는 것이냐 아니면 네가 우리를 다스리겠다는 것이냐?

2) (출 13:3) זָכוֹר אֶת־הַיּוֹם הַזֶּה אֲשֶׁר יְצָאתֶם מִמִּצְרַיִם מִבֵּית עֲבָדִים

자코르 에트 하이-욤 핫-제 아쉐르 예차템 밈-미츠라임 밉-베트 아바딤

자코르: 자카르(זָכַר)의 부정사 절대형. 기억하라.

예차템: 야차(יָצָא)의 완료형 2남복. 너희들이 나왔다.

밈미츠라임과 밉벳 아바딤은 동격.

➔ 너희들(남)이 종살이하던 집, 이집트에서 나온 이 날을 기억하라.

3) (삼상 8:5) עַתָּה שִׂימָה־לָּנוּ מֶלֶךְ לְשָׁפְטֵנוּ כְּכָל־הַגּוֹיִם

앗타 시마 라누 멜렉크 레-쇼프테누 케-콜 학-고임

시마: 심(שִׂים)의 명령법 2남단. 어미의 헤가 대체명령법의 단서. 세우라

라누: 라멧의 점(다게쉬)는 발성을 부드럽게 내라는 표시의 점 ⇨ euphonic dargesh라고 부른다.

레-쇼프테누: 전치사 라멧 + 쇼프테(샤파트[שָׁפַט]의 부정사연계형) + 누(1공복 인칭대명사. 동사의 목적격)

→ 이제 우리를 위해 모든 민족들처럼 우리를 다스릴(판결할) 왕을 세워주십시오.

4) (시 4:3) יְהוָה יִשְׁמַע בְּקָרְאִי אֵלָיו 아도나이 이쉬마 베-코르이 엘라이

이쉬마: 샤마(שָׁמַע)의 미완료 3남단

베코르이: 전치사 벳(בְּ) + 카라(קָרָא)의 부정사 연계형 + 이(1공단 인칭대명사–동사의 주격)

엘라브: 전치사 엘 + 아브(3남단 인칭대명사: 목적격). 동사 카라와 결합하여 ~을/를 부르다.

→ 내가 그를 부를 때 여호와는 들으십니다.

5) (렘 12:16) אִם־לָמֹד יִלְמְדוּ אֶת־דַּרְכֵי עַמִּי 임 라모드 일메두 에트 다르케 암미

라모드: 라마드(לָמַד)의 부정사 절대형. 동사를 강조하는 부사 기능

일메두: 라마드의 미완료 3남복.

→ 그들이 만일 내 백성의 길들을 정녕 배운다면

6) (신 7:18) זָכֹר תִּזְכֹּר אֵת אֲשֶׁר־עָשָׂה יְהוָה אֱלֹהֶיךָ לְפַרְעֹה וּלְכָל־מִצְרָיִם

자코르 티즈코르 에트 아쉐르 아사 아도나이 엘로헤카 레-파르오 우-레-콜 미츠라임

자코르: 자카르(זָכַר)의 부정사 절대형. 동사의 의미를 강조하는 부사 기능.

티즈코르: 자카르의 미완료 2남단. 기억해야 한다. (당위)

→ 너희 하나님 여호와가 바로와 온 이집트에게 행하신 일을 분명히 기억하라.

7) (신 29:4) וְלֹא־נָתַן יְהוָה לָכֶם לֵב לָדַעַת וְעֵינַיִם לִרְאוֹת וְאָזְנַיִם לִשְׁמֹעַ עַד הַיּוֹם הַזֶּה

벨-로 나탄 아도나이 라-켐 레브 라-다아트 베-에나임 리-르오트 베-오즈나임 리-쉬모아 아드 하이-욤 핫-제

나탄: 완료형 3남단. 그가 주었다. 부정어 로와 함께, 그가 주지 않았다.

라다아트: 전치사 라멧 + 다아트(יָדַע의 부정사 연계형). 알 수 있는

리르오트: 전치사 라멧 + 르오트(רָאָה의 부정사 연계형): 볼 수 있는

리쉬모아: 전치사 라멧 + 쉬모아(שָׁמַע의 부정사 연계형): 들을 수 있는

→ 그리고 여호와께서 오늘까지 너희들에게 알 수 있는 마음과 볼 수 있는 눈과 들을 수 있는 귀를 주지 않으셨다.

8) (느 1:4) וַיְהִי כְּשָׁמְעִי אֶת־הַדְּבָרִים הָאֵלֶּה יָשַׁבְתִּי וָאֶבְכֶּה

바이히 케-쇼므이 에트 핫-데바림 하-엘레 야샤브티 바-에브케

바이히 케-쇼므이: 샤마(שָׁמַע) 할 때

야샤브티: יָשַׁב 완료 1공단. 내가 앉았다.

바-에브케: בָּכָה 바브 연속 미완료 1공단. 내가 울었다.

→ 내가 이 말들을 들었을 때 내가 앉아서 울었다.

9) (출 33:8) וְהָיָה כְּצֵאת מֹשֶׁה אֶל־הָאֹהֶל יָקוּמוּ כָּל־הָעָם

베-하야 케-체트 모쉐 엘 하-오헬 야쿠무 콜 하-암

베하야: 과거를 이야기할 때 사용하는 시간부사. 전치사 케와 결합하여 ~할 때

케-체트의 체트: יָצָא의 부정사 연계형.

야쿠무: 쿰(קוּם)의 미완료 3남복 ⇨ 과거에 반복적으로 벌어지는 상황을 묘사

→ 모세가 장막으로 나갈 때마다 온 백성이 일어나곤 했다.

10) (출 3:7) וַיֹּאמֶר יְהוָה רָאֹה רָאִיתִי אֶת־עֳנִי עַמִּי אֲשֶׁר בְּמִצְרָיִם

바이–요메르 아도나이 라오 라이티 에트 오니 암미 아쉐르 베–미츠라임

바이–요메르: 아마르(אָמַר)의 바브 연속 미완료. 그리고 그가 말했다.

라오: 라아(רָאָה)의 부정사 절대형. 정동사의 의미를 강조하는 부사 기능

라이티: 라아의 완료 1공단. 내가 보았다

→ 그리고 여호와께서 말씀하셨다. "내가 이집트에 있는 내 백성의 고난을 정녕 보았다."

15장 · 분사 연습문제

1. 다음 히브리어 표현을 번역하라.

1) הַיֹּשֵׁב בִּירוּשָׁלַ͏ִם 하이-요세브 비루샬라임

하이요세브: 정관사 하 + 요세브(야샤브[יָשַׁב]의 능동분사 남성단수: 거주하는)

→ 예루살렘에 거주하는 (그) 사람

2) שֹׁמְרֵי הַתּוֹרָה יְהוָה 쇼므레 핫-토라 아도나이

쇼므레: 쇼메림(샤마르[שָׁמַר]의 능동분사 남성복수)의 연계형. ~를 지키는 자들

→ 여호와의 율법을 지키는 자들

3) הָאִישׁ הַשֹּׁכֵב עִמָּהּ 하-이쉬 하-쇼케브 임마

하쇼케브: 정관사 하 + 쇼케브(샤카브[שָׁכַב]의 능동분사 남성단수). 누운 자

임마: 임(전치사: ~함께) + 아(여성단수 인칭대명사. 전치사의 목적격). 마지막 자음 헤의 다게쉬(점)은 '마픽'이라고 부르며, 이 자음이 모음자음이 아니라는 것을 표시하는 기능을 한다.

→ 그녀와 함께 누운(성관계를 한) (그) 남자

4) הָעִיר עֲזוּבָה 하-이르 아주브

아주바: 아자브(עָזַב)의 수동분사 아주브(버림받은) + 아(여성형 어미)

→ 그 도시는 버림받았다.

5) הַשַּׁעַר סָגוּר 핫–쇼아르 사구르

사구르: 사가르(סָגַר)의 수동분사 남성단수. 닫힌.

→ 그 문은 닫혔다.

6) כַּאֲשֶׁר כָּתוּב בְּתוֹרַת מֹשֶׁה 카–아셰르 카투브 베–토라트 모쉐

카투브: 카타브(כָּתַב)의 수동분사. 기록된

카아셰르: ~하는 대로

→ 모세의 율법에 기록된 대로

7) הַכֵּלִים שְׁבוּרִים 학–켈림 셰부림

셰부림: 샤바르(שָׁבַר)의 수동분사. 부서진

→ 그 그릇들은 부서졌다.

8) הַנְּעָרִים הֹלְכִים אֶל־הַמָּקוֹם 한–네아림 홀레킴 엘 함–마콤

홀레킴: 할락(הָלַךְ)의 능동분사. 걸어가는

→ 그 아이들은 그 곳으로 걸어가고 있다.

9) הַמֶּלֶךְ שֹׁלְחִים עֲבָדָיו 함–멜렉 숄렉힘 아브다브

숄렉힘: 샬락흐(שָׁלַח)의 능동분사 남성복수형. 보내는

→ 그 왕은 그의 종들을 보내고 있다.

10) הָעִיר הַבְּנוּיָה 하-이르 합-베누야

합-베누야: 하(정관사) + 베누야(바나[בָּנָה]의 수동분사 여성단수형)

→ 세워진 (그) 도시

2. 다음 성경구절을 번역하라.

1) (왕하 11:3) וַעֲתַלְיָה מֹלֶכֶת עַל־הָאָרֶץ 바-아탈리야 몰레케트 알 하-아레츠

몰레케트: 말라크(מָלַךְ)의 능동분사 여성단수형. 통치하는. 서술적 용법

→ 그리고 아달랴(여)가 그 땅을 다스리고 있었다.

2) (왕상 13:31) וּקְבַרְתֶּם אֹתִי בַּקֶּבֶר אֲשֶׁר אִישׁ הָאֱלֹהִים קָבוּר בּוֹ

우-케바르템 오티 박케베르 아쉐르 이쉬 하-엘로힘 카부르 보

우-케바르템: 우(접속사) + 케바르템 (카바르[קָבַר]의 완료 2남복). 바브 연속완료-미완료로 해석.

카부르: 카바르의 수동분사 남성단수형. 묻힌.

→ 그리고 너희들(남)은 나를 하나님의 사람이 묻힌 그 무덤에 장사 지내야 한다.

3) (창 4:9) הֲשֹׁמֵר אָחִי אָנֹכִי 하-쇼메르 악히 아노키

하-쇼메르: 하(의문문 부호) + 쇼메르(샤마르[שָׁמַר]의 능동분사 남성단수형). 지키는 자입니까?

목적어 악히가 주어 아노키보다 먼저 나오므로 '내 동생'(악히)를 강조하는 문장이다.

→ 내 동생을 지키는 사람이 나입니까?

4) (민 32:11) הָאֲנָשִׁים הָעֹלִים מִמִּצְרַיִם 하–아나쉼 하–올림 밈–미츠라임

하–올림: 하(정관사) + 올림(올라[עָלָה]의 능동분사 남성복수형. 올라오는)

➔ 이집트로부터 올라온 (그) 사람들

5) (신 11:26) רְאֵה אָנֹכִי נֹתֵן לִפְנֵיכֶם הַיּוֹם בְּרָכָה וּקְלָלָה

레에 아노키 노텐 리프네켐 하이–욤 베라카 우–케랄라

레에: 라아(רָאָה)의 명령형 2남단. 보라

노텐: 나탄(נָתַן)의 능동분사 남성단수형. 주는

➔ 보라! 내가 너희들(남) 앞에 오늘 축복과 저주를 주고 있다.

6) (창 4:10) קוֹל דְּמֵי אָחִיךָ צֹעֲקִים אֵלַי מִן־הָאֲדָמָה

콜 데메 악히카 초아킴 엘라이 민 하–아다마

초아킴: 차아크(צָעַק)의 능동분사 남성복수형. 부르짖는. 서술적 용법 ⇨ 부르짖는다.

➔ 네 동생의 피(들)의 소리가 땅에서부터 내게 소리치고 있다(여기서 "피의 소리"는 피를 흘린 자의 원망과 하소연하는 소리를 뜻할 것이다).

7) (시 1:6) כִּי־יוֹדֵעַ יְהוָה דֶּרֶךְ צַדִּיקִים 키 요데아 아도나이 데레크 찻디킴

요데아: 야다(יָדַע)의 능동분사 남성단수. 알고 있는. 서술적 용법

데렉 찻디킴: 의인들의 길. 운문이어서 목적어 표시인 에트가 없다.

➔ 이는 여호와는 의인들의 길을 알고 계시기 때문이다.

8) (신 27:2) וְהָיָה בַּיּוֹם אֲשֶׁר תַּעַבְרוּ אֶת־הַיַּרְדֵּן אֶל־הָאָרֶץ אֲשֶׁר־יְהוָה אֱלֹהֶיךָ נֹתֵן לָךְ

베-하야 바이-욤 아셰르 타아브루 에트 하이-요르덴 엘 하-아레츠 아셰르 아도나이 엘로헤가 노텐 라크

베-하야: 바브연속완료형. 미래를 언급하기 위한 시간부사. 이어지는 전치사 벳과 함께, ~할 때

타아브루: 아바르(עָבַר)의 미완료 2남복. 너희들이 건널 것이다.

노텐: 나탄(נָתַן)의 능동분사 남성단수. 주는

→ 너희들이 여호와 너의 하나님이 너희에게 주려고 하신 (그) 땅으로 (가기 위해) 요단 강을 건너는 날에

9) (창 18:25) הֲשֹׁפֵט כָּל־הָאָרֶץ לֹא יַעֲשֶׂה מִשְׁפָּט 하-쇼페트 콜 하-아레츠 로 야아세 미쉬파트

하-쇼페트: 하(의문사) + 쇼페트(샤파트[שָׁפַט]의 능동분사 남성단수. 심판하는 자)

야아세: 아사(עָשָׂה)의 미완료 3남단. 그가 행해야 한다.

→ 온 땅을 심판하는 자가 정의를 행해야 하지 않겠습니까?

10) (출 3:5) הַמָּקוֹם אֲשֶׁר אַתָּה עוֹמֵד עָלָיו אַדְמַת־קֹדֶשׁ הוּא

함-마콤 아셰르 앗타 오메드 알라브 아드맛 코데쉬 후

오메드: 아마드(עָמַד)의 능동분사 남성단수형. 서 있는.

알라브: 그 위에

→ 네가 서 있는 곳, 그곳은 거룩한 땅이다.

16장 · 니팔 스템 연습문제

1. 다음 히브리어 문장을 번역하라.

1) נִזְכְּרוּ דִּבְרֵי הַנָּבִיא 니즈케루 디브레 한-나비

니즈케루: 자카르(זָכַר)의 니팔 완료 3공복. 그것들은 기억되었다.

→ 그 예언자의 말들은 기억되었다.

2) תִּשָּׁלַח הַנַּעֲרָה מִדְבָּ֫רָה 팃샬레악흐 한-나아라 미드바라

팃샬레악흐: 샬락흐(שָׁלַח)의 니팔 미완료 3여단. 그녀는 보내질 것이다.

→ 그 소녀는 광야로 내보내질 것이다.

3) יִכָּרֵת הַמֶּלֶךְ מֵעַל הַכִּסֵּא 익카렛 함-멜레크 메알 핫-키세

익카렛: 카라트(כָּרַת)의 니팔 미완료 3남단. 그것은 끊어질 것이다.

→ 그 왕은 그 보좌에서 끊어질 것이다.

4) נִבְנֶה בָּתִּים גְּדוֹלִים בַּמָּקוֹם 니브네 밧팀 게돌림 밤-마콤

니브네: 바나(בָּנָה)의 칼 1복공 미완료.

→ 우리가 큰 집들을 그곳에 세울 것이다.

5) הֵם נִלְחָמִים אֵ֫צֶל הַבְּאֵר 헴 닐하밈 에첼 합-베에르

닐하밈: לחם의 니팔 능동분사 남성복수형. 서술적 용법. 싸우고 있는.

→ 그들은 그 우물 옆에서 싸우고 있었다.

6) נִחָמְתִּי עַל־הָרָעָה אֲשֶׁר עָשִׂ֫יתִי 닉함티 알 하-라아 아셰르 아시티

닉함티: נחם의 니팔 완료 1공단. 내가 후회했다.

→ 나는 내가 저지른 악을 후회했다.

7) יִנָּתֵן לְךָ כֶּ֫סֶף וְזָהָב 인나텐 레카 케세프 베-자하브

인나텐: 나탄(נָתַן)의 니팔 미완료 3남단. 그것이 주어질 것이다(it will be given)

→ 너에게 은과 금이 하사될 것이다.

8) יִכּוֹן מֶ֫לֶךְ חָדָשׁ 익콘 멜레크 하다쉬

익콘: 쿤(כּוּן)의 니팔 미완료 3남단. 그가 세워질 것이다(he will be established)

→ 새 왕이 세워질 것이다.

9) וְהָיָה בַבֹּ֫קֶר וְלֹא יִוָּתֵר הַמָּיִם 베-하야 밥-보케르 벨-로 입바테르 함-마임

베-하야: 미래를 표현하는 시간부사. 뒤따르는 전치사 베나 케와 결합하여 "~할 때, ~하는 동안"을 의미

입바테르: 야타르(יָתַר)의 니팔 미완료 3남단. 그것이 남아 있다(it will be left). 부정어 로와 함께, 그것이 남아 있지 않을 것이다(it will not be left).

→ 아침이 되면 물이 남아있지 않을 것이다.

10) תִּמָּלֵא כָל־הָאָרֶץ חָמָס 팀말레 콜 하-아레츠 하마스

팀말레: 말레(מָלֵא)의 니팔 미완료 3여단. 그것(여)이 가득하다. 반복적으로 나타나는 상황 묘사하는 미완료.

→ 온 땅이 폭력으로 가득하다.

2. 다음 성경구절을 번역하라.

1) (왕상 2:10) וַיִּשְׁכַּב דָּוִד עִם־אֲבוֹתָיו וַיִּקָּבֵר בְּעִיר דָּוִד

바이-이쉬카브 다비드 임 아보타브 바이-익카베르 베 이르 다비드

바이-이쉬카브: 샤카브(שָׁכַב)의 칼 바브연속미완료 ⇨ 완료. 그리고 그가 누웠다.

바이-익카베르: 카바르(קָבַר)의 니팔, 바브 연속 미완료 3남단. 그리고 그가 묻혔다

→ 그리고 다윗이 그의 조상들과 함께 누웠고 그는 다윗 성에 묻혔다.

2) (신 4:23) הִשָּׁמְרוּ לָכֶם פֶּן־תִּשְׁכְּחוּ אֶת־בְּרִית אֱלֹהֵיכֶם אֲשֶׁר כָּרַת עִמָּכֶם

힛-샤메루 라켐 펜 티쉬케후 엣 베릿 엘로헤켐 아셰르 카랏 임마켐

힛샤메루: 샤마르(שָׁמַר)의 니팔 명령형 2남복. 너희들은 주의하라(be carefull). 신명기의 관용적 표현.

펜: 하지 않도록

티쉬케후: 샤칵흐(שָׁכַח)의 칼 미완료 2남복. 너희들은 잊을 것이다. 펜과 함께: ~잊지 않도록

카라트: 칼 완료 3남단. 임마켐과 함께: 너희들과 맺었다. 관계문장이 수식하는 단어는 선행 동사 샤칵흐의목적어 베리트(언약)이다.

→ 너희들(남복)은 삼가 (하나님이) 너희들과 맺은 너희 하나님의 언약을 잊어버리지 않도록 주의하라.

3) (왕상 3:5) בְּגִבְעוֹן נִרְאָה יְהוָה אֶל־שְׁלֹמֹה בַּחֲלוֹם הַלָּיְלָה

베-기브온 니르아 아도나이 엘 셸로모 박-할롬 할-라일라

니르아: 라아(רָאָה)의 니팔 완료 3남단. 그가 나타났다.

→ 그날 밤 기브온에서 여호와께서 솔로몬의 꿈에 나타나셨다.

4) (신 6:13) אֶת־יְהוָה אֱלֹהֶיךָ תִּירָא וְאֹתוֹ תַעֲבֹד וּבִשְׁמוֹ תִּשָּׁבֵעַ

에트 아도나이 엘로헤카 티라 베-오토 타아보드 우-비쉬모 팃샤베아

티라: 야레(יָרֵא)의 칼 미완료 2남단. 너는 두려워해야 한다. 목적어가 동사보다 선행하므로 강조용법.

타아보드: 아바드(עָבַד)의 칼 미완료 2남단. 그를 섬겨야 한다.

팃샤베아: 샤바(שָׁבַע)의 니팔 미완료 2남단. 너는 맹세해야 한다.

→ 너는 네 하나님 여호와를 경외하고 그를 섬겨야 하며 그의 이름으로 맹세해야 한다.

5) (민 14:10) וּכְבוֹד יְהוָה נִרְאָה בְּאֹהֶל מוֹעֵד אֶל־כָּל־בְּנֵי יִשְׂרָאֵל

우-케보드 아도나이 니르아 베 오헬 모에드 엘 콜 베네 이스라엘

니르아: 라아(רָאָה)의 니팔 완료 3남단. 그가 나타났다.

→ 그리고 여호와의 영광이 회막에서 온 이스라엘 자손에게 나타났다.

6) (렘 26:11) כִּי נִבָּא אֶל־הָעִיר הַזֹּאת כַּאֲשֶׁר שְׁמַעְתֶּם בְּאָזְנֵיכֶם

키 닙바 엘 하-이르 핫-조트 카-아셰르 셰마템 베오즈네켐

닙바: **נבא**의 니팔 완료 3남단. 그가 예언했다. (동사원형을 나바로 읽지 않은 까닭은 이 단어가 외래어로서 히브리어로 차용되었기 때문이다. 그러나 통상 어근을 나바로 읽어도 무방하다.)

카아셰르: ~한 대로, ~처럼. ~와 같이

쉐마템: 샤마(שָׁמַע)의 완료 2남복. 너희들이 들었다

→ 이는 너희들이 너희들의 귀로 들은 바와 같이 그가 이 성을 향해 예언했기 때문이다.

7) (겔 30:2) בֶּן־אָדָם הִנָּבֵא וְאָמַרְתָּ כֹּה אָמַר יְהוָה

벤 아담 힌나베 베-아마르타 코 아마르 아도나이

힌나베: נבא의 니팔 명령형 2남단. 예언하라.

→ 인자야, 예언하여 말하라. "여호와께서 이같이 말씀하셨다."

8) (출 6:3) וָאֵרָא אֶל־אַבְרָהָם אֶל־יִצְחָק וְאֶל־יַעֲקֹב בְּאֵל שַׁדָּי וּשְׁמִי יְהוָה לֹא נוֹדַעְתִּי

바-에라 엘 아브라함 엘 이츠학 베-엘 야아콥 베-엘 샷다이 우-셰모 아도나이 로 노다티

바-에라: 라아(רָאָה)의 니팔 바브연속 미완료 1공단. 그리고 내가 나타났다.

노다티: 야다(יָדַע)의 니팔 완료 1공단. 내가 알렸다. I made known

→ 그리고 내가 아브라함, 이삭, 야곱에게는 전능한 하나님으로 나타났으나 나는 내 이름을 야훼라고 알리지는 않았다.

9) (창 28:13) וְהִנֵּה יְהוָה נִצָּב עָלָיו 베 힌네 아도나이 닛차브 알라브

닛차브: 나차브(נָצַב)의 니팔 남성단수 분사-차데의 장모음 카메츠가 분사형이라는 단서이다. 그 모음이 파닥이라면 완료형이다.

→ 그리고 보라, 여호와께서 그 위에 서 계셨다.

10) (호 7:1) וְנִגְלָה עֲוֹן אֶפְרַיִם וְרָעוֹת שֹׁמְרוֹן 베-니글라 아본 에프라임 베-라옷 쇼므론

니글라: 갈라(גָּלָה)의 니팔, 남성단수 분사-라멧 자음 아래의 카메츠가 분사임을 알려준다.

바브연속법이 아니다. 완료형이다.

➔ 그리고 에브라임의 죄와 사마리아의 악이 드러났다.

17장 · 피엘 스템 연습문제

1. 다음 히브리어 표현을 번역하라.

1) וַיְדַבֵּר הַמֶּ֫לֶךְ לַנָּבִיא כַּדְּבָרִים הָאֵ֫לֶּה

바이-답베르 함-멜렉 란-나비 캇-데바림 하-엘레

바이-답베르: 명사 다바르(דָּבָר)의 파생동사 피엘스템 דִּבֵּר 바브 연속 미완료 3남단.

그리고 그가 말했다.

→ 그리고 그 왕은 그 예언자에게 이 말들처럼 말했다.

2) וַיְסַפֵּר אֶת־הַחֲלוֹם אֶל־אָבִיהוּ׃ 바이-삽페르 에트 하-할롬 엘 아비후

바이-삽페르: 사파르(סָפַר)의 피엘 바브 연속 미완료. 그가 상세히 이야기했다.

→ 그리고 그는 그의 아버지에게 그 꿈을 상세히 이야기했다.

3) לַמֵּד אֶת־הַתּוֹרָה אֶל־הַנַּ֫עַר 람메드 에트 핫-토라 엘 한-나아르

람메드: 라마드(לָמַד)의 피엘 명령 2남단. 가르쳐라. (칼스템은 ‘배우다’는 뜻)

→ 그 율법을 그 아이에게 가르쳐라!

4) אֲהַלְלָה אֹתְךָ מֵעַתָּה וְעַד־עוֹלָם 아할렐라 오테카 메-앗타 베-아드-올람

아할렐라: 할랄(הָלַל)의 칼 미완료 1공단. 문장 서두에 등장하고 헤 어미를 근거로 청유형으로 해석한다.

→ 나는 당신을 지금부터 영원까지 찬양하겠습니다.(혹은 내가 ~하게 해주십시오.)

5) וַיְצַו אֹתִי לָתֵת הַסֵּפֶר 바이-차브 오티 라테트 핫-세페르

바이-차브: 차바(צָוָה)의 피엘 바브 연속 미완료 3남단. 그리고 그가 명령했다.

라테트: 전치사 라멧과 결합한 동사 나탄(נָתַן)의 부정사 연계형 테트(תֵּת). 주도록

→ 그리고 그는 그 책을 주라고 나에게 명령했다.

6) שַׁלַּח אֶת-עַמִּי מֵאַרְצְךָ 샬락흐 에트 암미 메아르체카

샬락흐: 샬락흐(שִׁלַּח)의 피엘 명령형 2남단. 풀어주어라, 내보내라.

→ 내 백성을 네 땅에서 풀어 주어라/보내주어라.

7) אֶת-מִי אַתְּ תְּבַקְשִׁי 에트 미 아트 테박케쉬

테박케쉬: 바카쉬(בָּקַשׁ)의 피엘 미완료 2여단.

아트: 2여단. 독립인칭대명사. 당신, 너(여성).

에트 미: 누구를

→ 당신은 누구를 찾고 있습니까?

8) דַּבְּרוּ אֶל-הָאֲנָשִׁים 답베루 엘 하-아나쉼

답베루: 피엘스템 딥베르(דִּבֵּר)의 명령형 2남단. 말하라.

→ 그 남자들에게 말하라.

9) שִׁבְּרוּ הַמְּלָכִים אֶת־הָעִיר 쉽베루 함-멜라킴 에트 하-이르

쉽베루: 샤바르(שָׁבַר)의 피엘 완료 3공복. 그들이 철저히 파괴했다.

→ 그 왕들은 그 도시를 박살냈다(산산이 부수었다).

10) וַיְכַס אֶת־פָּנָיו 바이-카스 에트 파나브

바이카스: כָּסָה의 피엘, 바브연속 미완료, 3남단. 그가 가렸다.

→ 그리고 그는 그의 얼굴을 가렸다.

2. 다음 성경구절을 번역하라.

1) (사 40:1) נַחֲמוּ נַחֲמוּ עַמִּי יֹאמַר אֱלֹהֵיכֶם 낙하무 낙하무 암미 요마르 엘로헤켐

낙하무: 피엘스템 동사 נִחַם의 명령형 2남복. 위로하라.

요마르: 아마르(אָמַר)의 칼 미완료 3남단. 그가 말한다.

→ "위로하라, 내 백성을 위로하라!" 라고 너희의 하나님이 말씀하신다.

2) (창 6:22) וַיַּעַשׂ נֹחַ כְּכֹל אֲשֶׁר צִוָּה אֹתוֹ אֱלֹהִים

바이-야아스 노악흐 케-콜 아쉐르 칩바 오토 엘로힘

바이-야아스: 아사(עָשָׂה)의 칼 바브연속미완료. 셋째 어근자음 헤가 탈락. 그리고 그가 행했다.

칩바: 차바(צָוָה)의 피엘 완료 3남단. 그가 명령했다.

→ 그리고 노아가 하나님이 그에게 명령하신 대로 전부 행하였다.

3) וְעַתָּה יִשְׂרָאֵל שְׁמַע אֶל־הַחֻקִּים וְאֶל־הַמִּשְׁפָּטִים אֲשֶׁר אָנֹכִי מְלַמֵּד אֶתְכֶם לַעֲשׂוֹת (신 4:1)

베-앗타 이스라엘 쉐마 엘 학-후킴 베-엘 함-미쉬파팀 아쉐르 아노키 메람메드 에트켐 라아소트

쉐마: 샤마(שָׁמַע)의 칼 명령형 2남단. 들어라.

메람메드: 라마드לָמַד의 피엘 분사 남성복수. 가르치는. 독립인칭 대명사로 표현된 주어와 함께 이 분사형은신명기의 특징적 어법이며 "막(지금) ~하려고 하는"으로 번역한다.

라아소트: 전치사 라멧 + 아사(עָשָׂה)의 부정사 연계형 소트(עֲשׂוֹת). ~하기 위하여, ~하도록

→ 그리고 이스라엘아, 이제 내가 행하라고 너희에게 막(지금) 가르치고 있는 율례와 법도를 들으라.

4) (신 4:2) לֹא תֹסִפוּ עַל־הַדָּבָר אֲשֶׁר אָנֹכִי מְצַוֶּה אֶתְכֶם וְלֹא תִגְרְעוּ מִמֶּנּוּ

로 토시푸 알 핫-다바르 아쉐르 아노키 메참베 에트켐 벨-로 티그레우 밈멘누

토시푸: יָסַף 히필 미완료 2남복. 너희가 덧붙이다.

메참베: צָוָה의 피엘 남성단수분사. 명령하는

티그레우: גָּרַע의 칼 미완료 2남복. 삭제하다. 빼다.

→ 내가 너희들에게 분부하고 있는 그 말씀들 위에 더해서는 안되며 그것으로부터 (무엇도) 줄여서도 안된다.

5) (창 27:30) וַיְהִי כַּאֲשֶׁר כִּלָּה יִצְחָק לְבָרֵךְ אֶת־יַעֲקֹב

바이히 카아쉐르 킬라 이츠하크 레바레크 에트 야아콥

바이히 카-아쉐르: 그리고 ~했을 때. 과거를 말하는 시간부사 + 전치사 카프의 연결구문.

킬라: כָּלָה의 피엘 완료 3남단. 그가 마쳤다.

레바레크: 전치사 라멧 + 동사 바라크(בָּרַךְ)의 피엘스템 부정사 연계형. 축복하기를

→ 이삭이 야곱을 축복하기를 마쳤을 때

6) (창 1:28) וַיְבָרֶךְ אֹתָם אֱלֹהִים וַיֹּאמֶר לָהֶם אֱלֹהִים פְּרוּ וּרְבוּ וּמִלְאוּ אֶת־הָאָרֶץ

바이바레크 오탐 엘로힘 바이-요메르 라헴 엘로힘 페루 우-레부 우-밀루 에트 하-아레츠

바이바레크: בֵּרַךְ의 피엘 바브 연속 미완료 3남단. 그가 축복했다.

페루: פָּרָה의 칼 명령형 2남복. 열매를 맺으라.

레부: רָבָה의 칼 명령형 2남복. 번성하라.

밀루: מָלֵא의 칼 명령형 2남복. 가득 채우라

→ 그리고 하나님이 그들을 축복하시고 그들에게 말씀하셨다. "열매를 맺으라! 그리고 번성하라! 그리고 땅을 가득 채우라!"

7) (출 5:2) מִי יְהוָה אֲשֶׁר אֶשְׁמַע בְּקֹלוֹ לְשַׁלַּח אֶת־יִשְׂרָאֵל לֹא יָדַעְתִּי אֶת־יְהוָה

미 아도나이 아쉐르 에쉬마 베-콜로 레-샬락흐 에트 이스라엘 로 야다티 에트 아도나이

에쉬마: שָׁמַע의 칼 미완료 1공단. 내가 듣는다.

레샬락흐: שָׁלַח의 피엘 부정사 연계형. 풀어주라는.

야다티: יָדַע의 칼 완료 1공단. 내가 알았다/알다. 부정어 로와 결합하여, 내가 모른다.

→ 내가 이스라엘을 내보내라는 그의 목소리를 들어야 하는 여호와는 누구냐? 나는 여호와를 모른다.

8) וְכָל־הָאָרֶץ מְבַקְשִׁים אֶת־פְּנֵי שְׁלֹמֹה לִשְׁמֹעַ אֶת־חָכְמָתוֹ אֲשֶׁר־נָתַן
אֱלֹהִים בְּלִבּוֹ (왕상 10:24)

베-콜 하-아레츠 메바크쉼 에트 페네 쉘로모 리쉬모아 에트 호크마토 아쉐르 나탄 엘로힘 벨립보

메바크쉼: בִּקֵּשׁ의 피엘 분사 남성복수. 찾고 있는.

리쉬모아: 전치사 라멧 + שָׁמַע의 부정사 연계형. 듣기 위하여

호크마토: 그의 지혜

나탄: 칼 완료 3남단. 그가 주었다.

벨립보: 전치사 벳 + 레바브의 연계형 + 오(그의)

→ 그리고 온 땅이 하나님이 그의 마음에 주신 그의 지혜를 들으려고 솔로몬의 얼굴을 찾았다/ 그리고 온 땅이 솔로몬의 얼굴을 찾았고 하나님이 그의 마음에 주신 그의 지혜를 들었다.

9) (삼상 7:1) וְאֶת־אֶלְעָזָר בְּנוֹ קִדְּשׁוּ לִשְׁמֹר אֶת־אֲרוֹן יְהוָה

베-에트 엘르아자르 베노 킷데슈 리쉬모르 에트 아론 아도나이

킷데슈: קָדַשׁ의 피엘 완료 3남복. 그들이 거룩하게 만들었다.

리쉬모르: 전치사 라멧 + שָׁמַר의 부정사 연계형. 지키도록

→ 그리고 그들은 그의 아들 엘르아살을 성별하여 여호와의 궤를 지키도록 하였다/ 그리고 그들은 여호와의 궤를 지키도록 그의 아들 엘르아살을 성별하여 세웠다.

10) (민 22:14) וַיָּקוּמוּ שָׂרֵי מוֹאָב וַיָּבֹאוּ אֶל־בָּלָק וַיֹּאמְרוּ מֵאֵן בִּלְעָם הֲלֹךְ עִמָּנוּ

바이-야쿠무 사레 모압 바이-야보우 엘 발라크 바이-요메루 메엔 빌람 할로크 임마누

바이-야쿠무: קוּם의 칼 바브연속미완료 3남복. 그리고 그들이 일어났다.

바이-야보우: בּוֹא의 칼 바브연속미완료 3남복. 그리고 그들이 갔다.

바이-요메루: אָמַר의 칼 바브 연속미완료 3남복. 그리고 그들이 말했다.

메엔: מָאַן의 피엘 완료 3남단. 그가 거절했다.

할록: הָלַךְ의 칼 부정사 연계형. 오기를/가기를.

➔ 그리고 모압의 지도자들이 일어났고 발락에게로 갔다. 그리고 그들은 말했다. "발람은 우리와 함께 오기를 거절했습니다."

18장 · 푸알 스템 연습문제

1. 다음 히브리어 표현을 번역하라.

1) וַיַּעַשׂ הַמֶּלֶךְ כַּאֲשֶׁר צֻוָּה 바이–야아스 함–멜렉 카아쉐르 춥바

바이–야아스: 아사(עָשָׂה)의 바브 연속 미완료 3남단 ⇨ 그리고 그가 행했다

춥바: 차바(צֻוָּה)의 푸알 완료 3남단 ⇨ 그가 명령을 받았다.

➔ 그리고 그 왕은 명령을 받은 대로 행했다.

2) וַאֲבָרֲכָה מְבָרְכֶיךָ 바–아바라카 메바레케카

바–아바라카: בֵּרַךְ의 칼 미완료 1공단 ⇨ 그리고 나는 축복할 것이다.

메바레케카: 바라크의 피엘 분사 남단+2남단 인칭대명사 접미사 ⇨ 너를 (네가) 축복하는 자

➔ 그리고 나는 너를 (네가)축복하는 자를 축복할 것이다.

3) אַתְּ תְּבֹרְכִי מִנָּשִׁים 아트 테보레키 민–나쉼

테보레키: בֹּרַךְ의 푸알 미완료 2여단 ⇨ 너(여)는 복을 받을 것이다

민–나쉼: 민(전치사: 로부터 혹은 비교급: ~보다) + 나쉼(여자들)

➔ 너(여)는 (다른)여자들보다 더욱 복을 받을 것이다(복이 있다).

4) סִפֵּר אֶת־הַחָזוֹן אֶל־הָעָם 십페르 에트 학–할롬 엘 하–암

십페르: 사파르(סִפַּר)의 피엘 완료 3남단 ⇨ 그는 (자세히) 말할 것이다.

➔ 그는 그 환상을 그 백성에게 말했다.

5) סֻפַּר הַחָזוֹן אֶל־הָעָם 숩파르 학-하존 엘 하-암

숩파르: 사파르의 푸알 완료 3남단 ⇨ 그것(주어: 그 환상)이 말해졌다

➔ 그 환상은 그 백성에게 말해졌다.

6) יְסַפֵּר אֶת־הַחָזוֹן אֶל־הַכֹּהֵן 예삽페르 에트 학-하존 엘 학-코헨

예삽페르: 사파르의 피엘 미완료 3남단 ⇨ 그는 말할 것이다.

➔ 그는 그 환상을 그 제사장에게 말할 것이다.

7) יְסֻפַּר הַחָזוֹן אֶל־הַכֹּהֵן 예숩파르 학-하존 엘 학-코헨

예숩파르: 사파르의 푸알 미완료 3남단 ⇨ 그것은 말해질 것이다.

➔ 그 환상은 그 제사장에게 말해질 것이다.

2. 다음 성경구절을 번역하라.

1) (창 7:19) וַיְכֻסּוּ כָּל־הֶהָרִים הַגְּבֹהִים אֲשֶׁר־תַּחַת כָּל־הַשָּׁמָיִם

바이-쿳슈 콜 헤-하림 학-게보힘 아쉐르 탁하트 콜 핫-샤마임

바이-쿳슈: '덮다, 감추다'를 뜻하는 동사 카사(כָּסָה)의 푸알 바브 연속 미완료 3남복 ⇨

그리고 (그것들)은 덮혀졌다. 문맥상, 잠겼다.

학-게보힘: 정관사 + '높은'을 뜻하는 형용사 가보아(גָּבֹהַּ)의 남성복수형

➔ 그리고 모든 하늘 아래에 있는 높은 산들이 전부 잠겼다/덮혔다.

2) (시 113:2) יְהִי שֵׁם יְהוָה מְבֹרָךְ מֵעַתָּה וְעַד־עוֹלָם

예히 쉠 아도나이 메보라크 메-앗타 베-아드 올람

예히: '있다'는 뜻의 하야(הָיָה)의 칼 미완료 3남단 ⇨ 간접명령형, "되기를 원한다(let it be)"

메보라크: 바라크(בָּרַךְ)의 푸알 분사 남성단수 ⇨ 찬양을 받다

➔ 여호와의 이름이 지금부터 영원까지 찬양을 받으시기를 원합니다.

3) (시 37:22) כִּי מְבֹרָכָיו יִירְשׁוּ אָרֶץ וּמְקֻלָּלָיו יִכָּרֵתוּ

키 메보라카브 이레슈 에레츠 우-메쿨랄라브 익카레투

키: 이는 ~ 때문이다(접속사) 혹은 정녕/확실히(부사)

메보라카브: '축복하다'는 뜻의 바라크(בָּרַךְ)의 푸알 분사남성복수+ 아브(3남단 대명사접미사: 그를)

이레슈: '상속하다'는 뜻의 야라쉬(יָרַשׁ)의 칼 미완료 3남복 ⇨ 그들은 상속할 것이다.

메쿨랄라브: '가볍다'는 뜻의 칼랄(קָלַל)의 푸알 분사 남성복수+아브(3남단 대명사접미사: 그를)

익카레투: '자르다'는 뜻의 카라트(כָּרַת)의 니팔 미완료 3남복 ⇨ 그들은 끊어질 것이다.

➔ 그에 의하여(에게) 복을 받는 자들은 땅을 상속할 것이고 그에 의하여(에게) 저주를 받는 자들은 끊어질 것이다.

4) (창 2:1) וַיְכֻלּוּ הַשָּׁמַיִם וְהָאָרֶץ וְכָל־צְבָאָם

바이-쿨루 핫-샤마임 베-하-아레츠 베-콜 체바암

바이-쿨루: '끝마치다'는 뜻의 칼라(כָּלָה)의 푸알 바브 연속 미완료 3남복 ⇨ 그리고 그들은 완성되었다.

체바암: 체바+3남복대명사접미사 ⇨ 그들의 만상/만물

➔ 그리고 하늘과 땅과 그 모든 만물이 완성되었다.

5) (룻 4:17) יֻלַּד־בֵּן לְנָעֳמִי וַתִּקְרֶאנָה שְׁמוֹ עוֹבֵד

율라드 벤 레-노오미 밧티크레나 쉐모 오벳

욜라드: '아이를 낳다'는 뜻의 얄라드(יָלַד)의 푸알 완료3남단 ⇨ 그가 태어났다.

밧티크레나: '부르다'는 뜻의 카라(קָרָא)의 바브연속미완료 2여복: (그 여자들은) 불렀다.

➔ 나오미에게 아들이 태어났다. 그래서 (그녀들은) 그의 이름을 오벳이라고 불렀다.

6) (겔 24:18) וָאֲדַבֵּר אֶל־הָעָם בַּבֹּקֶר וַתָּמָת אִשְׁתִּי בָּעָרֶב וָאַעַשׂ בַּבֹּקֶר כַּאֲשֶׁר צֻוֵּיתִי

바-아답베르 엘 하-암 밥-보케르 밧-타모트 이쉬티 바-아레브 바-아아스 밥-보케르 카아쉐르 춥베티

바-아답베르: '말씀'을 뜻하는 명사 다바르(דָּבָר)의 피엘 동사 바브연속미완료 1공단 ⇨ 그리고 내가 말했다.

밧-타모트: '죽다'는 뜻의 무트(מוּת)의 칼 바브연속미완료 3여단 ⇨ 그리고 그녀가 죽었다.

바-아아스: '행하다'는 뜻의 아사(עָשָׂה)의 칼 바브연속미완료 1공단 ⇨ 그리고 내가 행했다.

➔ 그리고 아침에 나는 그 백성에게 말했고 저녁에 내 아내가 죽었으며 나는 아침에 내가 명령을 받은 대로 행했다.

7) (사 66:13) כְּאִישׁ אֲשֶׁר אִמּוֹ תְּנַחֲמֶנּוּ כֵּן אָנֹכִי אֲנַחֶמְכֶם וּבִירוּשָׁלַםִ תְּנֻחָמוּ

케이쉬 아쉐르 임모 테낙하멘누 켄 아낙헴켐 우-비루샬라임 테눅하무

테낙하멘누: '위로하다'는 닉헴(נִחֵם)의 피엘 미완료 3여단 + 3남단대명사접미사. (그녀가) 위로하는

아낙헴켐: 닉헴의 피엘 미완료 1공단 + 2남복 대명사접미사(너희들을). 내가 너희들을 위로할 것이다

테눅함무: 닉헴의 푸알 미완료 2남복. 너희들이 위로를 받을 것이다.

➔ 그의 어머니가 위로해주는 사람처럼 내가 너희들을 위로할 것이고 너희들이 예루살렘에서 위로를 받을 것이다.

19장 · 히필 스템 연습 문제

1. 다음 히브리어 문장을 번역하라.

1) הִשְׁמִ֫ידוּ אֶת־עָרֵי הָאָרֶץ

1) 히쉬미두 에트 아레 하-아레츠

히쉬미두: שָׁמַד 히필 완료 3공복. 그들은 파괴하였다.

➔ 그들은 그 땅의 도시들을 파괴하였다.

2) הַשְׁמִ֫יד אֶת־מִזְבְּחוֹת הָעָם

2) 하쉬미드 에트 미즈벡호트 하-암

하쉬미드: 샤마드(שָׁמַד)의 히필 명령 2남단 ⇨ 파괴하라.

➔ 그 백성의 제단들을 파괴하라!

3) אַגְדִּיל אֶת־שִׁמְךָ הַקָּדוֹשׁ

3) 아그딜 에트 쉼카 학-카도쉬

아그딜: 가달(גָּדַל)의 히필 미완료 1공단 ⇨ 내가 위대하게 만들 것이다.

➔ 내가 당신의 거룩한 이름을 위대하게 만들 것이다.

4) וַיַּגֵּ֫יד לָהֶם אֶת־הַחֲלוֹם

4) 바이-약기드 라헴 에트 학-할롬

바이-약기드: 나가드(נָגַד)의 히필 바브 연속 미완료 3남단 ⇨ 그리고 그가 말했다.

➔ 그리고 그가 그 꿈을 그들에게 말했다.

5) לָ֫מָּה תַּסְתֵּר הַדְּבָרִים אֲשֶׁר צִוָּה אֱלֹהִים

5) 람마 타스테르 핫-데바림 아쉐르 치바 엘로힘

타스테르: 사타르(סָתַר)의 히필 미완료 2남단 ⇨ 당신은 감춘다.

치바: 차바(צָבָה) 피엘 완료 3남단. 그가 명령하였다.

➔ 왜 당신은 하나님이 명령한 그 말씀(일)들을 숨깁니까?

6) לֹא אוֹסִיף עוֹד לַעֲשׂוֹת חֶ֫סֶד בַּיָּמִים הָהֵם

6) 로 오시프 오드 라-아소트 헤세드 바이-야밈 하-헴

오시프: 아사프(אָסַף)의 히필 미완료 1공단: 내가 계속하다. 부정어 로와 함께, 내가 다시는 않겠다.

라아소트: 전치사 라멧 + 아사(עָשָׂה)의 부정사 연계형. 하기를.

➔ 그 날들에 내가 다시는 은혜를 베풀지 않을 것이다.

7) הוֹשִׁיעָה אֹתָם יְהוָה

7) 호쉬아 오탐 아도나이

호쉬아: 야샤(יָשַׁע)의 히필 간접 명령(jussive): 그가 구원해주시기를 혹은 그가 구원해주시기를

➔ 여호와여, 그들을 구원하소서.

8) וַיַּךְ אֶת־הָאֲנָשִׁים וַיַּהֲרֹג אֹתָם

8) 바이-야크 에트 하-아나쉼 바이-야하로그 오탐

바이-야크: 나카(נָכָה)의 히필 바브 연속 미완료 3남단 ⇨ 그리고 그가 쳤다.

바이-야하로그: 하라그(הָרַג)의 칼 바브 연속 미완료 3남단 ⇨ 그리고 그가 죽였다.

➔ 그리고 그가 그 남자들을 쳐서 그들을 죽였다.

9) וַיֶּגֶל אֶת־יֹשְׁבֵי הֶעָרִים

9) 바이-예겔 에트 요셰베 헤-아림

바이-예겔: 갈라(גָּלָה)의 히필 바브 연속 미완료 3남단 ⇨ 그리고 그가 유배를 보냈다.

➔ 그리고 그가 그 도시들의 주민들을 유배 보냈다.

10) לֹא הֵבִינוּ אֶת־הַדְּבָרִים אֲשֶׁר שָׁמְעוּ

10) 로 헤비누 에트 핫-데바림 아쉐르 샤메우

헤비누: 빈(בִּין)의 히필 완료 3남복 ⇨ 그들은 깨달았다.

샤메우: 샤마(שָׁמַע)의 칼 완료 3공복. 그들이 들었다.

➔ 그들은 그들이 들은 그 말씀(일)들을 깨닫지 못했다.

11) וַיַּשְׁכֵּם הָאִישׁ לָלֶכֶת בַּבֹּקֶר לָשׁוּב אֶל־בֵּיתוֹ

11) 바이-야쉬켐 하-이쉬 라-레케트 밥-보케르 라-슈브 엘 베토

바이-야쉬켐: 샤캄(שָׁכַם)의 히필 바브 연속 미완료 3남단 ⇨ 그리고 그가 일찍 일어났다

라-레케트: 전치사 라멧 + 할라크(הָלַךְ)의 칼 부정사 연계형 ⇨ 가기 위하여

라-슈브: 전치사 라멧 + 슈브(שׁוּב)의 칼 부정사 연계형 ⇨ 돌아가려고

➔ 그리고 그 남자가 자기 집으로 돌아가려고 아침에 일찍 일어났다.

12) וְהַנַּעַר מִהַר וַיָּבוֹא וַיַּגֵּד אֶת־הַדְּבָרִים לָמֶּלֶךְ׃

12) 베-한-나아르 미하르 바이-야보 바이-약게드 에트 핫-데바림 람-멜레크

미하르: 마하르(מָהַר)의 피엘 완료 3남단 ⇨ 그가 서둘렀다.

바이-야보: 보(בּוֹא)의 칼 바브 연속 미완료 3남단 ⇨ 그리고 그가 갖고 들어갔다.

바이-약게드: 나가드(נָגַד)의 히필 바브 연속 미완료 3남단 ⇨ 그리고 그가 보고했다.

➔ 그리고 그 소년이 급히 들어가서 그 일들을 그 왕에게 보고했다.

13) מַדּוּעַ הִכֵּ֫יתָ אֶת־הַדָּל לַהֲרֹג אֹתוֹ

13) 맛두아 힉케타 에트 핫-달 라-하로그 오토

힉케타: 나카(נָכָה)의 히필 완료 2남단 ⇨ 네가 쳤다

라-하로그: 전치사 라멧 + 하라그(הָרַג)의 부정사 연계형 ⇨ 죽이기 위하여

➔ 왜 너는 그 가난한 사람을 쳐서 죽이려고 했느냐?

14) הִשְׁלִיךְ אֶת־הָרוּחַ הַגְּדוֹלָה בַּיָּם

14) 히쉴리크 에트 하-루아흐 학-게돌라 바이-얌

히쉴리크: 샬라크(שָׁלַךְ)의 히필 완료 3남단 ⇨ 그가 던졌다.

➔ 그가 바다에 거대한 바람을 던졌다.

15) הָבֵא אֵלֵינוּ מַיִם וְלֶחֶם

15) 하베 엘레누 마임 베-렉헴

하베: 보(בּוֹא)의 히필 명령 2남단 ⇨ 가져오라.

➔ 우리에게 물과 빵을 가져오라!

2. 다음 성경구절을 번역하라.

1) וַיַּצֵּל דָּוִד אֵת כָּל־אֲשֶׁר לָקְחוּ עֲמָלֵק וְאֶת־שְׁתֵּי נָשָׁיו הִצִּיל דָּוִד (삼상 30:18)

1) 바이-야첼 다비드 에트 콜 아쉐르 라케쿠 아말렉 베-에트 쉐테 나샤브 힛칠 다비드

바이-야첼: 나찰(נָצַל)의 히필 바브 연속 미완료 3남단 ⇨ 그리고 그가 구출했다.

라케쿠: 라카크(לָקַח)의 칼 완료 3공복 ⇨ 그들이 취했다

힛칠: 나찰(נָצַל)의 히필 완료 3남단: 그가 구출했다.

➔ 그리고 다윗은 아말렉이 잡아간 모든 사람을 구출했고 자신의 두 아내를 다윗은 구출했다.

2) וּשְׁתֵּים עֶשְׂרֵה אֲבָנִים הֵקִים יְהוֹשֻׁעַ בְּתוֹךְ הַיַּרְדֵּן (수 4:9)

2) 우쉐팀 에스레 아바님 헤킴 예호슈아 베토크 하이-야르덴

쉐타임 에스레: 열둘

헤킴: 쿰(קוּם)의 히필 완료 3남단. 그가 세웠다.

➔ 그리고 여호수아는 열두 개의 돌을 요단 강 가운데 세웠다.

3) וַיּוֹשֵׁב יוֹסֵף אֶת־אָבִיו וְאֶת־אֶחָיו וַיִּתֵּן לָהֶם אֲחֻזָּה בְּאֶרֶץ מִצְרַיִם (창 47:11)

3) 바이-요쉐브 요세프 에트 아비브 베-에트 엑하브 바이-잇텐 라헴 악훗자 베-에레츠 미츠라임

바이-요쉐브: 야샤브(יָשַׁב)의 히필 바브 연속 미완료 3남단 ⇨ 그리고 그가 정착시켰다.

바이-잇텐: 나탄(נָתַן)의 칼 바브 연속 미완료 3남단 ⇨ 그리고 그가 주었다.

➔ 그리고 요셉이 자기 아버지와 자기 형제들을 정착시키고 이집트 땅에서 그들에게 소유지를 주었다.

4) וַיִּירְאוּ הָעָם אֶת־יְהוָה וַיַּאֲמִינוּ בַּיהוָה וּבְמֹשֶׁה עַבְדּוֹ (출 14:31)

4) 바이이레우 하-암 에트 아도나이 바이-야아미누 바도나이 우-모쉐 아브도

바이이레우: 야레(יָרֵא)의 칼 바브 연속 미완료 3남복 ⇨ 그리고 그들이 두려워했다.

바이-야아미누: 아만(אָמַן)의 히필 바브 연속 미완료 3남복 ⇨ 그리고 그들이 믿었다.

➔ 그리고 백성이 여호와를 두려워했고 여호와와 그의 종 모세를 믿었다.

5) וַיַּסְתֵּר מֹשֶׁה פָּנָיו כִּי יָרֵא מֵהַבִּיט אֶל־הָאֱלֹהִים (출 3:6)

5) 바이-야스테르 모쉐 파나브 키 야레 메합비트 엘 하-엘로힘

바이-야스테르: 사타르(סָתַר)의 히필 바브 연속 미완료 3남단 ⇨ 그리고 그가 가렸다.

야레: 칼 완료 3남단 ⇨ 그가 두려웠다.

메합비트: 나바트(נָבַט)의 히필 분사 남단: 보기를

➔ 그리고 모세가 그의 얼굴을 가렸다. 이는 그가 하나님을 보기가 두려웠기 때문이다.

6) הִשָּׁמֶר לְךָ פֶּן־תִּשְׁכַּח אֶת־יְהוָה אֲשֶׁר הוֹצִיאֲךָ מֵאֶרֶץ מִצְרַיִם מִבֵּית עֲבָדִים (신 6:12)

6) 힛샤메르 레카 펜 티쉬칵흐 에트 아도나이 아쉐르 호치아카 메에레츠 미츠라임 밉베트 아바딤

힛샤메르: 샤마르(שָׁמַר), 니팔 명령 2남단: 너는 주의하라, 삼가~하라

펜: 하지 않도록

티쉬칵흐: 샤칵흐(שָׁכַח), 칼 미완료 2남단: 네가 잊다

호치아카: 야차(יָצָא), 히필 3남단+ 2남단 대명사접미사, 카 ⇨ 그가 너를 이끌어냈다

➔ 너는 삼가 이집트 땅, 종살이하던 집에서 너를 이끌어낸 여호와를 잊지 말라.

7) שִׁבְעַת יָמִים תּוֹחֵל עַד־בּוֹאִי אֵלֶיךָ וְהוֹדַעְתִּי לְךָ
אֵת אֲשֶׁר תַּעֲשֶׂה (삼상 10:8)

7) 쉬브앗 야밈 톡헬 아드 보이 엘레카 베-호다티 레카 에트 아쉐르 타아세

톡헬: 약할(יָחַל)의 히필 미완료 2남단 ⇨ 너는 기다려야 한다

아드 보이: 전치사 עַד(까지)+ 보(בּוֹא)의 칼 분사 남단+ 1공단 대명사접미사, 이. 내가 가기까지

베-호다티: 야다(יָדַע)의 히필 바브 연속 완료 1공단 ⇨ 내가 말할 것이다

타아세: 아사(עָשָׂה)의 칼 미완료 2남단 ⇨ 네가 할 것이다

➔ 칠일 동안 너는 내가 너에게 갈 때가지 기다려라. 그러면 내가 네가 할 일을 너에게 알려줄 것이다.

8) כִּי קָרְבַּן יְהוָה לֹא הִקְרִיב בְּמֹעֲדוֹ חֶטְאוֹ יִשָּׂא הָאִישׁ הַהוּא (민 9:13)

8) 키 코르반 아도나이 로 히크리브 베-모아도 헤트오 잇사 하-이쉬 하-후

히크리브: קָרַב 히필 완료 3남단 ⇨ 그가 가까이 다가가 바쳤다.

잇사: 나사의 칼 미완료 3남단. 그가 (책임)져야 한다.

➔ 이는 그가 여호와의 제물을 그 정한 절기에 바치지 않았기 때문이다. 그 사람은 자기 죄를 져야 한다.

9) וְשָׁלַחְתִּי אֶת־יָדִי וְהִכֵּיתִי אֶת־מִצְרַיִם בְּכֹל נִפְלְאֹתַי אֲשֶׁר אֶעֱשֶׂה בְּקִרְבּוֹ (출 3:20)

9) 베-샬락흐티 에트 야디 베-힉케티 에트 미츠라임 베-콜 니플레오타이 아쉐르 에에체 베키르보

베-샬락흐티: שָׁלַח, 칼 바브 연속 완료 1공단 ⇨ 그리고 내가 보낼 것이다.

베-힉케티: נָכָה, 히필 바브 연속 완료 1공단 ⇨ 그리고 내가 칠 것이다.

니플레오타이: 나의 이적들

에에세: עָשָׂה 칼 미완료 1공단: 내가 행할 것이다.

➔ 그리고 내가 내 손을 들어 그들 가운데서 행할 나의 모든 놀라운 일들로 이집트를 칠 것이다.

10) וְהִגְלָה אֶת־כָּל־יְרוּשָׁלַםִ וְאֶת־כָּל־הַשָּׂרִים וְאֵת כָּל־גִּבּוֹרֵי הַחַיִל (왕하 24:14)

10) 베히글라 에트 콜 예루살라임 베-에트 콜 핫-사림 베-에트 콜 깁보레 학-하일

베히글라: גָּלָה, 히필 완료 3남단 ⇨ 그가 사로잡아갔다/유배를 보냈다.

➔ 그리고 그가 모든 예루살렘 사람과 모든 관리(방백)와 모든 용사들을 사로잡아갔다/유배시켰다.

11) נָבִיא מִקִּרְבְּךָ מֵאַחֶיךָ כָּמֹנִי יָקִים לְךָ יְהוָה אֱלֹהֶיךָ
אֵלָיו תִּשְׁמָעוּן (신 18:15)

11) 나비 믹키르베카 메악헤카 카모니 야킴 레카 아도나이 엘로헤카 엘라브 티쉬메운

야킴: קוּם, 히필 미완료 3남단 ⇨ 그가 세울 것이다.

티쉬메운: שָׁמַע, 칼 미완료 2남복+눈(고어체 어미) ⇨ 너희들은 (그의 말을) 들어야 한다.

카모니: 강세표시 '자켑 카톤(◌ׄ)'은 문장의 1/4지점에서 끊어 읽으라는 표시이다.

엘로헤카: 강세표시 '에트나(◌֑)'는 문장의 1/2지점에서 끊어 읽으라는 표시이다.

➔ 너희 가운데 너희 형제들 중에서 나와 같은 예언자 한 명을 너의 하나님 여호와가 너

에게 세울 것이다. 너희들은 그의 말을 들어야 한다.

12) וַיַּעַן מֹשֶׁה וְהֵן לֹא־יַאֲמִינוּ לִי וְלֹא יִשְׁמְעוּ בְּקֹלִי כִּי יֹאמְרוּ
לֹא־נִרְאָה אֵלֶיךָ יְהוָה (출 4:1)

12) 바이-야안 모쉐 베-헨 로 야아미누 리 베-로 이쉬메우 베-콜리 키 요메루 로 니르아 엘레카 아도나이

바이-야안: עָנָה의 칼 바브 연속 미완료 3남단 ⇨ 그리고 그가 대답했다.

야아미니누: אָמַן의 히필 미완료 3남복 ⇨ 그들이 믿을 것이다.

이쉬메우: שָׁמַע의 칼 미완료 3남복 ⇨ 그들이 들을 것이다

요메루: אָמַר의 칼 미완료 3남복 ⇨ 그들이 말할 것이다

니르아: רָאָה 의 니팔 완료 3남단 ⇨ 그가 나타났다

➔ 그리고 모세가 대답했다. "그러나 보십시오. 그들은 내 말을 믿지 않을 것이고 내 목소리를 듣지 않을 것입니다. 이는 그들이 '여호와께서 너에게 나타나지 않았다'고 말할 것이기 때문입니다."

13) וַהֲקִמֹתִי אֶת־בְּרִיתִי אִתְּכֶם וְלֹא־יִכָּרֵת כָּל־בָּשָׂר עוֹד מִמֵּי הַמַּבּוּל
וְלֹא־יִהְיֶה עוֹד מַבּוּל לְשַׁחֵת הָאָרֶץ (창 9:11)

13) 바-하키모티 에트 베리티 잇테켐 벨-로 익카레트 콜 바사르 오드 밈메 함-맙불

벨-로 이흐예 오드 맙불 레샤헤트 하-아레츠

바-하키모티: קוּם 히필 바브 연속 완료 1공단 ⇨ 그리고 내가 (언약을) 체결할 것이다

익카레트: כָּרַת 니팔 미완료 3남단 ⇨ 그것이 끊이질 것이다.

이흐예: הָיָה 칼 미완료 3남단 ⇨ 그것이 있을 것이다.

레-샤헤트: שָׁחַת 피엘 부정사 연계형 ⇨ 파괴하기 위하여

➔ 그리고 내가 너희들과 내 언약을 체결할 것이며 모든 육체가 다시는 홍수의 물로

인하여 끊어지지 않을 것이고 다시는 땅을 파괴할 홍수가 일어나지 않을 것이다/홍수가 일어나 땅을 파괴하는 일은 없을 것이다."

14) וָאֵלֵךְ בַּדֶּרֶךְ אֲשֶׁר־שְׁלָחַנִי יְהוָה וָאָבִיא אֶת־אֲגַג מֶלֶךְ עֲמָלֵק וְאֶת־עֲמָלֵק הֶחֱרַמְתִּי (삼상 15:20)

14) 바–엘레크 밧–데레크 아쉐르 쉘락하니 아도나이 바–아비 에트 아각 멜레크 아말레크 베–에트 아말레크 헥헤람티

바–엘레크: הָלַךְ 칼 바브 연속 미완료 1공단 ⇨ 그리고 내가 행했다

셸락하니: שָׁלַח 칼 완료 3남단 + 니(1인칭단수 대명사접미사 목적격) ⇨ 그가 나를 보냈다

바–아비: בּוֹא 히필 바브 연속 미완료 1공단 ⇨ 내가 데리고 왔다.

헥헤람티: חָרַם 히필 완료 1공단 ⇨ 내가 진멸하였다.

➔ 그리고 내가 여호와께서 나를 보낸 길로 행하였고 내가 아말렉 왕 아각을 끌고 왔으며 아말렉 사람을 진멸하였다.

15) מַכֵּה אִישׁ וָמֵת מוֹת יוּמָת (출 21:12)

15) 막케 이쉬 바메트 모트 유마트

막케: נָכָה 히필 능동 분사 남단 ⇨ (사람을) 치는 자

바–메트: מוּת 칼 완료 3남단 ⇨ 그가 죽으면

모트: מוּת 칼 부정사 절대형

유마트: מוּת 호팔 미완료 3남단 ⇨ 그는 죽임을 당할 것이다/처형당할 것이다.

➔ (만일) (누군가가) 사람을 쳐서 그가(사람이) 죽으면 (그를 친 사람은) 반드시 처형당해야 한다.

20장 · 호팔 스템 연습문제

1. 다음 히브리 동사를 번역하라.

1) יֻלַּדְתִּי

1) 율라드티: יָלַד (아이를 낳다), 푸알 완료 1공단 ⇨ 내가 태어났다

2) הוֹשִׁיב

2) 호쉬브: יָשַׁב (앉다, 거주하다), 히필 완료 3남단 ⇨ 그가 거주하도록 만들었다.

3) הוֹצִיא

3) 호치: יָצָא (나가다), 히필 완료 3남단 ⇨ 그가 데리고 나갔다/나가도록 만들었다.

4) הֻצַּלְנוּ

4) 훗찰누: נָצַל (꺼내다), 호팔 완료 1공복 ⇨ 우리가 건져냄을 얻었다, 즉 구원받았다.

5) הָעָם הַמָּגְלֶה

5) 하-암 함-모글레: גָּלָה (유배를 보내다), 하(정관사)+모글레(갈라의 호팔 분사) ⇨ 유배 당한 백성

6) הָעָבְדוּ

6) 호오브두: עָבַד (섬기다, 봉사하다), 호팔 완료 3공복 ⇨ 그들은 섬김을 받았다.

7) הוּסַ֫רְתִּי

7) 후사르티: יָסַר (훈계하다, 교훈하다), 호팔 완료 1공단 ⇨ 나는 훈계를 받게 되었다.

8) וַיֻּגַּד

8) 바이육가드: נָגַד 히필(말하다), 호팔 바브 연속 미완료 3남단 ⇨ 그리고 그것이 들렸다.

9) וַיַּגִּיד

9) 바이-약기드: נָגַד 히필(말하다), 히필 바브 연속 미완료 3남단 ⇨ 그리고 그가 말했다.

10) מֻצָּב

10) 뭇차브: נָצַב (서다), 호팔 분사 남성단수 ⇨ 세워져 있는

2. 다음 성경구절을 번역하라.

1) וּמְקַלֵּל אָבִיו וְאִמּוֹ מוֹת יוּמָת (출 21:17)

1) 우-메칼렐 아비브 베-임모 모트 유마트

우(접속사)

메칼렐: קָלַל (가볍다, 시시하다, 빠르다), 피엘 분사 남성단수 ⇨ 경멸하는 자

모트: מוּת (죽다), 부정사 절대형(정동사를 강조하는 부사적 용법, "정녕, 분명히")

유마트: מוּת (죽다), 호팔 미완료 3남단 ⇨ 그는 죽임을 당할 것이다, 사형당할 것이다.

➔ 그리고 자기 아버지와 자기 어머니를 멸시하는 자는 반드시 사형당할 것이다.

2) וַיּוּשַׁב אֶת־מֹשֶׁה וְאֶת־אַהֲרֹן אֶל־פַּרְעֹה (출 10:8)

2) 바이-유샤브 에트 모쉐 베-에트 아하론 엘 파르오

바이-유샤브: שׁוּב (돌아가다) 호팔 바브 연속 미완료 3남단 ⇨ 그리고 (그것은) 돌아가게 만들었다.

(참고. 유샤브의 현재 형태는 יָשַׁב(거주하다)의 호팔 미완료 3남단과 동일한 형태이다.)

➔ 그리고 그것은(그 사태는) 모세와 아론을 바로에게 돌아가도록 만들었다 ⇨ 그리고 모세와 아론은 바로에게 돌아갔다.

3) הֻגֵּד הֻגַּד לַעֲבָדֶיךָ (수 9:24)

3) 훅게드 훅가드 라-아바데카

훅게드: נָגַד (히필: 말하다), 호팔 부정사 절대형(정동사를 강조하는 부사적 용법, "정녕, 분명히")

훅가드: נָגַד (히필: 말하다), 호팔 완료 3남단 ⇨ 그것이 들렸다.

➔ 그것(소식)이 분명히 너의 종들에게 들렸다. ⇨ 너의 종들이 분명히 들었다.

4) וַיַּחֲלֹם וְהִנֵּה סֻלָּם מֻצָּב אַרְצָה וְרֹאשׁוֹ מַגִּיעַ הַשָּׁמָיְמָה
וְהִנֵּה מַלְאֲכֵי אֱלֹהִים עֹלִים וְיֹרְדִים בּוֹ (창 28:12)

4) 바이-약할롬 베-힌네 술람 뭇차브 아르차 베-로쇼 막기아 핫-샤마이마 베-힌네 말라케 엘로힘 올림 베요레딤 보

바이-약할롬: חָלַם (꿈꾸다), 칼 바브 연속 미완료 3남단 ⇨ 그리고 그가 꿈을 꾸었다.

뭇차브: נָצַב (서다), 호팔 분사 남성단수: 세워져 있는

막기아: נָגַע (치다) 히필 분사 남성단수: 닿아 있는

올림: עָלָה (올라가다) 칼 분사 남성복수: 올라가는

베요레딤: 바브(접속사)+요레딤: יָרַד (내려가다) 칼 분사 남성복수: 내려가는

➔ 그리고 그가 꿈을 꾸었다. 그리고 보니까 사다리가 땅에 세워져 있고 그 꼭대기는 하늘에 닿아 있었다. 또 보니까 하나님의 사자들이 그것을 타고 올라가기도 하고

내려가기도 했다.

5) אַתָּה הָרְאֵתָ לָדַעַת כִּי יְהוָה הוּא הָאֱלֹהִים אֵין עוֹד מִלְּבַדּוֹ (신 4:35)

5) 앗타 호르에타 라–다아트 키 아도나이 후 하–엘로힘 엔 오드 밀밧도

호르에타: רָאָה (보다), 호팔 완료 2남단 ⇨ 네가 보여졌다, 즉, 나타났다

라–다아트: 전치사 라+ יָדַע (알다), 부정사 연계형 다아트 ⇨ 알도록

➔ 당신은 여호와 그가 하나님이며 그 외에는 다른 신이 없다는 것을 알도록 하기 위하여 직접(몸소, 친히–강조적 의미) 나타났습니다.

6) וַיַּעַן בֹּעַז וַיֹּאמֶר לָהּ הֻגֵּד הֻגַּד לִי כֹּל אֲשֶׁר־עָשִׂית אֶת־חֲמוֹתֵךְ
אַחֲרֵי מוֹת אִישֵׁךְ (룻 2:11)

6) 바이–야안 보아즈 바이–요메르 라 훅게드 훅가드 리 콜 아쉐르 아시타 에트 하모텍 악하레 모트 이쉐크

바이–야안: עָנָה (대답하다) 칼 바브 연속 미완료 3남단 ⇨ 그리고 그가 대답했다.

바이–요메르: אָמַר (말하다) 칼 바브 연속 미완료 3남단 ⇨ 그리고 그가 말했다.

훅게드: נָגַד (히필: 말하다), 호팔 부정사 절대형. 정동사를 강조하는 부사적 용법, "정녕, 분명히"

훅가드: נָגַד (히필: 말하다), 호팔 완료 3남단 ⇨ 그것이 들렸다.

아시트: עָשָׂה (행하다) 칼 완료 2여단 ⇨ 네(여성)가 행했다.

➔ 그리고 보아스가 대답하여 그녀에게 말했다. "네가 네 남편이 죽은 후에 네 시어머니에게 행한 모든 일이 나에게 분명하게 들렸다.' ⇨ 즉, '나는 네가 네 남편이 죽은 뒤 네 시어머니께 행한 모든 일들을 분명히 들어서 알고 있다."

7) וַיֻּגַּד לַמֶּלֶךְ שְׁלֹמֹה כִּי נָס יוֹאָב אֶל־אֹהֶל יְהוָה
וְהִנֵּה אֵצֶל הַמִּזְבֵּחַ (왕상 2:29)

7) 바이–육가드 람–멜레크 쉘로모 키 나스 요압 엘 오헬 아도나이 베–힌네 에첼 함–미즈베악흐

바이–육가드: נָגַד (히필: 말하다), 호팔 바브 연속 미완료 3남단 ⇨ 그리고 그것이 알려졌다.

나스: נוּס (도망가다), 칼 완료 3남단 ⇨ 그가 도망갔다.

➔ 그리고 요압이 여호와의 장막으로 도망갔고 보니까 그가 그 제단 곁에 있다는 것이 솔로몬 왕에게 알려졌다.

8) וּרְאֵה וַעֲשֵׂה בְּתַבְנִיתָם אֲשֶׁר־אַתָּה מָרְאֶה בָּהָר (출 25:40)

8) 우–레에 바–아세 베–타브니탐 아쉐르 앗타 모르에 바–하르

우–레에: 접속사+ 레에: רָאָה (보다) 명령형 ⇨ 그리고 보라

바–아세: 접속사+ 아세: עָשָׂה (만들다, 핟다) 명령형 ⇨ 만들어라

모르에: רָאָה (보다), 호팔 분사 남성단수 ⇨ 보여진, 나타난

➔ 그리고 보라 그리고 그 산에서 너에게 보여진 그것들의 양식대로 만들어라.

9) וְהַכֹּהֵן הַגָּדוֹל מֵאֶחָיו אֲשֶׁר־יוּצַק עַל־רֹאשׁוֹ שֶׁמֶן הַמִּשְׁחָה
וּמִלֵּא אֶת־יָדוֹ לִלְבֹּשׁ אֶת־הַבְּגָדִים (레 21:10)

9) 베–학–코헨 학–가돌 메–엑하브 아쉐르 유차크 알 로쇼 쉐멘 함–미쉭하 우–밀레 에트 야도 릴보쉬 에트 합–베가딤

유차크: יָצַק (붓다, 흘리다), 호팔 미완료 3남단 ⇨ 부은, 부을

함–미쉭하: מָשַׁח (문지르다, 기름을 붓다)에서 파생한 명사 ⇨ 기름부음, 성별한 부분

밀레: מָלָא (가득하다, 채우다) 피엘 완료 3남단 ⇨ 그가 채우다.

이어지는 야도(יָדוֹ)와 함께, "제사장 직책을 세우다, 그 직무를 위해 성별하다"는 뜻으로 사용된다.

릴보쉬: 전치사 라멧 + לָבַשׁ (옷을 입다)의 부정사 연계형 ⇨ (옷을) 입도록(입혀)

→ 그리고 대제사장은 그 형제들 중에서 그 머리에 성별한 기름을 부은 자로 세울 것이며 그 옷을 입도록(입혀) 제사장 직무로 성별하여 세운 자이다.

10) כִּי עִם־אַבְנֵי הַשָּׂדֶה בְרִיתֶךָ וְחַיַּת הַשָּׂדֶה הָשְׁלְמָה־לָךְ (욥 5:23)

10) 키 임 아브네 핫-사데 베리테카 베-하이야트 핫-사데 호쉘레마 라크

호쉘레마: שָׁלֵם (평화롭다), 호팔 완료 3여단 ⇨ 그것이(여성) ~와 평화롭게 살았다.

→ 이는 너의 언약은 들의 돌들과 맺은 것이며 들짐승이 너와 평화롭게 지낼 것이기 때문이다 ⇨ 네가 들판의 돌들과 언약을 맺으며 들짐승이 너와 평화롭게 지낼 것이기 때문이다.

21장 · 히트파엘 스템 연습문제

1. 다음 히브리어 문장을 번역하라.

1) הִתְפַּלַּלְתִּי אֵלָיו וְלֹא שָׁמַע

1) 히트팔랄티 엘라브 벨-로 샤마

히트팔랄티: פָּלַל 히트파엘 완료 1공단 ⇨ 내가 기도했다.

엘라브: 그에게

➔ 내가 그에게 기도했으나 그는 듣지 않았다.

2) וַיִּתְחַבְּאוּ כִּי יָרְאוּ מְאֹד

2) 바이-이트합베우 키 야레우 메오드

바이-이트합베우: חָבָא, 히트파엘 바브 연속 미완료 3남복 ⇨ 그리고 그들은 숨었다.

야레우: יָרֵא, 칼 완료 3공복 ⇨ 그들은 두려웠다.

➔ 그리고 그들은 숨었다. 왜냐하면 그들은 매우 두려웠기 때문이다.

3) מִי הַמִּתְחַבְּאִים

3) 미 함미트합베임

함미트합베임: 정관사 + 미트합베임(חָבָא, 히트파엘 분사 남성복수=숨어 있는 자들)

숨어 있는 자들은 누구냐?

4) אִנַּבֵּא עַל־דַּרְכּוֹ

4) 인납베 알 다르코

인납베: נָבָא, 히트파엘 미완료 1공단 ⇨ 내가 예언할 것이다.

➔ 내가 그의 길에 관하여 예언할 것이다.

5) וַיִּשְׁמְעוּ אֶת־קוֹל יְהוָה אֱלֹהִים מִתְהַלֵּךְ בַּגָּן

5) 바이-이쉬메우 에트 콜 아도나이 엘로힘 미트할레크 박-간

바이-이쉬메우: שָׁמַע 칼 바브 연속 미완료 3남복 ⇨ 그리고 그들은 들었다.

미트할레크: הָלַךְ 히트파엘 분사 남성단수 ⇨ (이리저리, 계속) 걷고 있는

➔ 그리고 그들은 동산에서 이리저리 걷고 있는 여호와 하나님의 목소리를 들었다.

6) וָאֶשְׁתַּמֵּר מֵעֲוֹנִי

6) 바-에쉬탐메르 메-아보니

바-에쉬탐메르: שָׁמַר, 히트파엘 바브 연속 미완료 1공단(음위전환) ⇨ 그리고 내가 자신을 지켰다.

➔ 그리고 내가 내 죄악으로부터 자신을 지켰다.

7) וְהִשְׁתַּחֲווּ לַיהוָה בְּהַר הַקֹּדֶשׁ

7) 베-히쉬탁하부 라도나이 베-하르 학-카데쉬

베-히쉬탁하부: חָוָה, 히쉬타펠 바브 연속 완료 3공복 ⇨ 그리고 그들은 경배할 것이다.

➔ 그리고 그들은 그 거룩한 산에서 여호와를 경배할 것이다.

8) רוֹמַמְתִּי בָנִים וְגִדַּלְתִּי בָנוֹת

8) 로맘티 바님 베-깃달티 베노트

로맘티: רוּם, 폴랄 완료 1공단 ⇨ 내가 높혔다

베-깃달티: גָּדַל 피엘 완료 1공단 ⇨ 내가 위대하게 만들었다.

➔ 내가 아들들을 높혔고 딸들을 위대하게 만들었다.

9) וְכִלְכְּלָם לֶחֶם וָמָיִם

9) 베-킬켈람 렉헴 바-마임

베-킬켈람: כּוּל, 필펠 바브 연속 완료 3남단 + 3남복 대명사접미사 ⇨ 그리고 그가 그들에게 공급했다.

➔ 그리고 그가 그들에게 양식과 물을 공급했다.

10) וְעַל-עֲבָדָיו יִתְנֶחָם

10) 베-알 아바다브 이트넥함

이트넥함: נחם, 히트파엘 미완료 3남단 ⇨ 그가 긍휼히 여겼다

➔ 그리고 그의 종들을 그는 긍휼히 여겼다.

2. 다음 성경구절을 번역하라.

1) וַיֹּאמֶר יְהוּדָה מַה־נֹּאמַר לַאדֹנִי מַה־נְּדַבֵּר וּמַה־נִּצְטַדָּק (창 44:16)

1) 바이-요메르 예후다 마-노마르 라도니 마 네답베르 우-마 니츠탓다크

바이-요메르: אָמַר, 칼 바브 연속 미완료 3남단 ⇨ 그리고 그가 말했다

노마르: אָמַר, 칼 미완료 1공복 ⇨ 우리가 말하다(미완료의 양태적 의미)

네답베르: דִּבֵּר, 피엘 미완료 1공복 ⇨ 우리가 설명하다(미완료의 양태적 의미)

니츠탓다크: צָדַק, 히트파엘 미완료 1공복(음위전환) ⇨ 우리가 정직하다고 변론하다.

→ 그리고 유다가 말했다. "나의 주께 우리가 무엇이라고 말하겠습니까? 우리가 무엇이라고 설명하며 어떻게 우리가 정직함을 보여줄 수 있겠습니까?"

2) וּרְאוּ וּדְעוּ מִכֹּל הַמַּחֲבֹאִים אֲשֶׁר יִתְחַבֵּא שָׁם (삼상 23:23)

2) 우-레우 우-데우 믹콜 함-막하보임 아쉐르 이트합베 샴

우-레우: רָאָה, 칼 명령 2남복 ⇨ 보라

우-데우: יָדַע, 칼 명령 2남복 ⇨ 알라

함-막하보임: מַחֲבֹא, 남성명사 복수 ⇨ 은신처들

이트합베: חָבָא, 히트파엘 미완료 3남단 ⇨ 그가 숨어 있는

→ 그리고 그가 숨어 있는 모든 은신처를 알아보라!

3) וְצָלְחָה עָלֶיךָ רוּחַ יְהוָה וְהִתְנַבִּיתָ עִמָּם וְנֶהְפַּכְתָּ לְאִישׁ אַחֵר (삼상 10:6)

3) 찰렉하 알레카 루악흐 아도나이 베-히트납비타 임맘 베-네흐팍타 레-이쉬 악헤르

베-찰렉하: צָלַח, ① 급하게 움직이다 ② 진보하다, 번성하다, 칼 바브연속완료 3여단 ⇨ 그것이 급하게 임할 것이다

베-히트납비타: נָבָא, 히트파엘 바브 연속 완료 2남단 ⇨ 너는 예언할 것이다. 알렙이 생략되어 있다. 다른 사본에는 התנבאת로 되어 있다.

베-네호팍타: הָפַךְ, 니팔 바브 연속 완료 2남단 ⇨ 너는 변할 것이다.

➔ 그리고 너에게 여호와의 신(영)이 급하게 임할 것이고 너는 그들과 함께 예언할 것이며 너는 다른 사람으로 변할 것이다(변하여 완전히 다른 사람이 될 것이다).

4) אֶסְפָה־לִּי שִׁבְעִים אִישׁ מִזִּקְנֵי יִשְׂרָאֵל וְלָקַחְתָּ אֹתָם אֶל־אֹהֶל מוֹעֵד וְהִתְיַצְּבוּ עִמָּךְ (민 11:16)

4) 에스파-리 쉬브임 이쉬 밋지크네 이스라엘 베-라칵흐티 오탐 엘 오헬 모에드 베-히트얏체부 임마크

에스파-리: אָסַף, 모으다 칼 명령 2남단.– 헤 어미가 명령형의 단서 ⇨ 나를 위해(나에게) 모으라

베-라칵흐타: לָקַח 그리고 취하라(데리고 오라)

베-히트얏체부: יָצַב, 히트파엘 바브 연속 완료 3남복 ⇨ 세우라

➔ 나를 위해 이스라엘 장로 가운데 칠십 명을 모아, 그들을 회막으로 데리고 오고, 그곳에 너와 함께 세우라.

5) וַיֹּאמְרוּ חָטָאנוּ כִּי־דִבַּרְנוּ בַיהוָה וָבָךְ הִתְפַּלֵּל אֶל־יְהוָה וְיָסֵר מֵעָלֵינוּ אֶת־הַנָּחָשׁ (민 21:7)

5) 바이-요메르 하타누 키 딥바르누 바도나이 바-베크 히트팔렐 엘 아도나이 베-야세르 메알레누 에트 한-나하쉬

바이-요메르: אָמַר, 칼 바브 연속 미완료 3남복 ⇨ 그리고 그들이 말했다.

하타누: חָטָא, 칼 완료 1공복 ⇨ 우리가 죄를 지었다

딥바르누: דִּבֵּר, 피엘 완료 1공복 ⇨ 우리가 말했다 (딥베르 베트 ⇨ ~에 거슬려 말하다)

히트팔렐: פָּלַל, 히트파엘 완료 명령 2남단 ⇨ 기도하라!(문맥상)

베-야세르: סוּר, 히필 바브 연속 미완료 3남단 ⇨ 떠나가게 하도록

➔ 그리고 그들이 말했다. "우리가 죄를 지었습니다. 이는 우리가 여호와와 당신을 거슬러 말했기 때문입니다. 여호와께 기도해주십시오, 그래서 그가 그 뱀이 우리로부터 떠나가도록 해주십시오(여호와께 기도해서 그 뱀이 우리를 떠나가도록 해 주십시오)."

6) וַיְהִי הַיּוֹם וַיָּבֹאוּ בְּנֵי הָאֱלֹהִים לְהִתְיַצֵּב עַל־יְהוָה וַיָּבוֹא גַם־הַשָּׂטָן בְּתוֹכָם (욥 1:6)

6) 바이-히 하이-욤 바이-야보우 베네 하-엘로힘 레-히트얏체브 알 아도나이 바이-야보 감 핫-사탄 베토캄

바이-히: הָיָה, 칼 바브 연속 미완료 3남단 ⇨ 시간수식어

바이-야보우: בּוֹא, 칼 바브 연속 미완료 3남복 ⇨ 그들이 (들어)왔다.

레-히트얏체브: יָצַב, 히트파엘 부정사 연계형 ⇨ 서기 위하여(목적) 혹은 서있었다(결과)

바이-야보: בּוֹא, 칼 바브 연속 미완료 3남단 ⇨ 그가 왔다.

베토캄: 그들 가운데

➔ 하루는 (혹은 어느날) 하나님의 아들들이 들어와 여호와 앞에 섰고 그들 중에는 사탄도 들어왔다.

7) קוּם הִתְהַלֵּךְ בָּאָרֶץ לְאָרְכָּהּ וּלְרָחְבָּהּ כִּי לְךָ אֶתְּנֶנָּה (창 13:17)

7) 쿰 히트할레크 바-아레츠 레-오르카 우-레-록흐바 키 레카 에테텐나

쿰: קוּם, 칼 명령 2남단 ⇨ 일어나라

히트할레크: הָלַךְ, 히트파엘 명령 2남단 ⇨ 걸어라

에테넨나: נָתַן, 미완료 1공단 + 아(3여단 대명사 접미사-선행사는 여성명사 '그 땅'), 내가 그것을 줄 것이다.

➔ 일어나 그 땅을 그것의 길이 방향으로 그리고 그것의 넓이 방향으로 걸어보아라. 이는 내가 그것을 너에게 줄 것이기 때문이다.

8) הֲבוֹא נָבוֹא אֲנִי וְאִמְּךָ וְאַחֶיךָ לְהִשְׁתַּחֲוֺת לְךָ אָרְצָה (창 37:10)

8) 하보 나보 아니 베-임메카 베-악헤카 레-히쉬탁하보트 레카 아레차

하보: 의문사(하) + 보(בּוֹא, 칼 부정사 절대형 ⇨ 동사 의미를 강조하는 부사적 용법

나보: בּוֹא, 칼 미완료 1공복: 우리가 들어갈 것이다 → 부정사 절대형과 함께 ⇨ 우리가 참으로 들어가겠느냐?

레-히쉬탁하보트: חָוָה, 히쉬타펠 부정사 연계형 ⇨ 절하기 위하여

→ 나와 너의 어머니 그리고 너의 형들이 참으로 들어가서 땅에 엎드려 너에게 절하겠느냐?

9) שָׁמַעְתִּי אֶת־תְּפִלָּתְךָ וְאֶת־תְּחִנָּתְךָ אֲשֶׁר הִתְחַנַּנְתָּה לְפָנַי הִקְדַּשְׁתִּי
אֶת־הַבַּיִת הַזֶּה (왕상 9:3)

9) 샤마티 에트 테필라테카 베-에트 텍힌나테카 아쉐르 히트한난타 레파나이 힉다쉬티 에트합-바이트 핫-제

샤마티: שָׁמַע, 칼 완료 1공단 ⇨ 내가 들었다.

히트한난타: חָנַן, 히트파엘 완료 2남단 ⇨ 네가 (은혜를) 구했다

힉다쉬티: קָדַשׁ, 히필 완료 1공단 ⇨ 내가 거룩하게 만들었다/구별하였다

→ 나는 네가 내 앞에서 기도한 너의 기도와 너의 간구를 들었다. 나는 이 집을 성별하였다.

10) וְכִלְכַּלְתִּי אֹתְךָ שָׁם כִּי־עוֹד חָמֵשׁ שָׁנִים רָעָב (창 45:11)

10) 베-킬칼티 오테카 샴 키 오드 하메쉬 샤님 라아브

베-킬칼티: כּוּל, 필펠 바브 연속 완료 1공단 ⇨ 그리고 내가 공급(봉양)할 것이다.

→ 그리고 내가 거기서 당신을 봉양할 것입니다. 왜냐하면 기근이 아직 5년이 (남아) 있기 때문입니다.

22장 · 수사와 구문 연습문제

1. 다음 성경구절을 번역하라.

1) וַיְחִי־לֶמֶךְ אַחֲרֵי הוֹלִידוֹ אֶת־נֹחַ חָמֵשׁ וְתִשְׁעִים שָׁנָה
וַחֲמֵשׁ מֵאֹת שָׁנָה (창 5:30)

1) 바이히 멜레크 악하레 홀리도 에트 노악흐 하메쉬 베티스임 샤나 바-하메쉬 메아트 샤나

הוֹלִידוֹ(홀리도): יָלַד 히필 부정사 연계형 + 3남단인칭대명사(וֹ 주격) ⇨ 그가 노아를 낳은 뒤 (אַחֲרֵי)

'노악흐'의 자음 눈과 '샤나'의 자음 눈 위에 수직으로 찍힌 두 개의 점(ֿ) 산문에서 '자켑 카톤'이라고 부르며 문장의 1/4지점을 끊어서 읽으라는 강세 표시이다. 마지막 단어 '샤나'의 눈 아래의 표시(֑)는 '에트나'라고 부르며 문장의 1/2 지점을 끊어서 읽으라는 강세 표시이다.

→ 그리고 라멕은 노아를 낳은 뒤 95년+500년, 즉 595년을 지냈다.

2) וַיְהִי בְּאַחַת וְשֵׁשׁ־מֵאוֹת שָׁנָה בָּרִאשׁוֹן בְּאֶחָד לַחֹדֶשׁ
חָרְבוּ הַמַּיִם מֵעַל הָאָרֶץ (창 8:13)

2) 바이히 베악하트 베-쉐쉬 메앗 샤나 베리숀 베-엑하드 락-호데쉬 하레부 함-마임 메-알 하-아레츠

חָרְבוּ (하레부): חָרֵב (마르다, 건조하다) 칼 완료 3공복 ⇨ (그것들이) 말랐다.

→ 그리고 601년 첫째 달 제 1일에 물이 땅 위에서 걷혔다(말랐다).

3) וּמוֹשַׁב בְּנֵי יִשְׂרָאֵל אֲשֶׁר יָשְׁבוּ בְּמִצְרָיִם שְׁלֹשִׁים שָׁנָה
וְאַרְבַּע מֵאוֹת שָׁנָה (출 12:40)

3) 우-모샤브 베네 이스라엘 아쉐르 야셰부 베-미츠라임 쉘로쉼 샤나 베-아르바 메오트 샤나

וּמוֹשַׁב: 남성단수명사 ⇨ ~의 거주

יָשְׁבוּ (야쉐부): **יָשַׁב**, 칼 완료 3공복 ⇨ 그들이 거주하였다.

➔ 그리고 이집트에 거주한 이스라엘 자손의 거주는 430년이었다.

4) וַיְהִי בַּחֹדֶשׁ הָרִאשׁוֹן בַּשָּׁנָה הַשֵּׁנִית בְּאֶחָד לַחֹדֶשׁ
הוּקַם הַמִּשְׁכָּן (출 40:17)

4) 바이히 박호데쉬 하리숀 밧샤나 핫-쉐니트 베-엑하드 락-호데쉬 후캄 함-미쉬칸

הוּקַם: (후캄) **קוּם** 호팔 완료 3남단 ⇨ 그것은 세워졌다(erected)

➔ 그리고 둘째 해 첫째 달 첫째 날에 그 성막은 세워졌다.

5) בַּחֲמִשָּׁה עָשָׂר יוֹם לַחֹדֶשׁ הַשְּׁבִיעִי הַזֶּה חַג הַסֻּכּוֹת
שִׁבְעַת יָמִים לַיהוָה (레 23:34)

5) 박-하밋샤 아사르 욤 락-호데쉬 핫-쉐비이 핫-제 하그 핫-숙콧 쉬브앗 야밈 라도나이

➔ 이 일곱번째 달의 열다섯번째 날은 초막절(초막 순례절)이며 칠 일 동안 여호와께 지켜야 한다.

6) וַיִּהְיוּ כָּל־הַפְּקֻדִים שֵׁשׁ־מֵאוֹת אֶלֶף וּשְׁלֹשֶׁת אֲלָפִים
וַחֲמֵשׁ מֵאוֹת וַחֲמִשִּׁים (민 1:46)

6) 바이-이유 콜 합-페쿠딤 쉐쉬 메옷 엘렙 우-셸로셋 알라핌 박-하메쉬 메앗 박-하밋쉼

הַפְּקֻדִים : 정관사 + **פָּקַד** 칼 수동분사 남성복수 ⇨ 계수된 자들

➔ 계수된 자들은 도합 육십만 삼천 오백 오십 명이었다.

7) וְהַיָּמִים אֲשֶׁר־הָלַכְנוּ מִקָּדֵשׁ בַּרְנֵעַ עַד אֲשֶׁר־עָבַרְנוּ אֶת־נַחַל זֶרֶד
שְׁלֹשִׁים וּשְׁמֹנֶה שָׁנָה (신 2:14)

7) 바-하이-야밈 아쉐르 할라크누 믹카데쉬 바르네아 아드 아쉐르 아바르누 에트 나할 제레드 셸로쉼 우-쉐모네 샤나

הָלַךְ : הָלַכְנוּ 칼 완료 1공복 ⇨ 우리가 걸었다

עָבַר : עָבַרְנוּ 칼 완료 1공복 ⇨ 우리가 건넜다.

➔ 그리고 우리가 가데스바네아에서 행하여 세렛 강을 건널 때까지의 날수는 38년이었다.

8) וּשְׁתֵּים עֶשְׂרֵה אֲבָנִים הֵקִים יְהוֹשֻׁעַ בְּתוֹךְ הַיַּרְדֵּן
תַּחַת מַצַּב רַגְלֵי הַכֹּהֲנִים (수 4:9)

8) 우-쉐템 에스레 아바님 헤킴 예호수아 베토크 하이-야르덴 탁하트 맛차브 라글레 학-코하님

קוּם : הֵקִים 히필 완료 3남단 ⇨ 그가 세웠다

מַצָּב : מַצַּב 명사연계형 ⇨ 서있는 장소, 머무른 곳, 요새

➔ 여호수아는 제사장들의 발이 서있는 장소 아래, 요단 강 가운데에 열 두 개의 돌을 세웠다.

9) בֶּן־שְׁלֹשִׁים שָׁנָה דָּוִד בְּמָלְכוֹ אַרְבָּעִים שָׁנָה מָלָךְ (삼하 5:4)

9) 벤 셸로쉼 샤나 다바드 베-몰코 아르바임 샤나 말라크

בְּמָלְכוֹ 베몰코: in his ruling ⇨ 그가 통치할 때(왕이 되었을 때): 카프 아래 표시는 '에트나'라고 부르는 발음기호로서 문장의 휴식하라는 강세표시이다. 이 표시가 있는 단어에서 문장의 앞뒤를 나누어 읽는다.

מָלַךְ : 말라크: 칼 완료 3남단 ⇨ 그가 다스렸다.

➔ 다윗은 그가 왕이 되었을 때 나이가 삼십이었고(휴지부호 '에트나' 때문에) 그는 사

십 년을 다스렸다.

10) וּבַחֹדֶשׁ הַחֲמִישִׁי בְּשִׁבְעָה לַחֹדֶשׁ הִיא שְׁנַת תְּשַׁע־עֶשְׂרֵה שָׁנָה
לַמֶּלֶךְ נְבֻכַדְנֶאצַּר מֶלֶךְ בָּבֶל (왕하 25:8)

10) 우-박-호데쉬 학-하미쉬 베-쉬브아 락-호데쉬 히 셰나트 테샤 에스레 샤나 람-멜레크 네부카드넷차르 멜레크 바벨

➔ 바벨론의 왕 느부갓네살 왕의(통치하던) 십구년째 해, 다섯번 째 달의 일곱째 날에

11) אִם־יִקְרָא אֵלֶיךָ וְאָמַרְתָּ דַּבֵּר יְהוָה כִּי שֹׁמֵעַ עַבְדֶּךָ וַיֵּלֶךְ שְׁמוּאֵל
וַיִּשְׁכַּב בִּמְקוֹמוֹ : (삼상 3:9)

11) 임 이크라 엘레카 베-아마르타 답베르 아도나이 키 쇼메아 아브데카 바이-엘레크 셰무엘 바이-이쉬카브 빔코토.

קָרָא : יִקְרָא 칼 미완료 3남단 ⇨ 그가 부른다

אָמַר : וְאָמַרְתָּ 칼 바브연속 완료 2남단 ⇨ 그리고 너는 말해라

דָּבַר : דַּבֵּר 피엘 명령형 2남단 ⇨ 말씀하십시오.

שָׁמַע : שֹׁמֵעַ 칼 능동분사 남성단수 ⇨ 듣고 있는

הָלַךְ : וַיֵּלֶךְ 칼 바브연속미완료 3남단 ⇨ 그리고 그가 갔다.

שָׁכַב : וַיִּשְׁכַּב 칼 바브연속미완료 3남단 ⇨ 그리고 그가 누웠다.

빔코토: 빔코토에 붙은 위아래의 점 두 개는 **소프 파수크**라고 부르며 히브리어 문장의 마침표이다.

➔ 만일 그가 너를 부르면 너는 "여호와여 말씀하소서! 진실로 당신의 종이 듣고 있습니다" 라고 말하라. 그래서 사무엘은 가서 자기 잠자리에 누웠다.

12) וַיֹּאמֶר אֵלֶיהָ בָּרָק אִם־תֵּלְכִי עִמִּי וְהָלָכְתִּי
וְאִם־לֹא תֵלְכִי עִמִּי לֹא אֵלֵךְ (삿 4:8)

12) 바이-요메르 엘레하 바락 임 텔레키 임미 베할락티 베-임-로 텔레키 임미 로 엘레크

הָלַךְ : תֵּלְכִי 칼 미완료 2여단 ⇨ 당신이 갈 것이다

הָלַךְ : וְהָלָכְתִּי 칼 바브연속완료 1공단 ⇨ 나는 갈 것이다.

(라멧 아래의 에트나 표시는 문장을 여기서 끊어서 읽으라고 표시한다.)

הָלַךְ : אֵלֵךְ 칼 미완료 1공단 ⇨ 내가 갈 것이다.

➔ 그리고 바락은 그녀에게 말했다. "만일 당신이 나와 함께 가면 나는 갈 것입니다. 하지만 만일 당신이 나와 함께 가지 않는다면 나는 가지 않을 것입니다."

13) לוּ־מַתְנוּ בְּאֶרֶץ מִצְרַיִם אוֹ בַּמִּדְבָּר הַזֶּה לוּ־מָתְנוּ׃ (민 14:2)

13) 루 마트누 베-에레츠 미츠라임 오 밤-미드바르 핫-제 루-마테누

מוּת : מַתְנוּ 칼 완료 1공복 ⇨ 우리가 죽었다

לוּ : 일어날 수 없는 상황을 전제하여 표현한다.

➔ 만일 우리가 이집트 땅에서 죽었더라면 (좋았을텐데) 아니라면 혹시 이 광야에서 죽었더라면 (좋았을 텐데).

14) לוּ חָפֵץ יְהוָה לַהֲמִתֵנוּ לֹא־לָקַח מִיָּדֵנוּ עֹלָה וּמִנְחָה וְלֹא הֶרְאָנוּ אֶת־כָּל־אֵלֶּה (삿 13:23)

14) 루 하페츠 아도나이 라-하미테누 로 라칵흐 미야데누 올라 우-민하 벨-로 헤르아누 에트 콜 엘레

חָפֵץ : 칼 완료 3남단 ⇨ 그가 즐거워하다, 기뻐하다

לַהֲמִתֵנוּ : 전치사 라멧 + מוּת 히필 부정사 연계형 + 누(1공단 인칭대명사 목적격). 우리를 죽이도록 만들기.

רָאָה : הֶרְאָנוּ 히필 완료 3남단 + 누 (1공복 인칭대명사 목적격) ⇨ 우리에게 보여주었다.

➔ 만일 여호와께서 우리를 죽이도록 만드는 일을 기뻐하셨다면 그는 우리의 손에서 번

제와 소제를 받지 않았을 것이요 또 이 모든 일을 우리에게 보이지 않으셨을 것이다."

15) לוּלֵא חֲרַשְׁתֶּם בְּעֶגְלָתִי לֹא מְצָאתֶם חִידָתִי׃ (삿 14:18)

15) 룰레 하라쉬템 베에글라티 로 마차넴 히다티

חָרַשׁ : חֲרַשְׁתֶּם 칼 완료 2남복 ⇨ 너희들(남)이 쟁기질 하였다/밭을 갈았다

מָצָא : מְצָאתֶם 칼 완료 2남복 ⇨ 너희들(남)이 찾았다.

➔ 너희들이 나의 암소로 밭을 갈지 않았더라면, 너희들은 내 수수께끼(의 답)를 풀지 못했을 것이다.

히브리어-한글 사전

א

אָב	아버지 אָבוֹת (복수) אֲבִי (연계형) ~의 아버지
אָבַד	멸망하다; (히필) 파괴하다, 죽이다
אָבִיב	(곡식의) 눈, 이삭, 달 명칭
אַבְרָהָם	아브라함
אַבְרָם	아브람
אֶבֶן	돌 אֲבָנִים (복수) אַבְנֵי (복수연계형)~의 돌들
אָדָם	아담
אֲדָמָה	땅, 흙
אָדוֹן	주, 주인, 지주 אֲדֹנָי 주님(나의 주님)
אֲגַג	아각
אָהַב	사랑하다 אַהֲבָה 사랑
אֹהֶל	천막, 장막 אֹהֶל מוֹעֵד 회막
אַהֲרוֹן	아론
אוֹ	또는
אוּלַי	아마, 혹시, 어쩌면
אָוֶן	악, 사악, 부정, 불법
אוֹצָר	창고, 보고, 보물
אוֹר	빛
אוֹת	표적, 징조, 징표 אוֹתוֹת (복수)
אָז	그때
אֹזֶן	귀 אָזְנַיִם (쌍수) 양쪽 귀 אָזְנֵי (연계형) ~의 (양쪽) 귀 (히필) 귀를 기울이다, 듣다
אָח	형제 אַחִים (복수) אֲחִי (연계형) ~의 형제

אַחְאָב 아합

אָחוֹת 자매(단수)

אָחַז 잡다, 쥐다, 붙잡다

אֲחֻזָּה 소유, 재산

אַחַר 뒤에, 후에
אַחֲרֵי (대체형)

אַחֵר 또 다른
אַחֶרֶת (여성형)

אַחֲרִית 끝, 결과, 성과(여성단수형)

אַחַת 1, 하나(여성형)

אֹיֵב 원수, 적

אַיֵּה 어디에

אִיּוֹב 욥

אֵיךְ 어떻게
אֵיכָה (대체형)

אַיִל 양

אֵילָם 현관, 문지방
אוּלָם/אֻלָם

אֵימָה 두려움, 공포

אַיִן ~이 없다
אֵין (연계형)

אִישׁ 사람, 남자, 남편
אֲנָשִׁים 사람들
אַנְשֵׁי (복수연계형)~의 사람들

אַךְ 오직, 확실히

אָכַל 먹다
אֹכֶל 음식
אָכְלָה 음식

אֵל 하나님, 신, 능력자

אֶל ~에(에게), ~를 향하여, ~로

אַל 아니다, 없다

אֵלֶּה 이것들(지시대명사)

אֱלֹהִים 하나님, 신들
אֱלֹהֵי (연계형) ~의 하나님

אֵלִיָּה 엘리야

אֱלִישָׁע 엘리사

אָלַם 묶다

אֲלֻמָּה (곡식)단, 묶음

אַלְמָנָה 과부

אֶלְעָזָר 엘르아살

אֶלֶף 천
אֲלָפִים (복수)

אֵם 어머니

אִם 만일

אָמָה 여종

אַמָּה 규빗

אֱמוּנָה 확고함, 성실, 믿음

אָמַן (니팔) 믿어지다, 확실해지다
(히필) 믿다, 신뢰하다

אָמַץ 강하게 되다, 견고해지다

אָמַר 말하다

אֱמֹרִי 아모리 사람들

אֱמֶת 진리, 견고함, 확신

אֱנוֹשׁ 사람, 남자들(집합명사)

אֲנַ֫חְנוּ 우리

אֲנִי 나, אָנֹכִי (대체형)

אָסִיר 죄수, 포로

אָסַף 모으다, 모이다

אָסַר 묶다, 가두다

אֶסְתֵּר 에스더

אַף 코, 분노; 또한, 심지어, 정말

אֶפְרַ֫יִם 에브라임

אֵ֫צֶל 곁에, 옆에, 가까이

אַרְבַּע 4, 넷

אֲרוֹן 방주, 상자, 궤, 언약궤

אָרוּר 저주받은

אֶ֫רֶז 백향목

אֹ֫רַח 길, 오솔길

אֲרִי 사자, אַרְיֵה (대체형)

אֹ֫רֶךְ 길이

אֲרָם 아람, 시리아

אֶ֫רֶץ 땅, 흙, 지하
אֲרָצוֹת (복수)
אַרְצוֹת (복수연계형)
אַ֫רְצָה 땅으로, 땅을 향하여

אָרַר 저주하다

אֵשׁ 불

אִשָּׁה 여자, 아내, 부인
אֵ֫שֶׁת (단수연계형)
נָשִׁים (복수)
נְשֵׁי (복수연계형)~의 여자들

אִשֶּׁה 화제, 태우는 제사

אַשּׁוּר 앗수르

אָשַׁם 죄짓다

אֲשֶׁר 관계사

אֵת/אֶת־ 을/를(조사), 함께(전치사)

אַתָּה 너(남성)
אַתְּ 너(여성)
אַתֶּם 너희들(남성복수)
אַתֵּן/אַתֵּ֫נָה 너희들(여성복수)

אָתוֹן 당나귀

אֶתְמוֹל 어제

אֶתְנָה 음행의 삯

בּ

בְּ	안에, 함께
בְּאֵר	우물(여성)
בָּבֶל	바벨론
בֶּ֫גֶד	겉옷
בִּגְלַל	~때문에
בְּהֵמָה	가축, 짐승
בּוֹא	오다, 들어오다 (히필) 데리고 오다, 들어가게 하다
בּוֹר	저수지
בּוֹשׁ	부끄러워하다
בָּחוּר	젊은 남자, 청년 בַּחוּרִים (복수)
בָּחַר	선택하다
בָּטַח	믿다, 신뢰하다
בֶּ֫טֶן	배, 태(여성)
בִּין	이해하다, 깨닫다 (히필) 지각하다, 이해하다 בִּינָה 이해, 명철
בֵּין	사이에
בַּ֫יִת	집 בָּתִּים (복수) בֵּית (남성단수연계형) ~의 집 בָּתֵּי (남성복수연계형) ~의 집들
בֵּית־אֵל	벧엘
בָּכָה	울다
בְּכֹר/בְּכוֹר	장자, 맏아들
בַּל	아니다(시문에 사용)
בִּלְתִּי	부정사의 부정어 לְבִלְתִּי (대체형)
בָּמָה	산당 בָּמוֹת (복수)
בֵּן	아들 בָּנִים (복수) בֶּן(단수연계형) ~의 아들 בְּנֵי(복수연계형)~의 아들들
בָּנָה	건축하다, 짓다, 세우다
בִּנְיָמִין	베냐민
בַּעֲבוּר	~때문에, ~을 위하여
בַּ֫עַל	주인, 남편, 바알
בָּעַר	(피엘) 태우다, 불사르다
בֶּ֫צַע	이익, 이득
בָּקַע	쪼개다, 뚫고 가다
בָּקָר	소(체구가 큰 가축), 가축
בֹּ֫קֶר	아침
בִּקֵּשׁ	(피엘) 찾다, 조사하다
בָּרָא	창조하다, 만들다

בַּרְזֶל 철

בְּרִית 언약(계약)

בָּרַךְ (피엘) 축복하다, 무릎 꿇다

בְּרָכָה 축복
בִּרְכַּת (연계형) ~의 축복

בָּשָׂר 육체, 살, 고기

בַּת 딸
בָּנוֹת (복수)

בְּתוֹךְ 의 중간에, 가운데

בְּתוּלָה 처녀

בָּשַׂר (피엘) 기쁜 소식을 전하다

בָּשַׁל 삶다, 끓이다, 익다

ג

גָּאַל 구속하다, 속량하다

גָּבַהּ 찬양하다, 높다, 높이다
גָּבֹהַּ 높은, 높임, 높이
גְּבֹהִים (복수)

גְּבוּל 경계

גִּבּוֹר 용사

גְּבוּרָה 용기

גִּבְעָה 언덕, 높은 단
גְּבָעוֹת (복수)

גֶּבֶר 젊은 남자, 가장

גָּדַד 통과하다, 자르다, 모이다

גָּדַל 자라다, 크게 되다
(피엘) 성장하다, 확대하다
(히필) 위대하게 만들다

גָּדוֹל 큰, 위대한

גּוֹי 민족, 나라, 백성

גּוּר 체류하다,
(이방인으로)머물다

גּוֹרָל 제비, 할당, 몫, 분배

גִּלְגֵּל 구르다

גָּלָה (피엘) 드러내다, 제거하다
(히필) 유배 보내다

גָּלַל 구르다, 굴리다

גִּלְעָד 길르앗

גַּם 또한, 심지어, 조차

גָּמַל 젖을 먹이다

גָּמָל 낙타

גַּן 동산, 정원

גָּנַב 훔치다

גָּעַר 비난하다, 책망하다

גֶּ֫פֶן 포도(여성)

גֵּר 나그네, 이방인

גֹּרֶן 타작마당, 광장

גָּרַע 제하다, 빼다

גָּרַשׁ 쫓아내다, 축출하다
(피엘) 쫓아내다, 몰아내다

גֶּשֶׁם 비, 소나기

גַּת 포도 짜는 기구(틀)

ד

דֹּב 곰

דָּבַק 달라붙다, 고집하다

דָּבַר (피엘) 말하다
(히트파엘) 대화하다

דָּבָר 말씀, 일
(피엘) 말하다, 이야기하다
דְּבַר (연계형) ~의 말씀
דְּבָרִים (복수)
דִּבְרֵי (복수연계형) ~의 말씀들

דְּבַשׁ 꿀

דָּג 물고기, 생선

דָּוִד/דָּוִיד 다윗

דּוֹד 사랑, 사랑 받는 자

דּוֹר 시대, 세대

דִּין 판단하다 (재판하다)

דַּל 가난한

דֶּלֶת 문(여성단수)

דָּם 피
דָּמִים (복수)
דְּמֵי (복수연계형) ~의 피들

דָּמַם 침묵하다

דָּן 단

דָּנִיֵּאל 다니엘

דַּעַת 지식

דֶּרֶךְ 길, 방법

דָּרַשׁ 묻다, 탐구하다

ה

הַ/הָ/הֶ 정관사

הֲ 의문사

הֶבֶל 숨, 허무
הֲבֵל (단수연계형)
הֲבָלִים (복수)
הַבְלֵי (복수연계형)

הֶ֫בֶל/הֲבֵל 아벨; 입김, 숨, 허무함

הוֹי 아하, 아이고, 화 있다

הוּא 그 (3인칭남성대명사)

הִיא 그녀 (3인칭여성대명사)

הָיָה 있다, 되다

הֵיכָל 궁전, 성전

הָלַךְ 가다, 걷다, 행하다
(피엘) 이리저리 돌아다니다
(히트파엘) 왔다 갔다 하다, 계속해서 가다

הֲלֹם 여기로

הֵם/הֵ֫מָּה 그들

הָמוֹן 소요, 불안, 군중

הֵן 보라! 만약(if)

הֵ֫נָּה 그들

הִנֵּה 보라!
הִנְנִי 내가 여기 있다

הָפַךְ 돌리다, 뒤집다, 파괴하다

הַר 산

הָרַג 죽이다

הָרָה 임신하다

ו

וְ 그리고, 그러나, 또는

ז

זֹאת 이것(여성형)

זָבַח 희생하다, 살육(도살)하다

זֶ֫בַח 희생, 살육(도살)

זֶה 이것(남성형)

זָהָב 금, 황금

זַ֫יִת 올리브(감람), 올리브 나무

זָכָה 깨끗하다, 정결하다

זָכָר 남성

זָכַר 기억하다
(히필) 소환하다, 부르다, 언급하다, 일러주다

זֵ֫כֶר 기억

זִמְרָה 노래, 음악
(피엘) 노래하다, 연주하다

זָנָה 음행하다,
זוֹנָה 음녀

זָעַק 부르다, 크게 부르짖다

זָקֵן 늙은, 늙다, 노인
זְקוּנִים 나이 많은,

זָר 다른, 이상한

זְרוֹעַ 팔, 힘, 강한(여성)

זָרַע 씨앗을 뿌리다

זֶרַע 씨앗, 씨, 후손

ח

חָבָא (히트파엘) 숨다

חֶבֶל 줄, 밧줄, 끈, 줄자;
아픔, 고통, 산고

חֲבֹל 저당물, 담보

חֹבֵל 선원, 뱃사공

חֶבְרוֹן 헤브론

חָג (순례의) 절기, 축제

חָדַל 그치다, 멈추다

חָדָשׁ 새로운, 신선한

חֹדֶשׁ 달, 월
חֳדָשִׁים (복수)

חָוָה (히쉬타펠) 경배하다, 엎드려 절하다

חַוָּה 하와

חוֹמָה 벽, 담

חוּץ 바깥쪽, 거리
חוּצָה 바깥으로, 거리로

חָזָה (환상을) 보다
חֹזֶה 선견자
חָזוֹן 환상
חִזָּיוֹן 환상

חָזַק 강하다, 강하게 되다

חָזָק 강한, 힘든, 어려운

חִזְקִיָּה 히스기야

חָטָא (과녁을) 빗나가다, 죄짓다
חֲטָאוֹת (복수)
חַטַּאת (연계형) ~의 죄

חַי 생명, 삶

חָיָה 살아있다, 살게 되다

חַיָּה (사나운) 짐승, 생명체

חַיִּים 생명

חִיל 고통 속에 있다

חַיִל 강함, 부유, 힘, 군인
חֵיל (연계형)

חֵיק 가슴, 품

חָכָם 지혜로운

חָכַם	지혜롭다
חָכְמָה	지혜
חֵ֫לֶב	지방
חָלָב	우유
חָלָה	쇠약해지다, 피곤해지다
חָלָל	구멍 난, 뚫린
חָלַל	(니팔) 불결하게 되다 (피엘) 오염되다, 모독하다 (히필) 시작하다
חָלַם	꿈꾸다
חָלַץ	(싸울) 준비하다
חָלַק	분배하다, 나누다
חֵ֫לֶק	몫, 분배 받은 땅(기업)
חָם	시아버지
חָמוֹת	시어머니
חֵמָה	열, 분노
חֲמוֹר	나귀, 당나귀
חָמָס	폭력
חָמֵשׁ	5
חֵן	은혜, 자비
חָנָה	야영하다, 진을 치다
חִנָּם	이유없이, 까닭없이
הֵן	은혜, 친절
חָנַן	은혜를 베풀다, 긍휼히 여기다 (히트파엘) 은혜를 빌다, 간청하다
חֶ֫סֶד	인애, 성실, 충성
חָסִיד	경건한 자, 헌신적인 사람
חָפֵץ	을 기뻐하다, 즐거워하다
חֵץ	화살
חֲצִי	1/2, 절반
חָצֵר	정착지, 거주지
חֹק	규칙, 법, 임무, 경계 חֻקִּים (복수) חֻקָּה 규칙, 법 חֻקּוֹת (복수)
חֶ֫רֶב	칼
חֹרֵב	호렙
חָרָה	불에 타다, 태우다
חָרַם	멸절하다, 바치다 (히필) 파괴하다
חֶרְפָּה	책망, 질책, 수치
חָרַשׁ	귀가 먹다
חָשַׁב	생각하다, 고려하다
חָשַׁךְ	어둡게 되다
חֹ֫שֶׁךְ	어두움, 암흑
חֵת	헷 (족속)
חֹתֵן	장인

ט

טָבַח 도살하다, 살육하다

טָהוֹר 깨끗한, 정결한

טָהֵר 깨끗하다, 정결하다

טוֹב 좋은, 선한

טָמֵא 부정하다, 더럽다
(피엘) 더럽히다

טַף 어린이

טֶ֫רֶם ~전에, 앞에

טָרַף 찢다, 뽑다

י

יְאֹר 나일 강

יָבֵשׁ 건조하다, 마르다

יָד 손(여성)
יָדוֹת (복수)
יַד (연계형) ~의 손
יָדַ֫יִם (쌍수) 두 손
יְדֵי (복수연계형) ~의 손들

יָדָה (피엘) 던지다
(히필, 히트파엘) 감사하다, 찬양하다, 고백하다

יָדַע 알다
(히필) 가르치다

יְהוּדָה 유다

יְהוָה 여호와

יְהוֹיָדָע 여호야다

יְהוֹנָתָן 요나단

יְהוֹשֻׁעַ 여호수아

יְהוֹשָׁפָט 여호사밧

יוֹאָב 요압

יוֹם 날
יָמִים (복수)
יְמֵי (복수연계형) ~의 날들
יוֹמָם 낮, 주간

יוֹסֵף 요셉

יַ֫חַד (명) 연합; (부) 함께
יַחְדָּו (대체형)

יָחַל (히필) 기다리다

יָטַב 좋다, 선하다
(히필) 기뻐하다, 잘되다

יַ֫יִן 술

יָכַח (히필) 판단하다, 입증하다, 책망하다, 꾸짖다
(니팔) 논쟁하다

יָכֹל 할 수 있다

יָלַד 아이를 낳다, 출산하다
(히필) 아이를 낳다
יֶ֫לֶד 소년, 남자아이
יַלְדָּה 소녀, 여자아이

יָם 바다, 서쪽
יָ֫מָּה 서쪽으로

יָמִין 오른쪽, 남쪽(여성)

יָסַד 세우다, 확립하다

יָסַף 더하다, 증가하다
(히필) 다시하다, 계속하다

יָעַד 임명하다, 정하다

יָעַל (히필) 이익을 얻다/주다

יַ֫עַן ~ 때문에
יַ֫עַן אֲשֶׁר ~때문에

יָעַץ 충고하다, 조언하다

יַעֲקֹב 야곱

יַ֫עַר 숲, 삼림

יָפֶה 아름다운, 예쁜

יָצָא 나가다
(히필) 이끌어내다, 인도하다

יָצַב (히트파엘) 세우다, 위치에 서다, 자리잡다

יִצְחָק 이삭

יָצַק (액체를) 붓다, 따르다

יָצַר 만들다, 짓다

יָקַץ 일어나다, 깨어나다

יָרֵא 두려워하다

יָרַד 내려가다
יַרְדֵּן 요단

יָרָה 던지다, 쏘다
(히필) 던지다, 지시하다, 가르치다

יְרוּשָׁלַ֫ם 예루살렘

יָרֵחַ 달(moon)

יָרֵךְ 넓적다리

יִרְמְיָה 예레미아

יָרַשׁ 상속하다, 소유하다, 빼앗다

יִשְׂרָאֵל 이스라엘

יֵשׁ ~이 있다

יָשַׁב 앉다, 거주하다
(히필) 거주하게 하다

יְשׁוּעָה 구원

יִשְׁמָעֵאל 이스마엘

יָשַׁע (히필) 구원하다, 구하다
יֵ֫שַׁע 구원, 구조

יָשֵׁן 잠자다

יָשָׁר 옳은, 곧은, 똑바른

יָתוֹם 고아

יָתַר (니팔, 히필) 남다, 초과하다

יֶ֫תֶר 남은 것, 초과,

כ

כְּ ~처럼, 같이
כְּמוֹ־ (대체형)

כַּאֲשֶׁר ~할 때, ~대로

כָּבֵד 무겁다, 공경하다, 경외하다

כָּבוֹד 영광, 존경, 경외

כָּבַס (피엘) (옷을) 빨다

כֶּ֫בֶשׂ 어린 양
כִּבְשָׂה 암양

כֹּה 이렇게

כָּהֵן (피엘) 제사장 직무를 하다

כֹּהֵן 제사장
כֹּהֲנִים (복수)

כּוֹכָב 별

כּוּל 이해하다, 담다
(필펠) 봉양하다, 유지하다

כּוּן (니팔) 확립하다, 세워지다
(히필) 준비하다, 확립하다
(폴렐) 세우다

כֹּחַ 강함, 힘

כִּי 왜냐하면(접속사),
진실로(부사)

כָּ֫כָה 그래서, 그리하여

כֹּל 모든, 전부
כָּל־ (연계형)

כָּלָה (피엘) 끝내다, 완성하다

כְּלִי 그릇, 용기

כְּמוֹ ~처럼, 같이

כֵּן 그래서, 그렇다

כְּנַ֫עַן 가나안

כָּנָף 날개

כִּסֵּא 보좌, 자리, 의자

כָּסָה (피엘) 덮다, 숨기다

כְּסִיל 어리석은, 우둔한

כֶּ֫סֶף 은, 돈

כָּעַס 화나다
(히필) 성나게 만들다

כַּף 손, 손바닥

כָּפַר 덮다
(피엘) 보상하다, 속죄하다

כְּרוּב 그룹

כֶּ֫רֶם 포도원

כָּרַת 자르다, 언약을 맺다

כַּשְׂדִּים 갈대아, 갈대아인

כָּשַׁל 비틀거리며 걷다

כָּתַב 쓰다, 기록하다

כֻּתֹּ֫נֶת 겉옷
כְּתֹנֶת (대체형)

כָּתֵף 어깨(여성단수)

ל

לְ ~에게, 향하여, 위하여

לֹא 아니다

לֵאמֹר 말하기를, 이르기를

לֵב/לֵבָב 마음, 의지

לְבַד 홀로, 혼자

לַבָּה 불꽃
לַבַּת (연계형)~의 불꽃

לְבִלְתִּי 아니다 (부정사의 부정어)

לָבָן 라반

לָבַשׁ 옷을 입다

לֶהָבָה 불꽃

לוּ/לוּא 만일, 만약

לוּחַ 판, 상, 테이블
לוּחוֹת (복수)

לֵוִי 레위

לוּלֵי/לוּלֵא 만일 ~ 아니라면

לָחַם (니팔) 싸우다

לֶחֶם 떡, 음식, 식량

לָחַץ 압박하다, 괴롭히다

לַיְלָה 밤

לִין 밤을 보내다, 숙박하다

לָכַד 붙잡다, 잡다

לָכֵן 그러므로

לָמַד 배우다
(피엘) 가르치다

לָמָּה 왜? 어찌하여?

לְמַעַן ~하기 위하여

לִפְנֵי ~ 앞에서

לָקַח 취하다, 붙잡다

לִקְרַאת ~을 향하여, 반대로

לָשׁוֹן 혀

מ

מְאֹד 매우, 아주; 힘, 능력

מֵאָה 100, 백

מְאוּמָה 어떤 것

מֵאָז 그때부터

מֵאַ֫יִן 어디로부터?

מָאֵן (피엘) 거절하다

מָאַס 거절하다, 거부하다

מָאתַ֫יִם 200

מַבּוּל 홍수

מִבְטָח 신뢰, 믿음, 확신

מִגְדָּל 망대, 탑

מָגֵן 방패

מִגְרָשׁ 목초지

מִדְבָּר 광야

מָדַד 재다, 측량하다

מַדּוּעַ 왜?

מִדְיָן 미디안

מָה 무엇?

מָהַר (피엘) 서두르다, 급히 하다

מוֹאָב 모압

מוֹלֶ֫דֶת 후손

מוּסָר 훈련, 규율, 교육

מוֹעֵד 지정된 시간, 절기

מוּת 죽다
(히필) 죽이다

מָ֫וֶת 죽음
מוֹת (연계형) ~의 죽음

מִזְבֵּ֫חַ 제단
מִזְבְּחוֹת (복수)

מִזְמוֹר 노래, 시

מִזְרָח 일출

מַחֲבֹאִים 은신처, 피난처

מַחֲזֶה 환상, 비전

מַחֲנֶה 진영, 막사

מָחָר 내일

מַחֲשָׁבָה 생각

מַטֶּה 막대기, 지팡이, 지파

מַטְמוֹן 보물

מָטָר 비

מִי 누구?

מַ֫יִם 물
מֵי (연계형)

מָכַר 팔다

מָלֵא	(형) 가득한 (피엘) 가득채우다, 충만하다
מַלְאָךְ	사자, 천사
מְלָאכָה	일
מָלוֹן	여관
מִלְחָמָה	전쟁, 싸움
מָלַט	(니팔) 피하다, 도망하다 (피엘) 구하다
מָלַךְ	다스리다, 왕이 되다 (히팔) 왕으로 세우다
מֶ֫לֶךְ	왕 מְלָכִים (복수) מַלְכֵי (복수연계형)~의 왕들
מַלְכָּה	여왕 מְלָכוֹת (복수)
מַלְכוּת	왕국, 통치
מִלִּפְנֵי	앞에서부터, ~때문에
מַמְלָכָה	왕국 מַמְלֶכֶת (연계형) ~의 왕국
מָן	만나
מִן	~로부터, ~보다
מִנְחָה	선물, 소제, 헌물
מִסְפָּר	수, 수효
מְעַט	조금
מַ֫עַל	~위, ~위를 향해, ~위로
מַעֲשֶׂה	일, 행위
מִפְּנֵי	앞으로부터, ~때문에
מַצֵּבָה	주상, 서 있는 돌
מַצָּה	무교병, 누룩 없는 떡 מַצּוֹת (복수)
מִצְוָה	계명 מִצְוֹת (복수)
מִצְרַ֫יִם	이집트 מִצְרִי 이집트 사람
מִקְדָּשׁ	성소
מָקוֹם	장소
מִקְנֶה	가축 떼 מִקְנֵה (연계형) ~의 가축 떼
מַר	쓰다, 쓴
מַרְאֶה	외모, 용모
מְרַגֵּל	정탐꾼
מֶרְכָּבָה	마차
מִרְעֶה	목장
מָרַר	씁쓸하다, 쓰다(bitter)
מַשָּׂא	짐, 부담, 신탁
מֹשֶׁה	모세
מָשַׁח	문지르다, 바르다
מָשִׁיחַ	기름부음 받은 자, 메시아 מְשִׁיחַ (연계형) ~의 메시아
מִשְׁכָּן	장막, 천막, 거처
מָשַׁל	다스리다
מִשְׁמָר	감옥

מִשְׁמֶ֫רֶת 의무, 책임

מִשְׁפָּחָה 혈족, 가족

מִשְׁפָּט 정의, 판결, 관습

מִשְׁתֶּה 잔치, 연회

מֵת 죽음
מוֹתֵת 죽이다

מִתּוֹךְ ~가운데, ~중에

נ

נָא 제발, 부디

נְאֻם 말씀, 선언

נִאֵץ (피엘) 쫓아버리다, 일축하다

נָבָא (니팔, 히트파엘) 예언하다

נָבוֹן 지혜, 명철

נָבַט (피엘, 히필) 보다, 고려하다,주의를 기울이다

נָבִיא 예언자, 선지자

נָבָל 어리석은, 무지한

נֵ֫בֶל 현악기

נָגַד (히필) 말하다, 선언하다

נֶ֫גֶב 마른 땅, 네게브, 남쪽

נֶ֫גֶד 반대편, 앞에

נָגִיד 지도자

נָגַע 접촉하다, 닿다, 때리다

נֶ֫גַע 재앙, 역병

נָגַף 치다, 강타하다

נָגַשׂ 누르다, 압제하다, 징수하다

נָגַשׁ 접근하다

נָדַר 맹세하다

נֶ֫דֶר 맹세, 서원

נָהָר 강

נָוֶה 쉼터, 목양지, 거처

נוּחַ 쉬다, 안식하다

נֹחַ 노아

נוּס 도망하다, 달아나다, 피하다

נָחַל 얻다, 소유하다

נַ֫חַל 작은 강, 개울

נַחֲלָה 소유, 재산, 상속, 기업

נָחַם (니팔) 미안하다, 후회하다
(피엘) 위로하다

נָחָשׁ 뱀

נְחֹ֫שֶׁת 구리, 청동

נָטָה 굽히다, 펼치다, 뻗다

נָטַע 심다

נָכָה (니팔) 맞다
(히필) 치다, 강타하다

נָכַר (니팔) ~인체 하다
(히필) 여기다, 알아차리다

נֶ֫סֶךְ 전제, 헌주

נָסַע 떠나다

נַ֫עַל 신발

נַ֫עַר 젊은 남자, 아랫사람
נַעֲרָה 젊은 여자

נְפִלִים 네피림

נָפַל 떨어지다

נֶ֫פֶשׁ 삶, 영혼, 목구멍, 욕심
נְפָשׁוֹת (복수)

נָצַב (니팔) 배치하다, 두다
(히필) 세우다

נָצַל (니팔) 구원받다
(히필) 구원하다, 건져내다

נְקֵבָה 여성

נָקַם 원수를 갚다, 보복하다

נָשָׂא 들어올리다, 운반하다

נָשִׂיא 왕자, 지도자

נָשִׁים 여자들
נְשֵׁי (연계형) ~의 여자들

נָשַׁק 입맞춤하다

נָתַן 주다

נָתָן 나단

נָתַשׁ 뽑다

ס

סָבַב 돌다, 돌아가다, 에워싸다

סָבִיב 둘레, 회로, 대략, 부근에

סְגֻלָּה 소유, 재산, 보물

סָגַר 닫다

סוּס 말
סוּסָה 암말

סוּר 벗어나다, 떠나다, 끝나다

סִנַי 시내 산

סֻכָּה 초막, 장막

סֶלָה 셀라

סֹלֶת 밀가루

סֻלָּם 사다리, 계단

סְנֶה 관목

סְעָרָה 광풍, 폭풍

סָפַד 울부짖다, 탄식하다
מִסְפֵּד 울부짖음

סָפַר 세다
(피엘) 다시 세다, 보고하다

סֵפֶר 책, 두루마리
סֹפֵר 서기, 서기관

סָרִיס 환관

סָתַר (니팔) 숨기다;
(히필) 숨다, 숨기다, 감추다

ע

עָבַד 섬기다, 일하다, 예배하다

עֶבֶד 종

עֲבוֹדָה 일, 노동, 예배

עָבַר 건너가다, 지나가다
(히필) 통과시키다
עִבְרִי 히브리인
עֵבֶר 건너편 지역, 반대편

עֲגָלָה 암소
עֶגְלָה 어린 암소

עֵד 증인

עַד ~까지

עֵדָה 회중, 총회, 증거, 증인

עֵדוּת 증거

עֵדֶן 에덴

עֵדֶר (가축) 떼, 무리

עוּד 증언하다; (히필) 경고하다

עוֹד 아직, 여전히, 다시

עוֹלָם 영원
עוֹלָם וָעֶד 영원무궁히

עָוֹן 죄, 범죄

עוֹף 새, 곤충

עוּר 일어나다, 깨다
עוֹרֵר 잠에서 깨다

עוֹר 피부, 가죽

עֵז 염소(여성)

עֹז 힘, 능력

עָזַב 버리다, 포기하다

עָזַר 돕다, 지원하다
עֵ֫זֶר 도움, 지원

עֶזְרָא 에스라

עַ֫יִן 우물, 샘
עֵין (연계형) ~의 샘/우물

עִיר 도시, 성읍
עָרִים (복수)

עַל 위에, 에게, 관하여
עַל־דְּבַר ~때문에
עַל־כֵּן 그러므로
עַל־פְּנֵי ~위에, ~앞에

עֹל 멍에

עָלָה 올라가다
עֹלָה 번제
עֹלוֹת 번제들

עֶלְיוֹן 높은, 가장 높은 분

עוֹלֵל 어린아이

עַם 백성
עַמִּים (복수)

עִם 함께

עָמַד 서 있다, 견디다, 지속하다
(히필) 배치하다, 놓다

עַמּוּד 기둥

עַמּוֹן 암몬

עָמָל 고통, 수고, 고역

עֲמָלֵק 아말렉

עֵ֫מֶק 골짜기, 계곡

עֵנָב 포도

עָנָה 대답하다; 고통 당하다
(피엘) 압박하다, 위반하다

עָנִי 가난한, 미천한
עֳנִי 가난, 재해, 역경

עָנָן 구름

עָפָר 먼지

עֵץ 나무
עֵצִים (복수)

עֵצָה 충고, 조언

עָצוּם 강력한, 수많은

עֶ֫צֶם 뼈

עֶ֫רֶב 저녁
(히필) 어떤 일을 저녁에 하다

עֲרָבָה 사막

עֶרְוָה 벌거벗은, 부끄러운

עָרוּם 간교한, 현명한

עָרַךְ 정리하다, 벌여놓다

עֹ֫רֶף 목, 목뒤

עֲרִירִי 불임

עֵ֫שֶׂב 식물, 초목

עֵשָׂו 에서

עָשָׂה 하다, 만들다

עֶ֫שֶׂר 10
20 עֶשְׂרִים

עָשִׁיר 부유한

עֵת 시간(여성)

עַתָּה 지금, 이제

פ

פֵּאָה 가장자리, 테두리, 모서리

פָּגַע 만나다, 마주치다

פֶּ֫גֶר 시체

פָּדָה 사다, 구하다, 구속하다

פֶּה 입
פִּי (연계형) ~의 입

פֹּה 여기

פּוּץ 흩어지다, 퍼지다

פִּזַּר 뿔뿔이 흩어버리다

פָּחַד 두려워하다, 떨다
פַּחַד 공포, 두려움

פָּלָא (니팔) 비범한, 특별한

פָּלַל (히트파엘) 기도하다

פָּלַט 피하다
(히필) 구해주다

פְּלִשְׁתִּי 블레셋 사람
פְּלֶ֫שֶׁת 블레셋

פֶּן־ 하지 않도록, 그렇지 않으면

פָּנָה 돌아서다, 돌아가다

פָּנִים 얼굴
פְּנֵי (연계형) ~의 얼굴

פֶּ֫סֶל 우상
פְּסִלִים (복수)

פָּעַל 하다, 만들다

פַּ֫עַם 발, 번(횟수), 회

פָּקַד 방문하다, 돌보다

פַּר 황소
פָּרָה 암소

פָּרַד (니팔) 나누다, 구분하다

פָּרָה 열매를 맺다, 번성하다

פְּרִי 열매

פַּרְעֹה 바로

פָּרָשׁ 기수, 말 타는 사람

פָּשַׁט 벗기다, 노략하다

פֶּ֫שַׁע 반역, 범죄

פָּתַח 열다; (피엘) 풀어주다
פֶּ֫תַח 입구, 문

צ

צֹאן 양 (체구가 작은 가축)

צָבָא 전쟁을 벌이다; 군대, 전쟁

צַדִּיק 의로운, 공의로운
צָדֵק 의롭게 되다
צֶדֶק 공의
צְדָקָה 공의

צָוָה (피엘) 명령하다

צוּר 반석, 바위

צִיּוֹן 시온

צֵל 그늘, 그림자

צָלָה (고기를) 굽다

צָלַח 뚫고 들어가다, 투입하다;
형통하다, 성공하다
(히필) 성취하다, 형통하다

צֶלֶם 형상, 모양

צֵלָע 갈비(여성)

צֶמַח 싹, 성장

צָעַק 외치다, 부르짖다
(피엘) 계속 울다, 흐느끼다
צְעָקָה 외침, 부르짖음

צָעַר 하찮다. 시시하다

צָפוֹן 북쪽
צָפוֹנָה 북쪽으로

צַר 적, 원수

צָרָה 고난, 고통, 환난

צָרַעַת 피부병(나병, 한센병) 환자

ק

קָבַץ 모이다, 모으다

קָבַר 장사 지내다, 매장하다

קֶבֶר 무덤, 묘

קָדוֹשׁ 거룩

קָדִים 동쪽
קָדַם 앞으로 나가다
קֶדֶם 동쪽
קֵדְמָה 동쪽으로

קָדַשׁ 거룩하다
(피엘) 성화하다
(히필) 성화시키다
(히트파엘) 스스로 성화하다
קֹדֶשׁ 거룩, 거룩한 것

קָהָל 총회, 회중

קוֹל 소리, 목소리

קוּם 일어나다

קָטַל 죽이다

קָטֹן 작은, 적은, 시시한

קָטַר (피엘) 향을 태우다;
(히필) 향으로 제사하다
קְטֹרֶת 향, 연기

קִיא 토하다

קַיִן 가인

קִיר 벽, 담

קָלַל 중요하지 않다
(피엘) 저주를 선포하다
(히필) 가볍게 만들다
קְלָלָה 저주

קָנָא (피엘) 질투하다
קִנְאָה 질투

קָנָה 사다, 얻다, 만들다

קֵץ 끝, 경계

קָרָא 부르다, 선포하다

קָרַב 가까이 가다, 접근하다
(히필) 가져가다, 접근시키다

קֶרֶב 신체 내부, 중앙
בְּקֶרֶב 가운데, 중앙에

קָרְבָּן 제물, 선물

קָרָה 만나다

קָרוֹב 가까이

קֶרֶן 뿔

קָרַע 찢다

קָשֶׁה 어려운, 힘든

קֶשֶׁת 활, 무지개

ר

רָאָה 보다; (니팔) 나타나다;
(히트파엘) 마주 보다
רֹאֶה 선견자

רֹאשׁ 머리, 꼭대기, 우두머리

רִאשׁוֹן 처음

רֵאשִׁית 처음, 시작

רֹב 많은

רַב 많은, 큰

רָבָה 많아지다; (히필)많아지게 하다

רְבָבָה 10000
20000 רִבּוֹתַיִם

רְבִיעִי 네 번째, 1/4

רָגַל 찾아내다, 발견하다

רֶגֶל 발(여성)
רַגְלַיִם (쌍수)

רָדַף 추구하다, 찾다, 쫓다

רוּחַ	바람, 영 (여성)
רוּם	높이다, 찬양하다 (히필) 높이다, 칭송하다 (히프파엘) 들어올리다, 기르다
רוֹמֵם	(폴랄) 높이다 רוֹמֵם (폴렐) 높여지다
רוּץ	달리다, 뛰다
רֹחַב	넓은
רֶחֶם	모태 רַחֲמִים 긍휼, 연민, 동정심
רָחוֹק	먼, 먼 거리, 멀리 떨어진
רָחַץ	씻다
רִיב	소송, 논쟁
רָכַב	타다 רֶכֶב 마차, 전차
רָנַן	(기뻐서) 소리치다
רֵעַ	친구, 동료, 이웃
רָעָב	기근, 배고픔
רָעָה	(풀을) 먹이다
רֹעֶה	목자, 목동
רָעַע	약하게 되다, 약하다
רָפָא	치료하다
רָצָה	기쁘다, 좋아하다
רָצוֹן	은혜, 기쁨
רָצַח	살인하다, 죽이다
רַק	오직, 단지
רָקִיעַ	궁창, 창공
רֵאשִׁית	시작
רָשַׁע	죄를 짓다, 악하게 행하다 (히필) 가책을 느끼게 하다, 유죄를 선언하다 רֶשַׁע 죄, 악

שׂ

שָׂבַע	만족하다, 배부르다
שָׂדֶה	밭, 들 שָׂדוֹת (복수)
שֶׂה	양
שָׂטָן	사탄, 대적, 원수
שֵׂיבָה	백발, 고령, 노년
שִׂים	두다, 놓다
שָׂחַק	웃다; (피엘) 놀다, 희롱하다
שָׂכַל	신중하다, 성공하다, 번영하다

שָׂכַר 고용하다
שָׂכָר 삯, 임금

שְׂמֹאל 왼손, 왼쪽

שָׂמַח 즐거워하다, 기뻐하다

שִׂמְחָה 즐거움, 기쁨

שִׂמְלָה 겉옷, 외투

שָׂנֵא 미워하다

שָׂעִיר 숫염소

שָׂפָה 입술

שַׂק 베옷

שַׂר 왕자, 지도자, 방백, 관리
שָׂרִים (복수)

שָׂרָה 사라
שָׂרַי 사래

שָׂרַף 태우다

שָׂרָף 스랍, 불뱀
שְׂרָפִים (복수)

שׁ

שָׁאוּל 사울

שְׁאוֹל 스올, 음부

שָׁאַל 묻다, 질문하다, 요구하다

שַׁאֲנַן 쉬다, 평안하게 살다

שָׁאַר 남다; (니팔)남겨지다

שְׁאֵרִית 남은 자

שָׁבָה 포로로 잡다

שְׁבוּעָה 맹세

שֵׁבֶט 지팡이, 막대기, 지파

שֶׁבַע 7
שְׁבִיעִי 일곱 번째

שָׁבַע (니팔, 히필) 맹세하다

שָׁבַר 부수다, 곡식을 사다
שֶׁבֶר 곡식

שָׁבַת 쉬다, 안식하다
שַׁבָּת 안식일, 쉼

שָׁדַד 황폐하게 하다

שָׁוְא 공허, 헛됨

שׁוּב 돌아가다
(히필) 가지고 돌아오다

שׁוֹפָר 나팔

שׁוֹר 황소

שָׁחַט 살육하다, 죽이다

שָׁחַת (니팔) 타락하다, 망치다

שִׁיר 노래

שִׁית 두다, 놓다

שָׁכַב 눕다

שָׁכַח 잊다, 잊어버리다

שָׁכַם (히필) 일찍 일어나다

שָׁכַן 거주하다, 머물러 살다

שָׁכַר 취하다

שָׁלוֹם 평화, 평안

שָׁלַח 보내다

שֻׁלְחָן 상, 테이블

שָׁלַךְ (히필) 던지다

שָׁלַל 약탈하다, 강탈하다
שָׁלָל 약탈한 것, 탈취물

שָׁלֵם 완전하다, 온전하다
(피엘) 보상하다, 보답하다
שֶׁלֶם 화목제

שְׁלֹמֹה 솔로몬

שָׁלֹשׁ 3

שֵׁם 이름
שְׁמוֹת (복수)

שָׁם 거기

שָׁמַד (니팔) 파괴되다
(히필) 전멸시키다

שָׁמָּה 거기로

שְׁמוּאֵל 사무엘

שָׁמַיִם 하늘

שָׁמֵם 놀라다, 황폐해지다

שֶׁמֶן 기름

שְׁמֹנֶה 8

שָׁמַע 듣다

שָׁמַר 지키다, 보호하다

שֹׁמְרוֹן 사마리아

שֶׁמֶשׁ 태양

שֵׁן 이빨

שָׁנָה 해, 년
שָׁנִים (복수)

שֵׁנִי 두 번째

שְׁנַיִם 2(남성단수)
שְׁתַּיִם 2(대체형)
שְׁנָתַיִם 2년

שַׁעַר 대문

שִׁפְחָה 여종

שָׁפַט 판단하다, 심판하다

שֹׁפֵט 사사, 재판관

שָׁפַךְ 쏟다, 붓다

שֶׁקֶל 세겔

שֶׁקֶר 거짓

שָׁרַת (피엘) 봉사하다, 관리하다

שֵׁשׁ 6

שָׁתָשׁ 마시다

ת

תָּאַב 갈망하다, 고대하다

תְּאֵנָה 무화과

תֹּ֫אַר 외형, 형태

תַּבְנִית 양식, 구조, 패턴

תֹּ֫הוּ 혼돈, 공허

תְּהוֹם 깊음, 심연

תְּהִלָּה 찬양

תּוֹלֵדוֹת 계보, 족보

תּוֹעֵבָה 가증스러움, 혐오스러움

תּוֹרָה 율법, 가르침, 교훈

תַּחַת 아래에, 밑에, 대신에

תֵּימָן 남쪽

תְּמוּנָה 모양, 형상

תָּמִיד 항상, 지속적으로, 정기적으로

תָּמִים 전체, 모두, 완전함

תָּמַם 완전하다, 끝내다

תַּנִּין 뱀, 용, 바다괴물

תָּעָה 혼란스럽다, 방황하다

תִּפְאָרָה 영광

תְּפִלָּה 기도

תָּפַשׂ 붙잡다, 휘두르다

תִּקְוָה 희망, 소망

תְּרוּמָה 헌물, 바침

תְּרָפִים 드라빔

תֵּ֫שַׁע 9

참고문헌

권성달. 「성경 히브리어 울판」. 개정2판. 서울: 도서출판 목양, 2013.

김영진. 「성서히브리어」. 서울: 올람하타낙, 2001.

이기락(엮음). 「성서 히브리어 문장론」. 서울: 가톨릭대학출판부, 1999.

이용호. 「히브리어 기초문법」. 서울: 도서출판 대서, 2010.

한동구. 「신실용히브리어문법 I, II」. 서울: 도서출판 미크로, 2003.

Bergman, Nava. *The Cambridge Biblical Hebrew Workbook: Introductory Level.* Cambridge: Cambridge University Press, 2005.

Blau, Joshua. *Phonology and Morphology of Biblical Hebrew: An Introduction*. Winona Lake: Eisenbrauns, 2010.

Brown, Fransis, S. R. Driver, and C. A. Briggs. *A Hebrew and English Lexicon of the Old Testament, with an appendix containing the Biblical Aramaic*. Oxford: Clarendon, 1907.

Clines, David J. A. Ed. *The Dictionary of Classical Hebrew*. Vol. I–VIII. Sheffield:Sheffield Academic Press, 1993–2011.

Davidson, Benjamin. *The Analytical Hebrew and Chaldee Lexicon*. 2nd edition. Grand Rapids: Zondervan Publishing House, 1850.

Gesenius, H.F.W. 「게제니우스의 히브리어 아람어 사전」. 이정의 역. 서울: 생명의 말씀사, 2007.

Holladay, William L. *A Concise Hebrew and Aramaic Lexicon of the Old Testament.* Grand Rapids: Wm. B. Eerdmans Pubishing Co., 1986.

Kautzsch, E. and A. E. Cowley. *Gesenius' Hebrew Grammar*. 2nd ed. Oxford: Clarendon Press, 1910.

Kelley, Page H. 「성경 히브리어」. 류근상, 허미순 역. 서울: 생명의 말씀사, 1998.

Kelley, Page H., Mynatt, Daniel S., and Crawford, Timothy G. 「히브리어 성서(BHS)의 마소라 해설」. 강성열 역. 서울: 비블리칼 아카데미아, 2005.

Kittel, Bonnie P., Vicki Hoffer, and Rebecca Abts Wright. *Biblical Hebrew: A Text and Workbook*. New Haven asnd London: Yale University Press, 1989.

Koehler, Ludwig and Walter Baumgartner. *The Hebrew and Aramaic Lexicon of the Old Testament*. Vol. I–II. Study Edition. Leiden: Brill, 2001.

Lambdin, Thomas O. 「성서히브리어」. 이기락 역. 서울: 가톨릭대학교출판부, 1995.

________. 「성서히브리어: 분석과 해설」. 이기락 역. 서울: 가톨릭대학교출판부, 1996.

Owens, John Joseph. *Analytical Key to the Old Testament*. Vol. 1–4. Grand Rapids: Bakers Book House, 1992.

Paul Joüon–T. Muraoka. 「성서히브리어문법」. 김정우 역. 서울: 기혼, 2012.

Pratico, Gary D. and Miles V. Van Pelt. 「베이직 비블리칼 히브리어」. 변순복 역. 서울: 대서출판사, 2009. 원서, *Basics of Biblical Hebrew: Workbook*. Grand Rapids: Zondervan, 2001.

________. *Graded Reader of Biblical Hebrew: A Guide to Reading the Hebrew Bible*. Grand Rapids: Zondervan Publishing House, 2006.

________. 「성경히브리어 챠트」. 류근상 역. 서울: 크리스챤출판사, 2009.

Putato, Mark D. 「구약성서 히브리어 시작하기」. 김정훈역. 서울: CLC, 2012.

Walter–Jones, Arthur. *Hebrew for Biblical Interpretation*. Atlanta: Society of Biblical Literature, 2003.

Waltke, Bruce K. and M. O'Connor. *An Introduction to Biblical Hebrew Syntax*. Winona Lake: Eisenbrauns, 1990.

Yeivin, Israel. *Intoriduction to the Tiberian Masorah*. Atlanta: Scholars Press, 1980.

[수정판]
성서 히브리어의 기초

저　　자 우택주
발 행 인 김선배
초판발행일 2019년 1월 30일
개정판발행일 2021년 2월 8일
수정판발행일 2022년 12월 5일
등록번호 출판 제6호(1979. 9. 22)
발 행 처 한국침례신학대학교 출판부(하기서원)
주　　소 대전광역시 유성구 북유성대로 190 (34098)
전　　화 (042)828-3255, 3257
팩　　스 (042)828-3256
홈페이지 http://www.kbtus.ac.kr
이 메 일 public@kbtus.ac.kr

ISBN 979-11-89528-24-9　　93790
값 25,000원